上海出版资金项目
Shanghai Publishing Funds

金石拓片细读丛书
上海博物馆 编

曲终雅声

《熹平石经》及其拓片研究

○ 柳向春 著

上海大学出版社

图书在版编目（CIP）数据

曲终雅声：《熹平石经》及其拓片研究 / 柳向春著.
——上海：上海大学出版社，2019.10
（金石拓片细读丛书）
ISBN 978-7-5671-3428-7

Ⅰ. ①曲… Ⅱ. ①柳… Ⅲ. ①石经—研究—中国—东汉时代②石刻—拓片—研究—中国—东汉时代 Ⅳ. ① K877.404

中国版本图书馆 CIP 数据核字（2019）第 213677 号

著　　者　柳向春
策　　划　陈曾路
特约编辑　邱慧蕾
责任编辑　邹西礼
校　　对　易辰琛　聂　然　朱旭初
装帧设计　孙　康
技术编辑　金　鑫　钱宇坤

曲终雅声：《熹平石经》及其拓片研究
柳向春　著
上海大学出版社出版发行
（上海市上大路 99 号　邮政编码 200444）
（http://www.shupress.cn　发行热线 021-66135112）
出版人　戴骏豪

上海游帛文化传播有限公司排版
江阴金马印刷有限公司印刷　各地新华书店经销
开本 787mm×1092mm　1/16　印张 21.5　字数 263 千字
2019 年 11 月第 1 版　2019 年 11 月第 1 次印刷
ISBN 978-7-5671-3428-7 /K·203　定价 180.00 元

目录

序 i

第一章　《熹平石经》简介 001
第二章　《熹平石经》建立的缘由 024
第三章　《熹平石经》研究概述 046
第四章　徐森玉与石经 066
第五章　马衡与石经研究 122
第六章　罗振玉所藏汉石经残字简介 178
第七章　《熹平石经》残石拓片集简述 242
第八章　《熹平石经》拓片举隅 264
　　第一节　两种宋拓《熹平石经》残字年谱 264
　　第二节　《熹平石经·后记》 314
　　第三节　《熹平石经》拓片举隅 322

跋 333

序

《曲终雅声》，余友柳君向春所著书也。

余于柳君，虽缘悭一面，然文交相知已久。君初入复旦，就学于吴格教授门下为博士，矻矻览群书，思缜密，善考索，辄于细密处得要谛。及卒业，供职上海博物馆，日周旋于古器物间，席丰履厚，学益进。摭撢馆藏，摩挲碑拓，于《熹平石经》尤致意焉。成书，邮以相示，介及门金生属余题其耑。余曰：

后汉熹平、光和间，为学官所授之七经立石刊碑，自是承学者准的有依，诚一代之宏绩。然干戈亟寻，兴亡屡嬗，遂至崇庑摧颓，丰碑崩败。堕岸踣水，历更邺下、长安之徙；集遗存拓，略存《隋志》《唐书》之录。驯至有宋，残石稍出。洪、赵辈初辨粗识，但录文重翻，未能续发，乃使余石长湮，斯业不属。虽然，先路之导，其功不可忽也。有清诸彦，不见原石，唯据宋人摹写椎拓之本，是以虽敦崇斯业，然终用力勤而见功少。民国壬戌、癸亥间，天悯经籍之阙，重见球图之珍。马、徐诸君子，历履风霜，崎岖河洛。披搜荒翳，撰捃丛残。考碑数，辨经属。缀彼片辞，贯此文序，使孤字得其所位，经本由是而显。继绝扶微，蔚成专学，具有成书，以献其功。所憾者，各书为体例所局，于石经本末及历代研讨之情状，未暇汇辑备述也。

今柳君有见于此，乃综梗概而述终始。检迹劫搜之状，会心潜研之情，阐前贤之盛功，兴后学之穆想。此书成，《熹平石经》事本末始完具。非学博志专者，孰能为此耶？余乐观此书之成，聊作数言，以弁其耑。

刘晓东
丙申仲秋于山东大学

第一章 《熹平石经》简介

《熹平石经》,因其始刻于汉灵帝熹平四年(175)而得名,故而又称作《汉石经》。又因为它是以隶书一种字体书写上石,所以又叫做《一字石经》[1]、《今字石经》。一般的说法是,这部石经包括了《鲁诗》《尚书》《仪礼》《周易》《春秋》《公羊》《论语》七部著作,分刻于四十八块石碑上面。其中正文四十六碑,又《后记》两碑。

关于《熹平石经》基本概貌的主要问题,其实早在20世纪的三四十年代,张国淦先生就已经做了很好的梳理。他的《汉石经碑图叙例》一文中,对这些问题都有着极为详尽与精到的论述,[2]今即以张国淦文为主,大概介绍如下:

一、汉石经的经数:汉石经所收内容,据《后汉书》之《灵帝纪》《卢植传》《宦者·吕强传》《儒林传序》以及《魏书·江式传》、袁宏《后汉纪》、郦道元《水经注》,都说是五经。《后汉书》之《蔡邕传》《儒林·张驯传》,都说是六经。《隋书·经籍志》则说是有七经。而之所以有这样种种不同的说法,是因为在东汉时候,《诗》《书》《礼》《易》《春秋》五经被立于学官,[3]共计十四家博士。[4]而《论语》则是无论哪一种专经博士都必须学习的,因此也被称作经。《公羊》则只是《春秋》传,直到魏晋之后,才被称作是经。故而,如《蔡邕传》中,石经被称作六经,而到了《隋书·经籍志》又被称作七经。另外如《洛阳记》中称作五经、《西征记》和《洛阳伽蓝记》称作四经,则是就当时残毁之余的经数而言的。[5]

二、诸经的次第:根据现在十三经的次第,汉石经的排列次序应该是《周易》《尚书》《鲁诗》《仪礼》《春秋》(附《公羊》)《论语》[6],现存于西安碑林的《开成石经》,就是如此排列的。《隋书·经籍志》记述《熹平石经》的顺序,也是如此。但这一排序方法,实际上反映的是古文家说经的次第。众所周知，汉石经记录的是当时的今文学派，所以其次第应该是《鲁诗》《尚书》《仪礼》《周易》《春秋》《公羊》《论语》。

三、诸经的篇次：今本的《尚书》有五十八篇，是伪孔传《古文尚书》本；而石经则系今文欧阳《尚书》的二十九篇。〔7〕今本《仪礼》十七篇，是郑注据刘向《别录》本；而石经则是大戴本。今本《周易》与石经《周易》虽然都是十二篇，但其篇章的分合却大不相同，如今本是以彖辞、象辞合在上下经内，以文言合在乾、坤两卦内，是王弼《易》本；而石经则是今文家的梁丘《易》。今本的《春秋公羊经》，是以传附经，十二公二十八卷，是汉以后人所合并的加入了注疏的本子；而石经《春秋》则经传分别刊行，因闵公附录庄公而行，故而都是十一公而已〔8〕。

四、同一经中的篇次与章次：今本诸经与石经的文本多有不同，不仅是分章、字数的不同，即便是同一篇，其顺序、文本，也会有所不同。如《大雅·文王之什》，今本为《文王》《大明》《緜》《棫朴》《旱麓》《思齐》《皇矣》《灵台》，石经则是《文王》《大明》《緜》《棫朴》《旱麓》《灵台》《思齐》《皇矣》。一篇之中，石经的章次也与今本不同，《鲁诗》与《毛诗》不同，姑且不论。如《仪礼·乡饮酒》残字"北面鼓之"前，根据残存部分来推算应有的行字，较今本长出来一百六十九字之多。再如《公羊传》"僖公十有四年"一行，也比今本要多出来六十八个字。

五、每碑的行款问题：因为现存各碑，都是残石，且古本、今本字数不同，因此只能大略估算。但无论如何，各经行字均有不同。甚至一经之内，前后的行字都有所不同。据罗振玉估算，大概而论，《周易》《尚书》以每行七十三字居多，《鲁诗·小雅》以前，每行七十二字，《角弓》以后则每行七十字。《仪礼》每行七十三字，《春秋》每行七十字。《公羊》每行七十三字，成公以后则每行七十字。《论语》每行七十四字。至于行数，则只能大致推断在每碑二十六行到四十七行之间，也是每碑都有不同。

六、各经碑数：各经阳面都是自左而右，阴面都是自右而左。《鲁诗》九碑十八面，每面大概三十四至四十二行。《尚书》五碑十面，每面大概二十六到四十一行[9]。《仪礼》十五碑三十面，每面大概二十七到三十八行。《周易》四碑八面，每面大概三十七到三十九行。《春秋》四碑八面，每面大概二十七到三十八行。《公羊》六碑十二面，每面大概三十六到三十九行。《论语》三碑六面，每面大概三十六到四十七行。以上一共是四十六碑，另外加上《后记》两碑，共计四十八碑。（图1-1）

这部石经的立碑过程，据《后汉书·宦者传》："（时宦者汝阳李）巡以为诸博士试甲乙科，争弟高下，更相告言，至有行赂定兰台漆书经字，以合其私文者。乃白帝，与诸儒共刻《五经》文于石，于是诏蔡邕等正其文字。自后《五经》一定，争者用息。"[10] 也就是说，这件事情实际上最早是由宦官李巡提出的。不过，同书的卷六十下《蔡邕传》中又说："召拜（邕）郎中，校书东观，迁议郎。邕以经籍去圣久远，文字多谬，俗儒穿凿，疑误后学。熹平四年，乃与五官中郎将堂溪典，光禄大夫杨赐，谏议大夫马日磾，议郎张驯、韩说，太史令单飏等，奏求正定《六经》文字，灵帝许之。邕乃自书册于碑，使工镌刻，立于太学门外。于是后儒晚学，咸取正焉。及碑始立，其观视及摹写者，车乘日千余两，填塞街陌。"[11] 则提议此事的，似乎又是蔡邕等人。但事实上，刻立石经一事，究竟何人首先提议，相对于石经本身的意义而言，并不特别重要；重要的是，从此之后，这批儒家经典第一次有了官方审定的大众可获取版本。作为国家颁布的标准文本，《熹平石经》所收的七经，都只采用了立为博士的某一家章句作为标准本，而将其他诸家歧异之处作为校记，列于文本之后。这样既突出了某一家文本的典范作用，又不至于忽视了其他各家的成就，使得大家有择善而从的机会,真是深得文献整理之至赜,充分反映了两汉数百年间文献校勘成果累积的高度和深度。

再据袁宏《后汉纪》:"熹平四年春三月,《五经》文字刻石立于太学之前。"[12]也就是说,《熹平石经》的镌刻,是在该年三月开始动工的;而落成,则已到了光和年间。据郦道元《水经注》卷十六中说:"东汉灵帝光和六年,刻石镂碑,载《五经》,立于太学讲堂前,悉在东侧。蔡邕以熹平四年与五官中郎将堂溪典、光禄大夫杨赐、谏议大夫马日磾、议郎张驯、韩说、太史令单飏等,奏求正定《六经》文字,灵帝许之。"[13]可见这部石经的镌刻,前后大概经历了九年时光,才最终完成。至于有关石经的其他信息,据谢承《后汉书》说:"碑立太学门外,瓦屋覆之。四面栏障,开门于南。河南郡设吏卒视之。"[14]又据前引《后汉书·蔡邕传》"邕乃自书册于碑,使工镌刻,立于太学门外"李贤等注:"《洛阳记》曰,太学在洛城南开阳门外,讲堂长十丈,广二丈。堂前石经四部,本碑凡四十六枚,西行,《尚书》《周易》《公羊传》十六碑存,十二碑毁。南行,《礼记》十五碑悉崩坏。东行,《论语》三碑,二碑毁。《礼记》碑上有谏议大夫马日磾、议郎蔡邕名。"刘攽《后汉书勘误》曰:"注《论语》二碑,二碑毁。案文当是一碑毁,若二碑毁者,当云皆毁而已。"《洛阳记》所言,应该基本可信,但所记的经数则有点偏差,即在西行二十八碑中失记《鲁诗》及《春秋》两种,

图1-1　白坚所藏汉石经残字(之一)

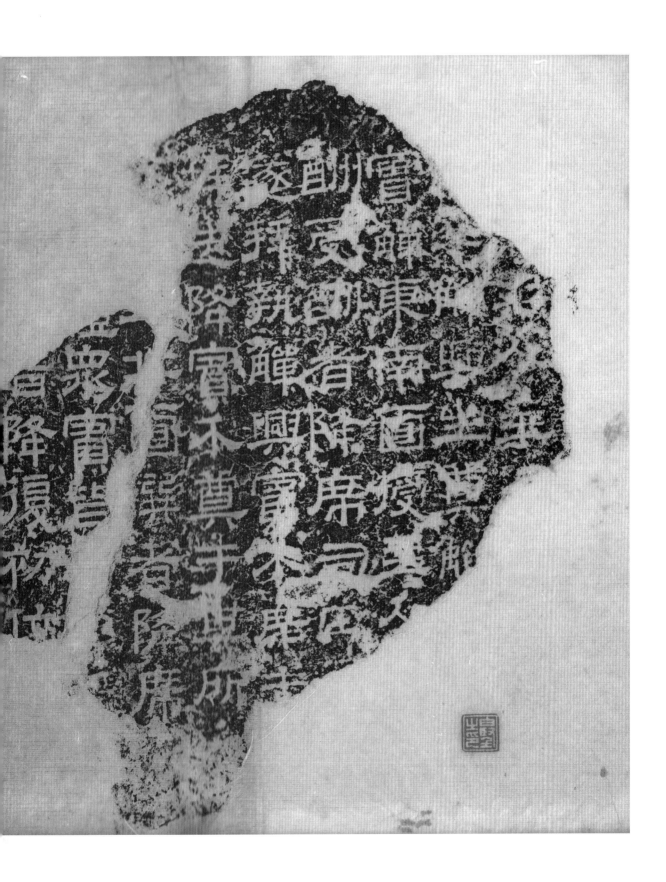

又南行十五碑中所说的《礼记》，其实是指《仪礼》。这些情况，都可以通过对现存残石留存状况的分析可知。而这里所说的"堂前石经四部"，据《太平御览》卷五八九引《西征记》："国子堂前有列碑，南北行三十五枚，刻之表里，书《春秋经》《尚书》二部，大篆、隶、科斗三种字，碑长八尺。今有十八枚存，余皆崩。太学堂前石碑四十枚，亦表里隶书，《尚书》《周易》《公羊传》《礼记》四部，本石塽相连，多崩败。又《太学赞碑》一所，汉建武中立。时草创未备，永建六年诏下三府缮治。有魏文《典论》立碑，今四毁二败。"〔15〕则四部者，《熹平石经》《正始石经》《太学赞碑》和《典论》四种。不过，这里所说的堂，又有国子堂和太学堂的区别，这是因为在正始石经建立之时，还只有太学讲堂的缘故；到西晋咸宁二年武帝建立国子学之后，大概才另有了国子堂，而魏石经则正当国子堂之前。但当时的具体情形，现在已经不可知晓了。另外值得一说的是，《蔡邕传》中说"邕乃自书册于碑，使工镌刻"，显然并不可信。事实上，"各石所存经文，字体大小相若，广约 2.1—2.4、高约 1.4—1.9 厘米。唯赞碑字体稍大，广 2.5—3、高 1.7—2.6 厘米。与残字在字体大小上所表现的统一倾向相反，它们在艺术风格上都存在明显差异，这种差异且同所书经目之不同有密切关系，应系由多位书法家分别担任不同经目的书丹工作所致。"〔16〕

据前揭《蔡邕传》所引《洛阳记》以及谢承《后汉书》，石经竖立于太学讲堂之外，太学则在开阳门之南（图 1-2 位置 4）。又据《洛阳伽蓝记·城南》："报德寺，高祖孝文皇帝所立也，为冯太后追福，在开阳门外三里。开阳门御道东有汉国子学堂。"〔17〕这里所说的汉国子学堂，显然是指包括东汉太学在内的建筑群。而"经考古勘察，该太学遗址位于今洛河南岸河南省偃师市佃庄乡太学村的西北，与其西南面的辟雍遗址相距不远。遗址分布在今洛河南堤的南北两侧，这里地形较为高亢、平坦，

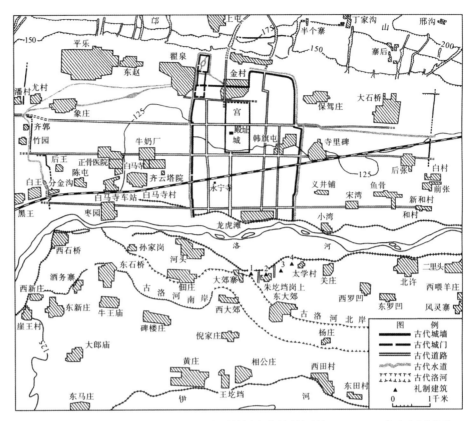

图 1-2　中国社会科学院考古研究所编《汉魏洛阳故城南郊礼制建筑遗址：1962—1992 年考古发掘报告》（文物出版社，2010 年）所录洛阳故城南郊礼制建筑遗址图

显然当时选择的地形是比较讲究的。"〔18〕这一遗址，与《洛阳伽蓝记》等典籍中所记，正相吻合。太学旧址在历经千年且屡受侵扰的状况下，已经很难确定其原本的结构与分布了。如今的遗址，是历代建筑的层累叠加之后所形成的，早期太学的痕迹已经不是非常鲜明。晚期太学的墙垣遗迹四面均有残存，其中南墙保存最差，墙两侧布满了刨挖石经残石形成的扰乱坑。

据中国社会科学院考古研究所编《汉魏洛阳故城南郊礼制建筑遗址：1962—1992 年考古发掘报告》一书（文物出版社，2010 年）分析："关于早期的东汉太学范围，除了晚期太学院落，极有可能还包括太学西侧遗址和晚期太学院落墙外发现的部分长排房基址，只是仅凭现有考察资料尚不能明确界定它的确切范围和基本形制。"〔19〕如今的太学西侧遗址，据传是曾经发现过石经碑座的，但从地理位置上来看，此地应该并非当年置放

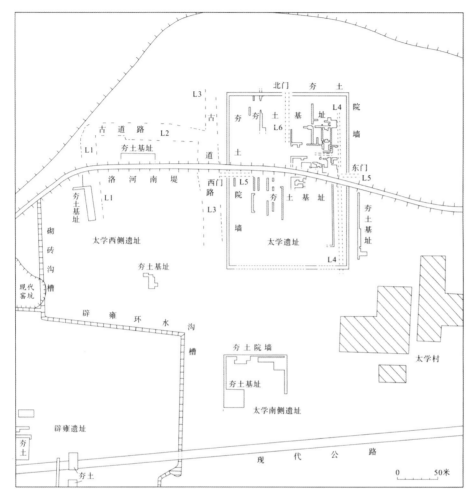

图 1-3　太学及周围遗址勘探总平面图（"引自《汉魏洛阳故城南郊礼制建筑遗址：1962-1992 年考古发掘报告》"）

石经的场所。（图 1-3）据前述记载，石经是竖立在太学讲堂之东侧，但该讲堂究竟处在什么位置，却并没有明确地记载。现在的石经残石，都出土在晚期太学院落东南角外侧、今太学村内南北车路西侧 11 米处。南面紧邻村民房基，曾先后两次发掘，发掘面积达 466 平方米。"对石经残石的清理，主要是在 T301—T303 第 2 层下的两个瓦砾堆积坑中，编号分别为 K1 和 K2，这里石经残石较为集中。此外在这两片堆积以外的第 2 层和第 3 层中，也有出土，其中尤以 T402 内为最多。在这个区域的发掘，共出土石经残石 153 块。"[20] K1 "瓦砾堆积南北长约 4.8、东西宽约 4.1、厚约 0.1—0.2 米。堆积有明显的层次，每层上部砖块瓦片较为平整，砖瓦间所加填土，因受强力挤压，硬度近似夯土，即表面形成一层硬面，也即排房内最晚期的居住地面。在K1中共出土石经残石86块。"[21] K2位于T302的西北角，情况与K1大致相同，清理出残石5块。除此之外，附近还清理出石经残石62块。如果此地就是石经原来的置放之地，那么根据其相对位置，太学讲堂的具体所在也就很清楚了。因晚期太学院落遗址的东南部，"主要有一处大型夯土建筑基址和一条较长的南北向夯土墙基。大型夯土基址位于院落东南部的西北角，即靠近院落中心十字街的东南部，北面紧贴洛河南堤。据勘探该基址遗迹较为复杂，有夯土、地面、路土和砖石等，范围东西约18米，南北约20米。夯土主要为灰褐色，较杂乱，距地表深1.1—1.6，厚约0.5米，基址的南部和西部，普遍发现有平铺砖的遗迹，距地表深均为0.9米。"[22] 但这个建筑基址，原来究竟是什么？仅仅根据现有的考古遗存还不能确认。不过从地理位置上来讲，如果现在的石经出土地就是石经原来的所在地，那么此处建筑基址即便不是讲堂旧址，也应该是与原来的讲堂相距不远。更具体地说，应该至少是与原来的讲堂在位置上是有重合部分的。但非常遗憾的是，此地恐怕并非石经原来竖立之处。《汉魏洛阳故城南郊礼制建筑遗址》的编撰者认为："太学遗址发掘出土的石经残石，全部出于晚期太学院落东南部墙外排房基址的铺垫地面堆积中，据统计有153块，全部为东汉石经……这些石经残石虽然都属于东汉石经，但由底层堆积和出土时碑石皆已成为破碎的残块来观察，其出土地点似乎已不是原来置放石经碑石的原位。它们有可能是作为普通的碎石料和地层堆积土，从别处运来铺垫魏晋至北魏时期修建的房基地面的，但其原来置放碑石的地方当不会距此很远。"[23] "在出土的石经残石中，我们发现有一些被人为破坏的痕迹。如有的残石，被铁錾截出了斜面；有的残石则在近边缘处，划出一条较规则的圆弧线。前述崔光表云：'如闻往者刺史临州，多构图寺，道俗诸用，稍有发掘，基趾泥灰，或出于此。'那些破坏痕迹，或许正是此类人所为。显然，这些碑石是在被有计划地錾凿切割改作他用时遗弃的渣石，从别处运来和碎砖瓦堆积一起用来铺垫晚期建筑的地面。"[24]结合这个结论，再考虑到当地考古遗址发掘的实际情形，我们就可以注意到，"在远距（晚期太学遗址）院墙南侧约110米处，则另外发现一处布局较为完整的建筑院落，我们暂且称之为太学南侧遗址。其中除了围绕院落的长条状夯土墙基，还有3块面积较大的块状夯土基址。其院落墙基呈南面缺口的半包围状，编号为夯1，其东、北、西三面夯土均保存完好，南面可能已被破坏，整个院落方向为磁北5°。东墙残长50，北墙长78，西墙残长67米。墙基一般宽2.5—3米，距地表深0.6—1米见，厚0.6—0.9米。夯土为黄褐色，坚硬，较纯净，含有少量草木灰和红烧土粒。在院落西南角，有一长方形夯土殿基，编号为夯2。基址东西约25、南北约22米。夯土与夯1相同，距地表深0.5—0.7米见，厚0.8—1米。该基址北面，还普遍发现一片平铺砖，距地表深0.5米见。此外在夯2之东约10米处，还发现一块同类夯土，具体形状及范围因故未及探清。院落西北角，为一不规则形状夯土基址，编号为夯3，东西最长18、南北最宽10米。夯土与夯1、夯2相同，一般距地表深0.7—1米见，厚0.7—0.9米。该夯土基址南侧，有较多的乱砖瓦堆积和白灰粒。院落的东北角，还有一块较大面积的曲尺状夯土基址，编号为夯4。该基址东西最长约34、南北最宽约16米。夯土与夯1、夯2、夯3相同，一般距地表深0.8米见，厚约0.8米。根据发掘情况，该院落基址时代较早，大约建造使用于东汉时期，可能到魏晋时期仍有沿用。"[25]该书又有推断云："太学南侧遗址的主要建筑时代明显为东汉时期，魏晋时期可能仍有修缮与沿用，它应该是一处与辟雍或太学等礼制建筑有一定关系的官家建筑遗址。"[26]前揭谢承《后汉书》说：

"碑立太学门外，瓦屋覆之。四面栏障，开门于南。"也就是说，石经置放之所，其实是一个三面环围的场所，与太学南侧遗址的时代及形状正相吻合。当然，根据目前资料，尚不能完全确定此地就是石经原来的置放点，但此遗址作为石经原来安置点的可能性确实很大。

或许有人会有疑问说，这么大的空间来陈列不足百方碑石，是不是过于铺张？事实上，每块石经通高都在 2 米以上，为了便于阅读碑文，其间距至少须在 1 米以上，再加上碑座本身的宽度，这一场所，如果确实用于安放石经，应该是比较合适的。至于碑座的大小，据《汉魏洛阳故城南郊礼制建筑遗址》一书，在 1981 年的考古发掘过程中，曾在当地采集到一方青石质石经碑座，长 116、宽 71.8、高 35.3 厘米；石碑凹槽宽 16.5、深 11 厘米。[27]这样的碑座，在之前事实上也曾经见于记录，许景元《新出熹平石经〈尚书〉残石考略》一文中指出："石经碑座共见十四方。1923 年冬，马衡先生亲临汉魏洛阳故城南郊的朱家屺档岗上村考察，'见所谓太学遗址者，已沦为丘墟，仅有碑跌十余，呈露于瓦砾丛中而已。然按其方位，与《洛阳记》《水经注》《洛阳伽蓝记》诸书所载正相符合，知北宋及近代之所出者，皆在汉魏立碑之故处。'我们此次调查，共见十四方。关于石经的迁移问题，迄今还无头绪。根据古籍记载，汉魏石经碑石应该是很多的，只是碑座发现的还很少。碑座系青石制作，长方形，盝顶，底平整，无纹饰，古朴大方，正中有一通槽，应是插碑的榫眼。所出碑座，边廓整齐有棱角，作工细致，宽高尺寸完全一样，只是长度各有不同，据表统计大约可分四种尺寸（以建初尺折算），即 92—93（约四尺）、100（四尺三寸）、117—119（五尺）和 137（五尺九寸）厘米。总之，碑座的长短大小与碑身的宽度相对应。它们的出土位置，由于时间久远，附近村民各说不一。"[28]可见，碑座也是与石经本身一样，早经挪移，不知其原本位置所在了。马衡当年所见究竟在于何处？现在已经难以甄别。但即便找到当年的记录，是否真的就如他判断的那样，就是"汉魏立碑之故处"？恐怕也很难确定。

  虽然当年也曾是众多求学者心中的圣典，但没过多久，《熹平石经》就因战乱和政权频繁更迭而多遭厄运。据《隋书·经籍志》："后汉镌刻七经，著于石碑，皆蔡邕所书。魏正始中，又立一字石经，[29]相承以为七经正字。后魏之末，齐神武执政，自洛阳徙于邺都，行至河阳，值岸崩，遂没于水，其得至邺者，不盈大半。至隋开皇六年，又自邺京载入长安，置于秘书内省，议欲补辑，立于国学。寻属隋乱，事遂寝废，营造之司因用为柱础。贞观初，秘书监臣魏征始收聚之，十不存一。其相承传拓之本，犹在秘府。"[30]而后东汉衰亡，直至李唐肇建，海内方才重告乂安。期间，尤其是东晋以还，胡蛮乱华，中州洛阳，早已是荆棘铜驼，不可问矣，《熹平石经》也自此而湮没数百年之久。但这里有一个问题需要特别澄清一下，即齐神武帝所转徙的石经到底是哪部石经？是《熹平石经》抑或是《正始石经》？[31]还是两部石经都同时被从洛迁邺，又由邺而入至长安？[32]这个问题，其实在过去并没有太多疑问，大家似乎都是沿袭旧说，认为两部石经都曾经历过这一流播过程。故致损之余，长安尚存劫余。但事实上，细绎《隋书·经籍志》中的这段文字，则其所言播迁者，恐怕是仅仅指向魏石经而已。与此说可相印证的是，在唐中宗嗣圣年间，洛阳营造防秋馆时，就曾多得汉石经残石。直至宋仁宗嘉祐末年，洛阳的御史台中还发掘出数十段《尚书》《仪礼》《论语》的残石。但需要进一步说明的是，与此大概是同一时期，宋仁宗时长安还曾挖掘出一段《公羊》残石。毫无疑问，这段《公羊》残石正是《熹平石经》的劫余，因《正始石经》中并无此经。这个实物的出土，可证确实有《熹平石经》曾被运至长安。但古往今来，长安所得汉石经仅是寥寥可数而已，与古今于洛阳所得的石经残石，根本不能同日而语。故而，当时被运送到长安的《熹平石经》，很有可能是夹混在《正始石经》中被误运而已。张国淦对于传统的两种石经都经转运的说法，其实也有怀疑，他认为："石经自《隋书·经籍志》云后魏之末，齐神武执政，自洛阳徙于邺都。行至洛阳，值岸崩，遂没于水，其得至邺者，不盈大半（《封氏闻见记》同）。议者每以经石没水，故遂不复见于世。今考《鲁诗》九碑，皆有新出残字（《隶释》残字在第四碑）；《尚书》五碑，二碑有新出残字（二碑有《隶释》残字），只一碑未见残字；《周易》四碑，二碑有新出残字，只二碑未见残字；《春秋》四碑，三碑有新出残字，只一碑未见残字；《仪礼》十五碑，十一碑有新出残字（《隶释》残字并在第六、第十、第十四碑），只四碑未见残字；《论语》三碑，均有新出残字（《隶释》残字在第一碑）；《后记》均系新出残字。综计全碑四十有八，未见残字者仅十碑。新出残字，又有未知何经，及以后尚有陆续出土者，当或在此十碑以内。此其残石均在洛阳。自是《洛阳记》《西征记》所云残坏，冯熙、常伯夫相继废毁，自唐宋以迄今日，先后见于太学故址。则当日汉石之没于水者，有无不可知。即云有之，不过数碑而已，此可就所得残字而考见之者也。"[33]可谓言之有据。

关于石经碑石的大小问题，现在根据新发现的残石，已经有很多人做过研究。如曾经在洛阳太学遗址做过八次考古调查勘探领队和七次考古发掘领队的许景元，在其《新出熹平石经〈尚书〉残石考略》（图1-4、图1-5、图1-6）一文中曾记述道：

> 一石（编为6278号）系1962年冬出土，地点在今偃师县佃庄公社东大郊大队第十生产队（亦称太学村）社员栗万卷屋后西北地，当时是九队社员刘松照在此地刨挖红薯窖时，离地深约1.7米，发现于瓦砾堆

图 1-4 《新出熹平石经〈尚书〉残石考略》附图一之 1

积层里，于 1978 年夏送交考古研究所洛阳工作队收藏。残石两面皆有经文，石厚 16.5 厘米，阳面长约 20、宽 32 厘米，上端是 9.5 厘米的空额，下为《尧典》《舜典》篇经文，自右而左共 12 行；每行多者五个字，少的一、二字，都能辨识，共三十七字；阴面约长 31、宽 36 厘米，比阳面略大，字数也多，上端为 10 厘米的空额，下为校记，经过勘校是《舜典》《皋陶谟》《益稷》的部分校记，共十六行，每行上下多者八字，少则二、三字，计有八十四字，大部分能辨识，少数已经勒损，笔迹不清。

另一石（编为 6874 号），于 1968 年冬出土，地点同前，约在村南社员陈老虎屋后的西北地，北距 6278 号残石出土地点约百米，当时是十队社员在此苗圃地挖泡桐树根时发现的，出土于离地深约 1 米的瓦砾堆积层，后被砌入牛圈的墙角下，1974 年冬从墙角中刨出来。石厚 16.5 厘米，阳面约长 27、宽 31 厘米，左侧有边，只有 1 厘米多，系《皋陶谟》《益

图 1-5 《新出熹平石经〈尚书〉残石考略》附图一之 2

稷》《禹贡》三篇的部分经文,共十一行,其中因篇末和篇首各空留一行,实刻九行,每行多者十二字,少则三、五字,笔迹清晰,共七十七字。阴面约长 24、宽 38 厘米,系《秦誓》篇末经文二行,《书序》六行和校记一行,按其篇幅应有九十字,可惜都已泐损,只能辨识二十余字,如《秦誓》篇末的"哉人之有技……"和书序的下半段并排的"康叔""为保""并兴"诸字。

……上述二方残石应是《尚书》石经的第一石……可见《尚书石经》将二十七篇序文,汇集于二十九篇经文之后,另立一篇为《书序》,这与马融、郑玄本一样地将古文百篇序文另立一卷。正如孔颖达《尚书序正义》中说"伏生二十九卷,而序在外"。此伏生应指东汉的今文本,这里孔颖达定是见到石经本与古本,才能下了这个结论的……《尚书》石经于《书序》后又节录了欧阳、大小夏侯三家互异的经句,新出土的

图 1-6 《新出熹平石经〈尚书〉残石考略》附图二

校记和过去出土他经校记的行款格式完全一样。熹平石经的每经刻本都是立于学官的五经，每经只刻一家章句，定为标准本，并以诸家的异同列为校记，刻于经文之后，以供参校。正如《易经》以梁丘氏为本，校记是施、孟、京房氏诸家章句；《诗经》以《鲁诗》为本，校记里反复出现有齐言、韩言所校勘的章句；《春秋经》用严氏本，在校记里常见有颜氏言及颜氏有无等语。由于《尚书》石经过去出土的较少，而在校记里偶尔见到小夏侯氏的校勘章句，因此曾有人认为是夏侯氏本，这是误解……现从新出的经文来推算，直行经文每十字为23.5厘米，正合东汉的"建初尺"一尺整，横排经文每十字约24.3厘米，折合一尺有余。面宽三十五行，加上两侧边宽，共约88厘米，合"建初尺"的三尺七寸，碑文长度（按七十五字计算）约176厘米，折合七尺四寸，长宽为二比一，恰好是竖行倍于横排，这与《水经注·榖水》记载"石长八尺，广四尺"大致相合。又《洛阳记·朱超石与兄书》："碑高一丈许，广四尺，骈罗相接"，这里所说的碑高一丈，应该还要加上碑首空额、碑底留空的尺寸和碑座的高度，这样才与记载的相符……碑座系青石制作，长方形，盝顶，底平整，无纹饰，古朴大方，正中有一通槽，应是插碑的榫眼。所出碑座，边廓整齐有棱角，作工细致，宽高尺寸完全一样，只是长度各有不同，据统计大约可分四种尺寸（以"建初尺"折算），即92—93（约四尺）、100（四尺三寸）、117—119（五尺）和137（五尺九寸）厘米。"[34]

许氏作为历次发掘和勘探的负责人，其亲身见闻，自然最是真切。不过，现存原地的遗物，都是小块的残石，所以他对于原石的判断是否正确，也还是值得进一步地推敲。如范邦瑾在其《〈熹平石经〉的尺寸及刻字行数补证》一文中就认为："碑的宽度从所复原的《周易》石经石看，每字间排列紧密，无界格，行与行间距一般不到0.5厘米，相当规整。同时甲乙两石的外缘平直，断截而整齐，边缘部分余石宽达1.5—1.8厘米，与1980年出土的残石凡左右边部皆在1.0—1.7厘米相合，且均无刻字痕迹，可确定正是原碑的左右边缘。由此可知，这块《周易》石经原碑宽当为94厘米，比许景元同志复原的《尚书》石经宽'约88厘米，合建初尺的三尺七寸'多6厘米，正合建初尺四尺，与《洛阳记》载'广四尺'完全相符。碑的高度因原石残缺，上下两端无法复原，只能大致推算。以现存的石经残石文字与今本《周易》勘比，可推出此碑原每行刻字约为73至74字，按甲乙两石实测，每10字约为23.5厘米，正合建初尺一尺，则74字约当174厘米。但此仅是刻字碑文的长度，原碑上下端应另留空。据1980年出土残石，碑顶完整者二石，边宽皆为10厘米。碑下端亦出有二石，但皆残，其中一石边残宽为10.6厘米，以《汉石经集存》所收残石补之，可知其完整者宽当为11—12厘米。那么这块原石高约196厘米，加上碑座高35厘米，则整块碑石竖立后从地面到碑顶通高达231厘米左右，约合建初尺九尺八寸强，与《洛阳记》载'碑高一丈许'亦相近。""《熹平石经》的选石标准并不十分严格统一，原碑尺寸的大小是略有不同的。并且依碑石的宽窄，每碑的刻字行数亦相应有所增减，两者当成正比。但这些差异又不会太大，其尺寸基本上仍合于《洛阳记》所载'碑高一丈许，广四尺'每碑的刻字行数则在 35 至 38 行左右。"〔35〕范氏因所见石经残石相对较大，所言较之于许氏反倒更加接近真实。但另外还有一种可能，就是石经碑石本身原本就是大小不一，〔36〕故而两位得出的结论也略存差异。而这种石经碑石本身大小的不一，正是造成各碑行款、字数不同的直接原因。另外还值得重视的是，据《魏略序》云："至黄初元年之后，新主乃复始扫除太学之灰炭，补旧石碑之缺坏，备博士之员录，依汉甲乙以考课。"〔37〕也就是说，在魏文帝曹丕时期，曾经将汉石经予以修补。〔38〕那么现在所见的碑石大小参差、行款字数无序的情形，是否与之相关呢？虽然并无证据，但我们并不能轻易排除这一可能性。

实际上，除了标准文本的功用之外，《熹平石经》在书法史上也是一部非常值得关注的原始文本。朱彝尊《曝书亭集》卷四十七"跋汉华山碑"条曾论及："汉隶凡三种，一种方整，汉鸿都石经、尹宙、鲁峻、武荣、郑固、衡方、刘熊、白石、神君诸碑是已；一种流丽，韩勑、曹全、史晨、乙瑛、张表、张迁、孔彪、孔宙诸碑是已；一种奇古，夏承、戚伯著诸碑是已。"〔39〕作为官方颁布的文献标准本，不仅在内容上，在形式上自然也具备极大的范式意义。而这种官方身份，无疑已经奠定了它在当代和后世的经典地位。正是因为《熹平石经》在学术和书法上的重要意义，自宋代被世人重新发现以来，即备受重视。历代多有重刻、翻刻，如宋代胡宗愈所刻的成都西楼本、洪适的会稽蓬莱阁本、石熙明的越州本，明代有靖江王府本，清代如皋姜任修本、海盐张燕昌的石鼓亭本、汉军李享特之绍兴府学本、陕西申兆定关中碑林本、南皮张之洞之武昌重刻本、金匮钱泳之南昌县学本，此外尚有白蒲姜退耕摹孙退谷藏本等。除此之外，也存在不少伪刻的赝品，据罗福颐《汉熹平石经概说》:"我国过去旧社会里，造成古董商作伪的风气，要知他们的技术是相当之高的，能糊弄一般的人。现在拿所作的伪刻来看，他们做的多为大块多字，不仔细研究很可能误认为是真石刻，然经过专家们的考验和与真本的核对，它就原形毕露了。这也是我们研究汉石经残石必须有的知识。"[40]在罗氏的这篇文章中，也将伪刻石数、字数抄目如下：

《易》：三石，六面，三千七百零八字。
《尚书》：二石，四面，一千零九十二字。
《鲁诗》：六石，十面，三千三百一十字。
《仪礼》：一石，二面，一千一百六十七字。
《春秋》：一石，二面，一千六百六十九字。
《公羊》：二石，四面，二千七百八十一字。
《论语》：七石，十面，一千六百九十五字。

并云：

> 由上面统计的数字可以看出，现代伪刻的汉熹平石经残字，共一万五千四百多字，同原刻残石字数比较起来，几乎将近三倍，这也足以说明了过去作伪的手段，是可惊异的。这些伪石经现在全在天津历史博物馆，可供参考。[41]

汉石经的大量出土有三次，第一次是在北宋时，出土约2100余字。第二次是在民国1922年冬到1939年间，周边农民零散发掘所得。第三次则主要从20世纪70年代以来，历次科学的考古发掘所得。大概而言，现存汉《熹平石经》的总字数大致在万字左右，约为原本石经字数的二十分之一。这些石经残石,据《河南碑志叙录》:"所凡新中国成立后收集和出土的除藏在中国社会科学院考古研究所外,西安碑林、北京故宫博物院、中国历史博物馆、河南省博物馆、洛阳市文物工作队等均有收藏,但是数量不多,而大量的多归私人收藏,有的流出国外。"[42]所说大致有理。另外值得一提的是,中国国家图书馆藏有石经残石189块,虽然大都是1—9字的小残块,但从数量上讲,可能是收藏残石最多的一家。此外就是上海博物馆,所藏数量上虽不占优势,但质量上乘,尤其值得关注。

注释:

[1] 事实上,一字石经不止于此,但所以如此称呼的原因,可参张国淦先生所言,他认为:"石经言一字者始此。石经有一字、二字、三字(即一体、二体、三体)之别,汉一字隶书,唐、后蜀、南宋、清一字真书,北宋二字篆、真书,魏三字古、篆、隶书。今以一字对于三字言者专属汉。《后汉·儒林传序》古文、篆、隶三体书法,顾蔼吉《隶辩》一体为一字。所谓三字者,古文为一,篆为一,隶为一。曰一体、二体者,盖言三体而推言之。"见于张国淦《历代石经考》第一编之《汉石经》,民国时石印本。

[2] 见于《汉石经碑图》卷前,1940年印本。

[3] 按:汉代的五经与后代的五经不同,需要特别留意。汉代五经是《诗》《书》《礼》《易》《春秋》。《诗》是三家诗,《书》是今文《尚书》,《礼》是《仪礼》,《春秋》是《春秋》经。而唐代以后的《诗》是《毛诗》,《书》是真伪混杂的古文《尚书》,《礼》是《礼记》,《春秋》是《左传》。

〔4〕　按：西汉建元五年（前136），汉武帝为《易》和《礼》增置博士，与汉文帝、汉景帝时所立的《书》《诗》《春秋》博士合为五经博士。五经博士开始设置时，《诗》《书》《礼》《易》《春秋》每经只有一家，各经置一博士，以家法教授，故称"五经博士"。到西汉末年，研究五经的学者逐渐增至十四家，所以也称"五经十四博士"。东汉初年，博士有十四人。《易》四：施、孟、梁邱、京氏；《尚书》三：欧阳、大、小夏侯氏；《诗》三：鲁、齐、韩氏；《礼》二：大、小戴氏；《春秋》二：严、颜氏。由此至东汉之末，博士人数基本无所增损。

〔5〕　屈万里认为："言五经或六经者，乃汉人之习语，其义犹言群经（《公羊》及《论语》，汉人视为传记）。言七经者，则实指其数也。"见于《汉石经周易残字集证》卷一，《屈万里全集》第11册，联经出版事业股份有限公司，1974：第3页。

〔6〕　按：事实上，《汉书·艺文志》就是按照这一古文家的顺序来排列的。

〔7〕　《隋书·经籍志》中著录唐代所存一字石经《尚书》六卷，下有小字注："梁有今字石经《郑氏尚书》八卷。"（第946页）所指恐系晋石经，参范邦瑾《晋石经探疑》，见于《史林》1988年第4期：第9-15页。

〔8〕　唐开成石经原刻《春秋》十二卷，后改为十一卷，在"闵公第四"下添注"附庄公卷"，与汉石经正相同。但唐石经是经传合刊，而汉石经则是经传别行。

〔9〕　马楠最新复原，则以为《尚书》每面当在33至35行之间，参其《〈熹平石经·尚书〉行数推定及复原》，见于《中国典籍与文化》，2013年第1期：第4-18页。

〔10〕　范晔撰《后汉书·宦者列传》，中华书局，1965：第2533页。

〔11〕　《后汉书·蔡邕列传》：第1990页。

〔12〕　袁宏撰《后汉纪·孝灵皇帝纪》中卷，中华书局，2002：第463页。

〔13〕　郦道元注，杨守敬、熊会贞疏《水经注疏》，江苏古籍出版社，1989：第1428页。

〔14〕　黄奭辑《黄氏逸书考·谢承后汉书卷上》，见《续修四库全书》第1209册，上海古籍出版社，2002：第639页。

〔15〕　李昉等撰《太平御览》，中华书局，1960：第2654页。

〔16〕　中国社会科学院考古研究所洛阳考古队，《汉魏洛阳太学遗址新出土的汉石经残石》，

见于《考古》，1981年第4期，1982：第381-389页。按，现存残碑上有名字者，《礼记》为马日䃅、蔡邕，《公羊》为堂溪典、马日䃅、赵㭊、刘弘、张文、苏陵、傅桢，《论语》为左立、孙表，《后记》则为刘宽、堂溪典等数人，大概可以反映当时的书碑人状况。当然，也有人认为这些碑文其实都是蔡邕一人所写，如民国时候的方若就以为碑石上所见的习见之字，用笔结题如出一手。而稍微有所不同的，则可能是刻工不一造成的（见于其所撰《旧雨楼汉石经残石记》，民国间石印本）。但方若此书中著录的残石，恐怕都有疑问，屈万里甚至以方若此说作为其所藏残石皆伪的证据，所以其说可不置辩。

[17] 杨衒之撰，周祖谟校释《洛阳伽蓝记校释》，上海书店出版社，2000：第120-121页。

[18] 中国社会科学院考古研究所编，《汉魏洛阳故城南郊礼制建筑遗址：1962—1992年考古发掘报告》第四章《太学遗址》，文物出版社，2010：第180页。

[19] 《汉魏洛阳故城南郊礼制建筑遗址》第五章《结语》：第365-366页。

[20] 《汉魏洛阳故城南郊礼制建筑遗址》第四章《太学遗址》：第217-218页。

[21] 《汉魏洛阳故城南郊礼制建筑遗址》第四章《太学遗址》：第217-218页。

[22] 《汉魏洛阳故城南郊礼制建筑遗址》第四章《太学遗址》：第185页。

[23] 《汉魏洛阳故城南郊礼制建筑遗址》第四章《太学遗址》：第345页。

[24] 《汉魏洛阳故城南郊礼制建筑遗址》第五章《结语》：第366页。

[25] 《汉魏洛阳故城南郊礼制建筑遗址》第四章《太学遗址》：第186-187页。

[26] 《汉魏洛阳故城南郊礼制建筑遗址》第四章《太学遗址》：第347页。

[27] 《汉魏洛阳故城南郊礼制建筑遗址》第四章《太学遗址》：第311页。

[28] 见于《考古学报》，1981年第2期：第185-198页。

[29] 按："一"中华书局本校改为"三"，云据《晋书·卫恒传》所改。

[30] 魏征、令狐德棻等撰，《隋书》卷三十二，中华书局，1973：第947页。

[31] 按：晋石经情况不明，暂不论。

〔32〕 关于石经的迁徙问题，又可参范邦瑾《晋石经探疑》一文。

〔33〕 《汉石经碑图叙例》，见于《汉石经碑图》卷前。方若也认为：长安所得《公羊》残碑一段，是"后人携去既残者，非当时运入所残也。"又说："证以今昔出土不外洛阳旧址，则所在地之为洛阳，未入长安，又可以定矣。"见于方撰《旧雨楼汉石经残石记》。

〔34〕 《考古学报》，1981 年第 2 期：第 185-198 页。

〔35〕 见于《文物》，1988 年第 1 期：第 58-64 页。

〔36〕 《汉魏洛阳故城南郊礼制建筑遗址》第五章《结语》："碑的高度或许差距不大，而据有左右边部出土的一些经碑来看，各碑原载文字行数颇不一致，碑与碑之间至有相差数行的，可知经碑可能宽窄不一。"中国科学院考古研究所编著，《中国田野考古报告集》，文物出版社，2010：第 366 页。

〔37〕 转引自《三国志》卷十三《王肃传》注，中华书局，2011：第 420 页。

〔38〕 方若《旧雨楼汉石经残石记》中说："石厚得汉尺七寸二分，里面左上角旧脱，侧有长孔通上，宽一寸七分，深四分，下端深处一寸半，似当时碑断镕铁钳接，则知石经曾一度扶立。或在由邺转运后欤？"他对石经扶立时间的看法可以忽略，但他所述石经曾经修补这一点，却很值得重视。虽然其所得残石恐怕都是伪品，但作伪者为何要造此狡狯？很值得深思。

〔39〕 朱彝尊撰《曝书亭集》卷四十七，商务印书馆，民国二十四年（1935 年）：第 773 页。

〔40〕 见于《文博》，1987 年第 5 期：5-10，第 31 页。

〔41〕 按：这批伪刻石经残石，很有可能就是方若旧藏品的一部分。

〔42〕 河南省文物局编，《河南碑志叙录》，中州古籍出版社，1992：第 12 页。

第二章　《熹平石经》建立的缘由

如上文所揭，在《后汉书·蔡邕传》中，曾这样描述《熹平石经》产生的原因和过程："邕以经籍去圣久远，文字多谬，俗儒穿凿，疑误后学。熹平四年，乃与五官中郎将堂溪典，光禄大夫杨赐，谏议大夫马日䃅，议郎张驯、韩说，太史令单飏等，奏求正定《六经》文字。灵帝许之，邕乃自书丹于碑，使工镌刻立于太学门外。于是后儒晚学咸取正焉。及碑始立，其观视及摹写者，车乘日千余两，填塞街陌。"[1]也就是说，当时之所以建立石经，是为了给儒家经典提供一个权威的官方文本。但问题在于，当时的汉代社会，为什么需要这样一个权威的文本存在？为什么石经的影响力会有如此之大，乃至于"其观视及摹写者，车乘日千余两，填塞街陌"？在《后汉书·儒林传》中，曾这样解释朝廷建立石经的用意："有私行金货，定兰台漆书经字，以合其私文。熹平四年，灵帝乃诏诸儒正定《五经》，刊于石碑，为古文、篆、隶三体书法，以相参检，树之学门，使天下咸取则焉。"[2]那么，又为什么会有人冒着干犯法纪的危险，来"私行金货"，以便将官方保存的经典文本修改到与自己所持之本相同呢？文本字句的差异，究竟代表着什么样的意义呢？

要理解以上的这些问题，必须要结合秦汉以来的整个学术走势，才能明白，这样不计风险地修正文本是不是值得？这样不计成本地竖立石经，是不是划算？石经的竖立，《蔡邕传》中已经明确记载，是"立于太学门外"，也就是说，石经针对的首要对象不是别人，正是掌教太学的这些博士和求学于太学的这些博士弟子们。事实上，理解石经问题的关键，就在于两汉的博士制度上。即作为博士和博士弟子，到底意味着什么？能够为自身带来什么？入选博士的关键在于何处？博士弟子的出路如何？理解了这些，其实也就等于理解了汉代学术发展的基石所在，也就能理解当时官方需要确定儒家经典标准文本的必然性和必要性，以及因此而推动的石经镌刻的原因。

事实上，早在秦代就已经建立了博士制度，秦设博士，至汉代仍之。不过，秦汉博士的区别在于，秦时博士多尚博通，而汉时博士则逐渐偏重于专门。[3]据《汉旧仪补遗》卷上："博士，秦官。博者，通于古今；（士者）辩于然否。"[4]又同卷："武帝初置博士，取学通行修，博学多艺，晓古文《尔雅》，能属文章者为高第。"[5]即一直到汉武帝时期，遴选博士的标准，还并非精通经义，而是要博雅兼通。也就是说，并不是以儒家一家为限，其选择面，是整个诸子百家。另外值得重视的一点是，秦汉博士的差别还在于，秦时的博士，应该是礼官、学官兼备；而汉代的博士，则已经逐渐摆脱了礼官的面貌，而转移为专门的学官了。作为学官，其最为特出之处，就是在于他是整个王朝后备官员的培养者，而其所供职的太学，则相应地成为了未来官员的培养基地。《汉书》卷五十六《董仲舒传》中说："故养士之大者，莫大乎太学。太学者，贤士之所关也，教化之本原也。"[6]正是因为太学是政权后备人才的储备所，所以，其中的学员和老师——博士弟子员以及他们的老师——是谁，尤其显得重要。《论衡·书解》第二十八："著作者为文儒，说经者为世儒，二儒在世，未知何者为优。或曰：文儒不若世儒。世儒说圣人之经，解贤者之传，义理广博，无不实见，故在官常位。位最尊者为博士，门徒聚众，招会千里，身虽死亡，学传于后。"[7]也就是说，博士和太学，实际上就是当时的利薮所在。

那么，如何从林立的学派中脱颖而出，便成了当时儒家最大的任务和目标。《韩非子》卷十九《显学》五十中，曾经说到："世之显学，儒、墨也。儒之所至，孔丘也。墨之所至，墨翟也。自孔子之死也，有子张之儒，有子思之儒，有颜氏之儒，有孟氏之儒，有漆雕氏之儒，有仲良氏之儒，有孙氏之儒，有乐正氏之儒。自墨子之死也，有相里氏之墨，有相夫氏之墨，有邓陵氏之墨。故孔、墨之后，儒分为八，墨离为三，取舍相反不同，而皆自谓真孔墨。孔墨不可复生，将谁使定后世之学乎？"〔8〕可见，不仅仅是学派之间争正统，就是同一学派之内，大家也都为了谁是嫡传、谁是正统，纷扰不已。而这一纷争，早在孔、墨之后，便开始了。那么，在儒家内部，又如何能压倒别派，独秀于林呢？据《史记》云："天下并争于战国，儒术既绌焉。然齐鲁之门，学者独不废也。于威、宣之际，孟子、荀卿之列，咸遵夫子之业而润色之，以学显于当世。"〔9〕可见，从孟子、孙卿开始，儒家学者已经开始注意到这一问题，他们并不是孔门的原教旨主义者，单纯地继承前人成果，而是经过自己的加工润色，形成了自己独特的体系。以荀子之学为例，据马宗霍《中国经学史》述荀子之师承："刘向叙称孙卿善为《诗》《礼》《易》《春秋》，则期经学之传，当别有所属。考《别录》言荀卿受左氏之学于虞卿，以授张苍。杨士勋《穀梁疏》言荀卿受穀梁之学于穀梁赤，以授鲁人申公，而《荀子》本书《大略》篇言'《春秋》贤穆公善胥命'；《王制》篇言'桓公劫于鲁庄'；又言'周公述职事'，悉与《公羊》合。是荀卿于《春秋》兼通三传也。《经典叙录》述荀卿受《诗》于根牟子，上接曾申之传，以授大毛公，是为《毛诗》之学。《汉书·楚元王交传》言鲁申公受《诗》于浮丘伯，伯者孙卿门人。《儒林传》言申公以《诗经》为训诂以教，是为《鲁诗》之学。而《韩诗外传》引荀卿子以说《诗》者四十有四。是荀卿于《诗》则兼开三家也。公羊、穀梁之《春秋》，并出子夏。左氏亦曾申所传，则是子夏者，固荀卿经学之所自出也。《礼》则《大戴记·曾子立事》篇载《荀子·修身》《大略》二篇文，《小戴记·三年问》《乡饮酒义》《乐记》载《荀子·礼论》《乐论》二篇文，而《非相》《大略》二篇，又《易》义存焉。由是言之，荀卿兼善诸经，信而有征。"〔10〕可知荀学并非拘于某家某师之说的。也就是说，从孔丘之殁而至于汉初，无论是儒家与其他学派之间，还是儒家内部，都充满了竞争和不断地改饰，以实现自己一派的利益最大化。儒家向来并不纯粹，先秦就有被贬低为俗儒、陋儒的派别。到了汉代，又有辟儒的说法。可见儒家内部的正统之争，也是一以贯之，没有停歇过的。驯至叔孙通，"希世度务，制礼进退，与时变化，卒为汉家儒宗。"〔11〕也就是说，叔孙通为了得到广泛的认同，也是一直在不断地调适自己的观点来获得和把握机会。所以，其本传中说："大直若诎，道固委蛇，盖谓是乎。"〔12〕再以董仲舒为例，据《汉书》卷二十七上《五行志》："汉兴，承秦灭学之后。景武之世，董仲舒治《公羊春秋》，始推阴阳，为儒者宗。"〔13〕事实上，董氏治学，不仅采撷阴阳家之说，且对黄老、名、法、墨诸家思想，都有所吸纳和综合。因此，从叔孙通到董仲舒以来，汉代的新儒家为了上升、扩大、巩固自身的地位而不断进行自我调适，他们所持的观点与立场，已经与原始儒家的要义，不能途辙尽合了。而随着儒家势力的巩固和发展，儒学、儒术已经成为干禄之门径。争夺正统，获取儒家内部的发言权、控制权，自然成了众多儒学者的要务。正如《汉书·儒林传赞》中所言："自武帝立《五经》博士，开弟子员，设科射策，劝以官禄，讫于元始，百有余年，传业者浸盛，支叶蕃滋，一经说至百余万言，大师众至千余人，盖禄利之路然也。"〔14〕正是在此前提下，"《五经》异同"开始成为了争夺正统的第一利器。石渠阁、白虎观会议，无疑就是在这一背景下召开的。也就是说，只有在成为干禄之具后，经典文本的独特性和排他性才变得尤其重要，各种文本的同异，才得以凸显。而所以如此者，无非就是要得势行道，争取更大的话语权。

与上述说法相关的是，《汉书》卷三十六《楚元王传》中记载："自孔子后，缀文之士众矣，唯孟轲、孙况、董仲舒、司马迁、刘向、扬雄此数公者，皆博物洽闻，通达古今，其言有补于世。传曰，圣人不出，其间必有命世者焉,岂近是乎!"〔15〕这里列举的这几位先贤,显然是因为作者班固认为他们都是儒家的杰出代表人物。但细究这几位的学术轨迹,却基本没有交集。也就是说,他们并没有自孔子而后一脉相承的师承关系。事实上,这几位的学术取向并不相同,甚至于像司马迁这种究竟是否儒家的正统,也还值得另外探讨的人物也列举于此,可见当时的儒家是如何的兼容并包,完全不存在什么重视师法、家法的说法。那么,两汉经学重视师法、家法的传统,又是从何而来、因何而起的呢?这个问题的答案,依然还是在于博士制度。

刘歆在《移让太常博士书》中说,到了孝文皇帝的时候,"天下众书往往颇出,皆诸子传说,犹广立于学官,为置博士。"〔16〕再据《后汉书·翟酺传》中所引酺上书云:"孝文皇帝始置一经博士。"〔17〕也就是说,在西汉文帝时候,不仅设置了包括儒家在内的诸子专书博士,还设置了儒家的专经博士。汉武帝建元五年(前136)春,又设立了《五经》博士,加之原来已经存在的三家经学博士,这时候的儒家博士,应该已经达到了《五经》七家,即:《诗》齐鲁韩三家、《书》《易》《礼》《公羊春秋》,七家各有博士官一员。至汉宣帝甘露三年(前51),又诏诸儒在石渠阁宣讲五经异同,除了之前已经因为《易》一分为二,成为施、孟两家之外,又增加了穀梁《春秋》、梁丘《易》、大小夏侯《尚书》四家。至此,博士已经达到了《五经》十二家。元帝时,曾经短暂增立了京氏《易》为博士,〔18〕但很快就取消了。〔19〕经学博士设置的高峰,是出现在平帝、新莽之际,据《王莽传》,在平帝元始四年(4)时,"立《乐经》,益博士员,经各五人。"这是《五经》博士规模上达到的顶峰时期,不仅是今文经,就连古文经的《古文尚书》《周官》《毛诗》《逸礼》《左氏春秋》等,都增设为博士。不过,王莽设立的这些古文经,在不久之后,便又纷纷退出了博士的行列。据《后汉书·儒林传》:"光武中兴……立《五经》博士,各以家法教授,《易》有施、孟、梁丘、京氏,《尚书》有欧阳、大小夏侯,《诗》齐鲁韩,《礼》大小戴,《春秋》严、颜,凡十四博士。"光武所拟定的这一《五经》十四博士制度,基本上成为定制,[20]一直延续到了汉末,再未改变。

自公孙弘以《春秋》白衣为三公,受封为平津侯,于是"天下之学士,靡然乡风矣。"[21]儒家独大的局面,至此基本形成。而汉武帝建立太学,更使得汉代博士制度成为了官员进阶不可或缺的一部分。尤其值得一提的是,公孙弘"为博士官置弟子五十人,复其身。太常择民年十八已上,仪状端正者补博士弟子。郡国县官有好文学,敬长上,肃政教,顺乡里,出入不悖所闻者,令相长丞上属所二千石。二千石谨察可者,当与计偕,诣太常,得受业如弟子。一岁皆辄课,能通一艺以上,补文学掌故缺;其高第可以为郎中者,太常籍奏。即有秀才异等,辄以名闻。其不事学若下材及不能通一艺,辄罢之,而请诸不称者罚。臣谨案诏书律令下者,明天人分际,通古今之义,文章尔雅,训辞深厚,恩施甚美,小吏浅闻,弗能究宣,无以明布谕下。治礼次治掌故,以文学礼义为官,迁留滞。请选择其秩比二百石以上,及吏百石通一艺以上,补左右内史、大行卒史;比百石已下,补郡太守卒史,皆各二人,边郡一人。先用诵多者,若不足,乃择掌故补中二千石属,文学掌故补郡属,备员,请著功令,它如律令。制曰可。自此以来,则公卿大夫士吏斌斌多文学之士矣。"[22]公孙弘不仅是以自己的亲身经历来彰显谙习儒学的功用,更是将因精通儒学而得以入仕的方式制度化。也就是说,早在董仲舒提出罢黜百家、独尊儒术之前,公孙弘已经在事实上将儒学或儒术,提升为当代的第一学术思潮,使得研习儒学成为当代最为现实、有用的晋升途径。公孙弘的提议,等于是从制度上确立了儒家独占鳌头的地位。而董仲舒之所以能有独尊的提议，也只不过是根据已有的政治、文化形式而加以总结、提炼的。《董仲舒》本传云："仲舒对册，推明孔氏，抑黜百家。立学校之官，州郡举茂材孝廉，皆自仲舒发之。"〔23〕显然是夸大了董仲舒的一己之功，不太符合事实。《董仲舒传》中，还记录了他在贤良对策中的一段言论："臣愚以为诸不在六艺之科、孔子之术者，皆绝其道，勿使并进。邪辟之说灭息，然后统纪可一而法度可明，民知所从矣。"〔24〕董氏这一建议，虽说对于儒家独尊地位的确立并没有决定性的影响，但这一提议，却确实反映了当时的社会情形，及自武安侯田蚡为丞相以来"延文学儒者数百人"，〔25〕而至平津侯公孙弘使得"天下学士靡然乡风矣"，〔26〕这一大的社会背景下，儒家处于冉冉上升期的一个真实写照。

博士弟子人数从初期的五十人，经昭帝、宣帝、元帝、成帝、平帝而一路激增，"《五经》博士领弟子员三百六十，《六经》三十博士，弟子万八百人。"〔27〕到东汉顺帝时，太学的面积进一步扩充，"凡所造构二百四十房，千八百五十室。"〔28〕硬件的扩容虽然未必与博士弟子员的增长直接相关，但与之可相印证的是，到了桓帝时，弟子员已达到了前所未有的三万余人之多。人数的飞速增长，固然说明经学的普及和兴旺，但结合博士弟子员的出路问题来看，可能可以更加贴近现实地说明仕禄之途对于学术发展的重要性和影响力。《汉书》卷八十八《儒林传》："赞曰：自武帝立《五经》博士，开弟子员，设科射策，劝以官禄，讫于元始，百有余年，传业者浸盛，支叶蕃滋，一经说至百余万言，大师众至千余人，盖禄利之路然也。"张汉东在其《论秦汉博士制度》一文中曾经统计过："汉代中央博士共计一百七十八人，其初迁之职可考者有五十人，其中直迁九卿者四人，郡守、尉、诸侯王国相、太傅者十五人，诸大夫、侍中者十八人，刺史、州牧者五人。以秩叙之，秩比二千石以上者三十六人，八百石以上者八人，超迁者占88％。可见博士官运亨通，秩卑是暂时的，而职尊则成了士人进取高官厚禄的通阶……"〔29〕正是这个原因，所以据《汉书》卷七十五《眭两夏侯京翼李传》记载，夏侯胜在讲课时，常对学生说："士病不明经术，经术苟明，其取青紫如俯拾地芥耳。"〔30〕

但随着时间的推移，经太学策试而出仕为官这一最为世人看重的途径，因弟子员数量的剧增和与之相关联的除吏名额的限制两方面因素的冲突，使得经由这一途径而步入宦途的难度越来越大，在东汉和帝时，便由此而产生了纠纷。为了更好地解决这一问题，于是，在永元十四年（102）时，时任司空徐防便提出了一个应对方案："防以《五经》久远，圣意难明，宜为章句，以悟后学。上疏曰：臣闻《诗》《书》《礼》《乐》，定自孔子；发明章句，始于子夏。其后诸家分析，各有异说。汉承乱秦，经典废绝，本文略存，或无章句。收拾缺遗，建立明经，博征儒术，开置太学。孔圣既远，微旨将绝，故立博士十有四家，设甲乙之科，以勉劝学者，所以示人好恶，改敝就善者也。伏见太学试博士弟子，皆以意说，不修家法，私相容隐，开生奸路。每有策试，辄兴诤讼，论议纷错，互相是非。孔子称'述而不作'，又曰'吾犹及史之阙文'，疾史有所不知而不肯阙也。今不依章句，妄生穿凿，以遵师为非义，意说为得理，轻侮道术，浸以成俗，诚非诏书实选本意。改薄从忠，三（世）[代]常道，专精务本，儒学所先。臣以为博士及甲乙策试，宜从其家章句，开五十难以试之。解释多者为上第，引文明者为高说。若不依先师，义有相伐，皆正以为非。《五经》各取上第六人，《论语》不宜射策。虽所失或久，差可矫革。诏书下公卿，皆从防言。"〔31〕这大概是比较早的开始提出以师法、家法的有无，作为策试标准的一个建议。但这一措施，显然并不能达到息讼的目的，诸家经师对于通过射策而经甲乙丙科入仕的争夺，并未稍息。到顺帝阳嘉元年（132），又增加了甲乙科员各十人，但仍然是杯水车薪，不能满足当时的需要。于是，至灵帝之时，"诸博士试甲乙科，争弟高下，更相告言，至有行赂定兰台漆书经字以合其私文者。"[32]事实上，以一己之学为上，而贬抑他人之学的风气，自光武帝以来，就因利益作祟，颇为盛行。比如在建武年间（25—56），"尚书令韩歆上疏，欲为《费氏易》《左氏春秋》立博士，诏下其议。四年正月，朝公卿、大夫、博士，见于云台。帝曰：'范博士可前平说。'升起对曰：'《左氏》不祖孔子，而出于丘明，师徒相传，又无其人，且非先帝所存，无因得立。'遂与韩歆及太中大夫许淑等互相辩难，日中乃罢。升退而奏曰：'臣闻主不稽古，无以承天；臣不述旧，无以奉君。陛下愍学微缺，劳心经艺，情存博闻，故异端竞进。近有司请置《京氏易》博士，群下执事，莫能据正。《京氏》既立，《费氏》怨望，《左氏春秋》复以比类，亦希置立。《京》《费》已行，次复《高氏》《春秋》之家，又有《驺》《夹》。如今《左氏》《费氏》得置博士，《高氏》《驺》《夹》《五经》奇异，并复求立，各有所执，乖戾分争。从之则失道，不从则失人，将恐陛下必有厌倦之听。孔子曰：博学约之，弗叛矣夫。夫学而不约，必叛道也。颜渊曰：博我以文，约我以礼。孔子可谓知教，颜渊可谓善学矣。《老子》曰：学道日损。损犹约也。又曰：绝学无忧。绝末学也。今《费》《左》二学，无有本师，而多反异，先帝前世，有疑于此，故《京氏》虽立，辄复见废。疑道不可由，疑事不可行。《诗》《书》之作，其来已久。孔子尚周流游观，至于如命，自卫反鲁，乃正《雅》《颂》。今陛下草创天下，纪纲未定，虽设学官，无有弟子，《诗》《书》不讲，礼乐不修，奏立《左》《费》，非政急务，孔子曰：攻乎异端，斯害也已。传曰：闻疑传疑，闻信传信，而尧、舜之道存。愿陛下疑先帝之所疑，信先帝之所信，以示反本，明不专己。天下之事所以异者，以不一本也。《易》曰：天下之动，贞夫一也。又曰：正其本，万事理。《五经》之本自孔子始，谨奏《左氏》之失凡十四事。'时难者以太史公多引《左氏》，升又上太史公违戾《五经》、谬孔子言及《左氏春秋》不可录三十一事。诏以下博士。"〔33〕时任郎职的陈元也上疏驳难范升，"书奏，下其议，范升复与元相辩难，凡十余上。帝卒立《左氏》学，太常选博士四人，元为第一。帝以元新忿争，乃用其次司隶从事李封，于是诸儒以《左氏》之立，论议讙哗，自公卿以下，数廷争之。会封病卒，《左氏》复废。"〔34〕与此相关的是，经今古文之争，本质上也是同样的性质。张汉东《论秦汉博士制度》中认为〔35〕："经今古文两派对博士的争夺，实质上是对政治地位的争夺，今文想独占，古文则要分占。尽管古文经学在东汉后期从学术上压倒了今文经学，但武帝独尊儒术后，两汉三百多年的历史中，今文经学一直在政治地位上占有压倒优势，这是由于经今古文学的不同特点所造成的。今文经趋时，善于逢迎现实政治需要，所以能够长期稳居博士位；古文经趋古，不合时宜，也就难以保持博士位，即使一度立了博士，也很快被赶下台来。"古文经因其先天的不足，虽然难以立足于官学，但其学术上的深度，却不时地给今文经学造成困扰。不过，真正给立于学官的博士们带来冲击的，还是来自今文经内部阵营不同派别的挑战。事实上，从根本的经义上来说，今文经学很多派别的差异并不很大，其中最显著的差别，应该就是各家文本的文字歧异。而这点，就成了他们彼此之间一决高下的关键所在，这也就是汉代数次由皇帝亲自出面，来评析《五经》异同的缘由所在。《墨子》中有言："一人则一义，二人则二义，十人则十义，其人滋众，其所谓义者亦滋众。是以人是其义，以非人之义，故交相非是也。"〔36〕所以，要想确立个人或家学、师学在儒家门派内的地位，必须要取得自己所持文本的权威地位，所谓的"《五经》异同"是因此之故，而今古文之争，也是因此之故。据《汉书·宣帝纪》载，汉宣帝于甘露三年（前51）"诏诸儒讲《五经》同异，太子太傅萧望之等平奏其议，上亲称制临决焉。乃立梁丘《易》、大小夏侯《尚书》、穀梁《春秋》博士。"〔37〕《汉书·儒林传》也详细地记载了这次会议的情形，汉宣帝"乃召《五经》名儒、太子太傅萧望之等大议殿中，平《公羊》《穀梁》同异，各以经处是非。时《公羊》博士严彭祖、侍郎申挽、伊推、宋显，《穀梁》议郎尹更始、待诏刘向、周庆、丁姓并论。《公羊》家多不见从，愿请内侍郎许广，使者亦并内《穀梁》家中郎王亥，各五人，议三十余事。望之等十一人各以经谊对，多从《穀梁》，由是《穀梁》之学大盛。庆、姓皆为博士"。〔38〕又《东观汉记》："十三年春正月，上以《五经》义异，书传意殊，亲幸东观，览书林，阅篇籍。"〔39〕又《汉书·朱云传》："是时，少府五鹿充宗贵幸，为《梁丘易》。自宣帝时善梁丘氏说，元帝好之，欲考其异同，令充宗与诸《易》家论。充宗乘贵辩口，诸儒莫能与抗，皆称疾不敢会。有荐云者，召入。摄衣登堂，抗首而请，音动左右。既论难，连拄五鹿君，故诸儒为之语曰：'五鹿岳岳，朱云折其角。'由是为博士。"〔40〕《后汉书·戴凭传》中，也记录了光武帝时戴凭一事："正旦朝贺，百僚毕会，帝令群臣能说经者更相难诘，义有不能，辄夺其席以益通者，凭遂重坐五十余席。故京师为之语曰：'解经不穷戴侍中。'"〔41〕东汉章帝建初四年（79）十一月，议郎杨终上奏说："方今天下少事，学者得成其业，而章句之徒，破坏大体。宜如石渠故事，永为世则。"〔42〕杨终指出当时由于经学流派的繁衍，解经歧异很大，影响经学的传播和发展，因此，他建议应该像西汉宣帝召集石渠阁会议那样，召集有权威的学者来讲论《五经》，裁定经义。章帝于是下诏"太常、将、大夫、博士、议郎、郎官及诸生、诸儒会白虎观，讲议《五经》同异，使五官中郎将魏应承制问，侍中淳于恭奏，帝亲称制临决，如孝宣甘露石渠故事"。〔43〕出席会议的有班固，博士赵博、李育，议郎杨终，郎官贾逵，鲁阳侯丁鸿，广平王刘羡，还有太常楼望、少府成封、屯骑校尉桓郁等。会议历时一个多月才结束，并由此而产生了《白虎通德论》一书，作为会议的成果。但正如我们所知晓的那样，这一会议的成果，其实也没能维持多长时间。

那么，既然是同出一源，儒家各派持有的这些经典文献的文本，为何又会出现差异呢？事实上，古代典籍自身的形成和流传方式，决定了同一典籍在文本上必然会存在差异。而早期的师生口耳相传的教授方法，更是进一步强化了这一差异的趋势。再加上古代文献传播手段有限，稍许的时局动荡，就足以使得一种典籍濒临灭绝。以秦汉以来的典籍散失状况而言，据《隋书·经籍志序》："自哲人萎而微言绝，七十子散而大义乖，战国纵横，真伪莫辨，诸子之言，纷然淆乱。圣人之至德丧矣，先王之要道亡矣。陵夷蹉驳，以至于秦。秦政奋豺狼之心，划先代之迹，焚《诗》《书》，坑儒士，以刀笔吏为师，制挟书之令。学者逃难，窜伏山林，或失本经，口以传说。汉氏诛除秦、项，未及下车，先命叔孙通草绵蕝之仪，救击柱之弊。其后张苍治律历，陆贾撰《新语》，曹参荐盖公言黄老，惠帝除挟书之律，儒者始以其业行于民间。犹以去圣既远，经籍散逸，简札错乱，传说纰缪，遂使《书》分为二，《诗》分为三，《论语》有齐、鲁之殊，《春秋》有数家之传。其余互有蹉驳，不可胜言。此其所以博而寡要，劳而少功者也。武帝置太史公，命天下计书，先上太史，副上丞相，开献书之路，置写书之官，外有太常、太史、博士之藏，内有延阁、广内、秘室之府。司马谈父子世居太史，探采前代，断自轩皇，逮于孝武，作《史记》一百三十篇。详其礼制，盖史官之旧也。至于孝成，秘藏之书，颇有亡散，乃使谒者陈农，求遗书于天下。命光禄大夫刘向校经传诸子诗赋，步兵校尉任宏校兵书,太史令尹咸校数术,太医监李柱国校方技。每一书就,向辄撰为一录,论其指归,辨其讹谬,叙而奏之。向卒后,哀帝使其子歆嗣父之业。乃徙温室中书于天禄阁上。歆遂总括群篇,撮其指要,著为《七略》:一曰《集略》,二曰《六艺略》,三曰《诸子略》,四曰《诗赋略》,五曰《兵书略》,六曰《术数略》,七曰《方技略》。大凡三万三千九十卷。王莽之末,又被焚烧。光武中兴,笃好文雅,明、章继轨,尤重经术。四方鸿生巨儒,负帙自远而至者,不可胜算。石室、兰台,弥以充积。又于东观及仁寿阁集新书,校书郎班固、傅毅等典掌焉。并依《七略》而为书部,固又编之,以为《汉书·艺文志》。"〔44〕可见,典籍的散佚状况,其实是非常严重的,且不论是乱世之时,就是连安定的时分,典籍的流散、错乱,都是常态。这一点,不仅是因为当时的保存状况不佳所致,也与当时典籍流传的特殊形式相关。当时的书籍流传,并不一定是整部典籍同时并存,而是更多的以部分抑或单篇,甚至是只言片语的形式递传。故而编定一部典籍,必须有所取舍,确立标准。越来越多的出土文献可以佐证,当时的文献存在形式应该是呈多样化形态,有些内容,可以视为包括儒家经典在内的诸子百家典籍的共有素材,这些素材,当时往往同时存在于各种典籍之中。而通过屡次的整理写定之后,或者只存在于某种典籍,或者在某些典籍中有大致相似的记述,而甚至有一些,则消失于这类文献整理的过程之中了。但与此同时,经典文本之间存在的差异性,对于后世的诠释者而言,却越来越显示出更加重要的意义来,很多在过去流传过程中可能无关紧要的字词同异,在经过一次次的严肃整理、写定之后,可能从此具备了之前所未曾有过的深刻含义。

两汉承前朝之弊,都很重视典籍的搜集。据《太史公自序》:"维我汉继五帝末流,接三代绝业。周道废,秦拨去古文,焚灭诗书,故明堂石室、金匮玉版图籍散乱。于是汉兴，萧何次律令，韩信申军法，张苍为章程，叔孙通定礼仪，则文学彬彬稍进，《诗》《书》往往间出矣。自曹参荐盖公言黄老，而贾生、晁错明申、商，公孙弘以儒显，百年之间，天下遗文古事靡不毕集太史公。"[45]也就是说，在司马迁生活的时代，国家的典籍收藏，已经非常丰富。但这时候执掌国家典籍的，并非自民间遴选而来的博士，而是太史令这一世职。到了东汉建立之初，据《后汉书·儒林传》："昔王莽更始之际，天下散乱，礼乐分崩，典文残落。及光武中兴，爱好经术，未及下车，而先访儒雅，采求阙文，补缀漏逸。先是四方学士多怀协图书，遁逃林薮。自是莫不抱负坟策，云会京师，范升、陈元、郑兴、杜林、卫宏、刘昆、桓荣之徒，继踵而集。于是立《五经》博士，各以家法教授，《易》有施、孟、梁丘、京氏，《尚书》欧阳、大小夏侯，《诗》齐、鲁、韩，《礼》大小戴，《春秋》严、颜，凡十四博士，太常差次总领焉。"[46]也是在积极搜集文献典籍。且据《儒林传》的说法，甚至《五经》博士之立，也是拜文献收集之赐。而这一论点，其实更进一步证实，当时搜集的文献，本身就是各具特色，并非整齐划一的定本。

也正是因为这个缘故，在西汉建国之初，就曾有过两次整理图书的记载，即《汉书·艺文志》的"兵书略"所说："张良、韩信序次兵法，凡百八十二家，删取要用，定著三十五家，诸吕用事而盗取之。武帝时，军政杨仆捃摭遗逸，纪奏兵录，犹未能备。"[47]这两次整理图书，范围很小，而且局限于兵书。至汉惠帝四年（前190）三月，"除挟书律"，民间藏书从此得以非罪化。再到汉武帝时，国力强盛之余，政府才重新开始有意识地搜集和整理图书。元朔五年（前124）武帝下诏："礼崩乐坏，书缺简脱，朕甚悯焉。"[48]于是，"敕丞相公孙弘广开献书之路"。至汉成帝河平三年（前26），"以书颇散亡，使谒者陈农求遗书于天下。诏光禄大夫刘向校经传、诸子、诗赋，步兵校尉任宏校兵书，太史令尹咸校数术，侍医李柱国校方技，每一书已，向辄条其篇目，撮其指意，录而奏之。会向卒，哀帝复使向子侍中奉车都尉歆卒父业。歆于是总群书而奏其《七略》，故有《辑略》、有《六艺略》、有《诸子略》、有《诗赋略》、有《兵书略》、有《术数略》、有《方技略》，今删其要，以备篇籍。"[49]到了东汉，官方出面组织专业人员来校定典籍的这一做法，也被继承。《后汉书》卷五《安帝纪》："诏谒者刘珍及《五经》博士，校定东观《五经》、诸子、传记、百家艺术，整齐脱误，是正文字。"[50]《后汉书》卷二十六《伏湛传》附子《无忌传》："永和元年，诏无忌与议郎黄景校定中书《五经》、诸子百家、艺术。"[51]卷三十七《桓荣传》附子《郁传》："帝自制《五家要说章句》，令郁校定于宣明殿。"[52]卷七十九下《薛汉传》："建武初，为博士，受诏校定图谶。"[53]卷八十上《刘珍传》："永初中，为谒者仆射，邓太后诏使与校书。刘騊駼、马融及《五经》博士，校定东观《五经》、诸子传记、百家艺术，整齐脱误，是正文字。"[54]事实上，几乎东汉各朝都下过校书的诏令，也就是说，在东汉一朝，在读书、讲学时校正字句、厘定篇章，已经成为了学者的一种研究常态。这一点，固然与朝廷的引导有关，更是与其切身利益密切相关。如著名学者许慎，"以《五经》传说臧否不同，于是撰为《五经异义》，又作《说文解字》十四篇。"[55]卷三十六《贾逵传》："逵数为帝言《古文尚书》与经传、《尔雅》诂训相应，诏令撰《欧阳大小夏侯尚书古文同异》，逵集为三卷，帝善之。复令撰《齐鲁韩诗与毛氏异同》，并作《周官解故》。"[56]卷九十上《马融传上》："著《三传异同说》。"可见，校定典籍，已经不仅是仅仅为了争夺出仕权的目的，就算是单纯的学术研究，也必须要确定一个自己的基本文本，立足于此，来阐述自己的学术观点。除此之外，东汉公私学盛行，更须标准文本来弘扬学术,统一文化。班固《东都赋》中,曾描绘过当时的社会情形:"四海之内,学校如林,庠序盈门,献酬交错,俎豆莘莘,下舞上歌,蹈德咏仁。"[57]可见当时学校之多,求学者之众。事实上,各种经典都是经过屡次整理才被最终写定的,如孔子删定六经文字,就是其中之最著名的事例。传世的典籍屡次被整理,逐渐被写定,在此过程中,有某些学派或者学人被突出、放大,而另外一些学派和学人则被淘汰和湮没。有多种典籍曾经红极一时而终究为时代所淘汰。至石经出,而有汉一朝儒家最终的学术格局也由此形成。也就是说,虽然朝廷确立标准文本的目标在于消除纠纷,确立典范。但石经的产生,却更多的是两汉以来一直由政府主导的校书行为的直接成果。结合当时各方面的形势,我们可以知晓,这次石经的刊刻,是对之前数百年经籍校勘成果的一次汇总。理论上来说,官方对于典籍的校定,既不是因这次石经的镌刻的产生,也并不会因这次石经的镌刻而终止。但因之后不久,东汉王朝就走向完结。所以从形式上来看,石经似乎更倾向于直接针对当时儒家各派对于文本纠纷的解决。但事实上,这一行为只是适逢其会,恰好是因经籍的校勘有了阶段性成果才得以实现。从这个角度来说,石经的产生,既是当时学术发展的要求,也是官方历代努力成果的一次集结。也就是说,这次石经文本的确立,其实可以理解为是两汉学术发展的内在理路所致。

那么问题来了,社会、学术两方面对于确立儒家经典文本的需求,并非突然产生,那石经的竖立,到底是源于何种契机呢?这个问题,似乎可以用《后汉书·宦者列传·吕强传》所附《李巡传》中的记载来解释,其云:"时宦者济阴丁肃、下邳徐衍、南阳郭耽、汝阳李巡、北海赵祐等五人称为清忠,皆在里巷,不争威权。巡以为诸博士试甲乙科,争弟高下,更相告言,至有行赂定兰台漆书经字,以合其私文者,乃白帝,与诸儒共刻《五经》文于石，于是诏蔡邕等正其文字。自后《五经》一定，争者用息。"[58]这段史料从表面看，只是提供了一种与蔡邕倡导刊行石经的不同说法而已。但结合当时时事，在此之前有顺帝延熹九年（166）、灵帝建宁二年（169）接连两次的党锢之祸，[59]都是由宦官集团发动，借以打击士大夫阶层。而两者的矛盾，经此之后，更加尖锐。再结合《后汉书·儒林传序》中所言："（顺帝）本初元年，梁太后诏曰：'大将军下至六百石，悉遣子就学，每岁辄于乡射月一飨会之，以此为常。'自是游学增盛，至三万余生。然章句渐疏，而多以浮华相尚，儒者之风盖衰矣。党人既诛，其高名善士多坐流废，后遂至忿争，更相信告，亦有私行金货，定兰台漆书经字，以合其私文。熹平四年，灵帝乃诏诸儒正定《五经》，刊于石碑，为古文、篆、隶三体书法以相参检，树之学门，使天下咸取则焉。"[60]几处史料互勘，我们似乎可以得出这样的结论，即刊行石经之所以在此时提出，是宦官集团中的温和派想借此缓和与士大夫集团的矛盾。事实上，宦官集团中的温和派一直在试图补救与士大夫集团的关系，在此之后的吕强，也曾上章希望大赦党人，以改善与士大夫集团的关系。据《后汉书·吕强传》："中平元年，黄巾贼起，帝问强所宜施行。强欲先诛左右贪浊者，大赦党人，料简刺史、二千石能否。帝纳之，乃先赦党人。于是诸常侍人人求退，又各自征还宗亲子弟在州郡者。"[61]这些事实说明，李巡的举动并不一定是个人突发奇想，而是宦官集团温和派一以贯之的方针和诉求。如果以上判断不误，那么正是出于为了缓和与士大夫集团的目的，李巡才在这一时期提出刊行石经的。汉石经就是在这样的内外因综合作用之下，于熹平四（175）年开始刊行的。

从经学上讲，石经的建立，就是为了树立典范。从文献上来说，从挟书律的被废开始，到逐渐转化为政府鼓励藏书、研经，过去的几次征求典籍，如高帝、武帝、成帝、光武时，都是汇集于中秘，加以校定而已。但熹平年间的这次政府行为，却与以往不同，是直接将官方的校定文本公之于众。如此一来，石经竖立的政治、文化意味，就明显地较原来数次的文本校勘更加浓厚。而同样具备这样政治文化意义的石经，其实也只有六七十年之后魏正始年间镌刻的三体石经才堪比肩。如果说，熹平年间的这次镌刻是再次确立了今文学派的压倒性地位的话，正始年间的这次镌刻，则代表了古文经的成功逆袭。

关于《熹平石经》刊行的意义，已经有很多学者曾予以总结过，如王继祥认为，《熹平石经》镌刻的意义在于：[62]

一、《熹平石经》的镌刻是经学史上的壮举，它以封建国家的名义，校正儒家经典，并把它刻在石头上，显示了对儒学的尊崇，说明了儒家经典在统一国家思想上的地位。是太学生们讨论问题的是非标准，因此立于太学门外，"及碑始立，其观视及摹写者，车乘日千余两，填塞街陌"，盛况空前，说明了人们的重视和关心，产生了巨大的社会影响。正如《后汉书·宦者传》所记载的，"自后《五经》一定，争者用息"。[63]同时，由于汉《熹平石经》的镌刻，以后历朝封建统治者，竞相效法，开辟石经镌刻的历史先例，以后的魏正始石经，唐开成石经，直至清乾隆石经，接连不断。

二、汉《熹平石经》的镌刻是中国图书版本史上的破天荒的大事。自古以来读书人都是抄写图书，由于其底本不同，学派不同，师法家法不同，所以对经文的解释也不同。这次由于国家公布了标准的版本，所以使天下学子"咸取则焉"。不仅如此，由于经书是刻在石头上的，给人们摹写、传拓打开了方便之门，此后不久，就有人创造了在石经上捶拓制取书本的方法。《隋书·经籍志》所记载的《一字石经》拓本就是明证。

三、石经的拓印技术是印刷术发明的先驱。由于《熹平石经》的镌刻，我们的祖先从拓印墨底白字的凹版石经拓本，想到了刻印凸版的白纸、黑字的书本，于是导致了雕版印刷术的发明。而我国五代时期印的第一部监本《九经》又恰恰是以唐《开成石经》作为底本的。

四、汉《熹平石经》的镌刻是我国书法史上的创举，由于《熹平石经》是由著名学者、书法家蔡邕等人书写，不论是今字汉隶，或是古文、篆、隶，都保存了我国古老的书法艺术，是我国古代文明的象征。

五、汉《熹平石经》的正定和刻石是古籍校勘史上的大事。它是由封建帝王出面，动员大批学者，花费巨大的人力、物力、财力，用八年多时间将儒家经典进行一次系统整理和校订，并刻石公之于天下，它不仅显示了古人对古籍整理的重视，而且对典籍的保存与流传无疑也是一个重大的贡献，是值得大书特书的。所保存下来的石经残石，对今天的古籍整理仍然有巨大的意义。

这样的总结是不是都合理，其实还可以进一步探讨。但这样的认识，却可以说明《熹平石经》对于中华传统文化，乃至于对世界文化的贡献，是如何地深远。我们今天重新研究《熹平石经》，其意义正即在此。

注释：

[1] 《后汉书》卷六十下《蔡邕列传》，中华书局，1965：第1990页。

[2] 《后汉书》卷七十九上《儒林列传》：第2547页。

[3] 按：本文所述秦汉学术发展情形的背景观点，多参考熊铁基《汉代学术史论》（高等教育出版社，2013年），因与本文主旨关联不是特别紧密，故不详注。

[4] 孙星衍辑、周天游点校，《汉官六种》本，中华书局，1990：第89页。

[5] 《汉官六种》，中华书局，1990：第89页。

[6] 《汉书》卷五十六《董仲舒传》，中华书局，1962：第2512页。

[7] 《论衡校释》，中华书局，1990：第1150-1151页。

[8] 《韩非子集释》，中华书局，1958：第1080页。

[9] 《史记》卷一百二十一《儒林列传》，中华书局，1959：第3116页。

[10] 第四篇《秦火以前之经学》，上海书店，1984：第25页。

[11] 《史记》卷九十七《叔孙通传》：第2726页。

[12] 《史记》卷九十七《叔孙通传》：第2726页。

[13] 《汉书》卷二十七上《五行志》：第1317页。

[14] 《汉书》卷八十八《儒林传》：第3620页。

[15] 《汉书》卷三十六《楚元王传》：第1972页。

[16] 《汉书》卷三十六《楚元王传》：第1969页。

[17] 《后汉书》卷四十八《翟酺列传》：第1606页。

[18] 《汉书》卷八十八《儒林传》："至元帝世，复立京氏《易》。"：第3621页。

[19] 《后汉书》卷三十六《范升列传》："先帝前世有疑于此，故京氏虽立，辄复见废。"第1228页。

[20] 建武四年，《左氏春秋》曾短暂增立为博士，但不久又废。另外有一点需要说明的是，置博士者，一定是立于学官的。但立于学官的，则不一定都置博士。如《论语》虽曾在文帝时候立为博士，但很快就废止了。不过作为官学的一种，却一直与其他

儒家经典一样，是太学中的学习课程之一。

[21]　《史记》卷一二一《儒林列传》：第 3118 页。

[22]　《史记》卷一二一《儒林列传》：第 3119-3120 页。

[23]　《汉书》卷五十六《董仲舒传》：第 2525 页。

[24]　《汉书》卷五十六《董仲舒传》：第 2523 页。

[25]　《史记》卷一二一《儒林列传》：第 3593 页。

[26]　《史记》卷一二一《儒林列传》：第 3593 页。

[27]　《太平御览》卷五三四"礼仪十三"引《三辅黄图》，中华书局，1960：第 2425 页。

[28]　《后汉书》卷七十九上《儒林列传》：第 2547 页。

[29]　见安作璋、熊铁基著《秦汉官制史稿·上册》附录二，齐鲁书社，1984：第 440 页。

[30]　《汉书》卷七十五《夏侯胜列传》：第 3159 页。

[31]　《后汉书》卷四十四《徐防列传》：第 1500-1501 页。

[32]　《后汉书》卷七十八《宦者列传》：第 2533 页。

[33]　《后汉书》卷三十六《范升列传》：第 1228-1229 页。

[34]　《后汉书》卷三十六《陈元列传》：第 1231 页。

[35]　《秦汉官制史稿·上册》：第 427 页。

[36]　《墨子·尚同上》，中华书局，2001：第 74 页。

[37]　《汉书》卷八《宣帝纪》：第 272 页。

[38]　《汉书》卷八十八《儒林传》：第 3618 页。

[39]　《东观汉记校注》，中州古籍出版社，1987：第 88 页。

[40]　《汉书》卷六十七《朱云传》：第 2913-2914 页。

[41]　《后汉书》卷七十九上《戴凭列传》：第 2554 页。

[42]　《后汉书》卷四十八《杨终列传》：第 1599 页。

[43]　《后汉书》卷三《章帝纪》：第 137-138 页。

［44］ 《隋书》卷三十二《经籍志序》，中华书局，1973：第 905-906 页。

［45］ 《史记》卷一百三十《太史公自序》：第 3319 页。

［46］ 《后汉书》卷七十九上《儒林列传》：第 2545 页。

［47］ 《汉书》卷三十《艺文志》：第 1762-1763 页。

［48］ 王先谦《汉书补注·艺文志》补注引《七略》遗文。中华书局，1983：第 865 页。

［49］ 《汉书》卷三十《艺文志》：第 1701 页。

［50］ 《后汉书》卷五《孝安帝纪》：第 215 页。

［51］ 《后汉书》卷二十六《伏湛列传》：第 898 页。

［52］ 《后汉书》卷三十七《桓荣列传》：第 1254-1255 页。

［53］ 《后汉书》卷七十九下《薛汉列传》：第 2573 页。

［54］ 《后汉书》卷八十上《刘珍列传》：第 2617 页。

［55］ 《后汉书》卷七十九下《儒林列传》：第 2588 页。

［56］ 《后汉书》卷三十六《贾逵列传》：第 1239 页。

［57］ 《文选》，上海古籍出版社，1986：第 37 页。

［58］ 《后汉书》卷七十八《宦者吕强传》附：第 2533 页。

［59］ 党锢之祸兴起的原因，可参秦蓁《溯源与追忆：东汉党锢之祸新论》，见于《史林》，2008 年第 3 期：第 28-33 页。

［60］ 《后汉书》卷七十九《儒林传序》：第 2547 页。

［61］ 《后汉书》卷七十八《宦者吕强传》：第 2533 页。

［62］ 《汉熹平石经的镌刻及其意义》，见于《图书馆学研究》，1991 年第 2 期：第 71-74 页。

［63］ 《后汉书》卷七十八《宦者吕强传》附：第 2533 页。

第三章 《熹平石经》研究概述

从魏晋之交石经湮没，到石经再次走入研究者的视野，已经是数百年之后的初唐了。罗振玉《汉熹平石经残字集拓》序中说："贞观初，秘书监臣魏征始收聚之，十不存一。其相承传拓之本，犹在秘府，凡一字石经《周易》一卷、《尚书》六卷、《鲁诗》六卷、《仪礼》九卷、《春秋》一卷、《公羊传》九卷、《论语》一卷，始确定经数为七经，书体为一字。盖魏文贞亲见长安遗石及秘书臧拓，又与修《隋书》，遂是正前籍之讹。"[1]事实上，这些对于汉魏石经的正确认识，因当年只是政府方面的典籍整理行为，并没有受到很多研究者的关注。石经及其研究，真正在学界受到并引起广泛关注，已经是北宋之时了。[2]董逌在他所著的《广川书跋》中曾介绍过他所知的石经状况："朱超石与兄书曰，石经文都（缺）……碑高一丈许，广四尺，骈罗相接。太学在南明门外，讲堂长十丈，广三丈。堂前石经四部，本碑四十六枚。元魏时，西行《尚书》《周易》《公羊传》十六碑存，十二碑毁。南行《礼记》十五碑悉崩坏。东行《论语》三碑毁，《礼记》但存谏议大夫马日碑、议郎蔡邕名。当是时，尚有碑十八。盖《春秋》《尚书》作篆、隶、科斗，复有《周易》《尚书》《公羊》《礼记》四部。阳炫之曰石经《尚书》《公羊》为四部，又谓《春秋》《尚书》二部书有二经，当是古文已出。衒之出北齐，谓得四十八碑，误也。洛阳昔得石经《尚书》段，残破不属，盖《盘庚》《洪范》《无逸》《多士》《多方》，总二百三十六字，其文与今《尚书》尽同，间有异者，才十余，然则古文《尚书》盖已见于此。或曰魏亦作石经，安知此为汉所书哉？余谓魏一字，汉为三字，此其得相乱耶？且曰'天命自度'，碑作'亮'，'惠鲜鳏寡'，碑作'惠于矜寡'，'乃逸既诞'作'乃宪既延'，'治民祇惧'作'以民'，'肆高宗享国五十九年'作'百年'，以《书》考之，知传受讹误，不若碑之正也。"又曰："石经今废不存，或自河南御史台发地得之，盖《论语》第一篇并第十四篇为一碑，亡其半矣，其可识者字二百七十。又自第十八篇至第二十篇为一碑，破缺残余，得五之一，其存字为三百五十七。以今文《论语》校之，其异者若'抑与之与'为'意与之'，'我未见好仁者恶不仁者'作'未见好仁恶不仁'，'朝闻道夕死可矣'作'可也'，'有三年之爱于其父母'无'乎'字，'恶居下流'而无'流'字，'年四十而见恶焉'无'焉'字，'凤兮凤兮'作'何得之衰'，'往者不可谏也来者犹可追也'今本皆异，'执舆者为谁'而作'执车者为谁'，'子是鲁孔丘与曰是是知津矣'比今书少二字，'耰而不辍'作'耰不辍'，'子路以告，夫子怃然植其杖'作'置'，'其斯而已矣'作'其斯以乎'，'子游'作'子斿'，'而在萧墙之内'作'而在于萧墙之内'。凡碑所存，校其多少异者已十五之一矣，使鸿都旧书尽存，则其书文之异，亦当若此，可校多少也。夫以邕之所定，虽未尽得圣人本书，然汉儒学专其校定，众家得正讹误多矣。"〔3〕但董逌所言，究竟指的是哪部石经，其实并不明确。按道理，他指的应该是所谓的"三体汉石经"，因他曾信誓旦旦地说到"或曰魏亦作石经，安知此为汉所书哉？余谓魏一字，汉为三字，此其得相乱耶？"也就是说，他所说的汉石经，实际上应该是魏石经。但董逌以上的引文，却又与洪适《隶释》所引汉石经文字均相同，因此，这些文字的来源究竟是哪里？实在是需要慎重推断。从理论上来说，传世至今的儒家经典，都是自汉石经一系而来的今文经。而魏石经则是古文经，文字不同，自属常态。但如混淆两部石经的文本，又以此为基础来判别这些经典的文本价值，比较其古今文的区别与联系，则无异于缘木求鱼。

南北宋之交的赵明诚，在其所著《金石录》中言及《熹平石经》曰："石经遗字者，藏洛阳及长安人家。盖灵帝熹平四年所立，其字则蔡邕小字八分书也。其后屡经迁徙，故散落不存。今所有者才数千字，皆土壤埋没之余,磨灭而仅存者尔。案《后汉书·儒林传叙》云,为古文、篆、隶三体者,非也。盖邕所书乃八分,而三体石经乃魏时所建也。又案《灵帝纪》言诏诸儒正五经文字,刻石立于太学门外。《蔡邕传》乃云奏求正定六经文字,既已不同。而章怀太子注引《洛阳记》所载,有《尚书》《周易》《公羊传》《论语》《礼记》。今余所藏遗字有《尚书》《公羊传》《论语》,又有《诗》《仪礼》,然则当时所立,又不止六经矣。《洛阳记》又云,《礼记》碑上有谏议大夫马日䃅、议郎蔡邕等名。今《论语》《公羊》后亦有堂溪典、马日䃅等姓名尚在。据邕传称,邕以经籍去圣久远,文字多谬,俗儒穿凿,疑误后学。乃奏求正定,自书于碑,于是后儒晚学咸取正焉。今石本既已磨灭,而岁久转写,日就讹舛,以世所传经书本校此遗字,其不同者已数百言。又篇第亦时有小异,使完本具存,则其异同可胜数耶,然则岂不可惜也哉!而后世学者于去古数千百岁之后,尽绌前代诸儒之论,欲以己之私意悉通其说,难矣。余既录为三卷,又取其文字不同者具列于卷末云。"〔4〕也就是说,赵明诚实际上是能够辨别何者为汉石经、何者为魏石经的,且他自己也曾誊录其中文字,将之与传世文字比对,这大概是对于《熹平石经》最早的有实质意义的研究行为之一。

到了南宋初期,洪适在《隶释》卷十四"石经尚书残碑"条中,也曾引用《洛阳记》,说到西晋当时《熹平石经》的残存状况:"碑凡四十六,《书》《易》《公羊》二十八碑,其十二毁;《论语》三碑,其二毁;《礼记》十五碑,皆毁。北齐徙之邺都,至河阳,岸颓,半没于水。隋复载入长安,有《易》一卷、《书》六卷、《鲁诗》六卷、《仪礼》九卷、《春秋》一卷、《公羊》九卷、《论语》一卷,未及补治而乱作,营缮者至用为柱础。唐初,魏郑公收聚之,十不存一。"〔5〕对于西晋时候的残存状况,较董逌所述更为详尽。这些残存的文字,即便在千年之前的宋代,也是异常罕见,为文献之宝。洪适自述道:"本朝一统时,遗经断石,藏于好事之家,犹昆山片玉,已不多见。今京华鞠为毡罽之乡,残碑日益鲜矣。予既集《隶释》,因以所有镵之会稽蓬莱阁。"[6]也就是说,洪适曾经将其所见的残石文字,都重新刻石,立碑于会稽的蓬莱阁中。但这些仿刻的石头,是否曾经传拓?究竟存世多久?其实都还需要进一步考核。但有一点则是毫无疑问,就是当年洪适所见并著录于《隶释》《隶续》中的那些《熹平石经》的残石,早已经散佚不见了,并无一块传世。

洪适所亲见的这批石经残石,他都曾在自己的著作《隶释》中描绘过:"右石经《尚书》残碑《盘庚》篇百七十二字,《高宗肜日》篇十五字,《牧誓》篇二十四字,《洪范》篇百八字,《多士》篇四十四字,《无逸》篇百三字,《君奭》篇十一字,《多方》篇五字,《立政》篇五十六字,《顾命》篇十七字,合五百四十七字。熹平四年,议郎蔡邕所书者。汉儒传伏生《尚书》,有欧阳、大小夏侯之学,孔安国《尚书》,汉人虽有为之训传者,然不立于学宫。永嘉之乱,三家之书并亡,故孔氏传独行。以其书校之,石本多十字,少二十一字,不同者五十五字。借用者八字,鸿、艾、劝、犹之类是也。通用者十一字,于、戏、毋、女之类是也。孔氏叙商三宗,以年多少为先后,此碑独阙祖甲,计其字盖在中宗之上,以传序为次也,但云高宗飨国百年异尔。"[7]根据前面所引的董逌的记载中关涉到《尚书》的这一段文字:"洛阳昔得石经《尚书》段,残破不属,盖《盘庚》《洪范》《无逸》《多士》《多方》,总二百三十六字,其文与今《尚书》尽同,间有异者,才十余,然则古文《尚书》盖已见于此。"两人所说的篇目大同小异,可见说的应该是同一批残石。这两段来源不同的信息能够如此相匹配,说明这些记录,应该是比较可靠的。但董逌本人实际上并不曾见过这些汉代遗存,所以他的记载不过是耳闻而已,这一点,从他甚至都不知道《熹平石经》是一字

图 3-1　西安碑林藏《三体石经》拓片

还是三字上,就能够分辨出来。因此,北宋末南宋初为人重新留意的这批汉石经残石的留存状况,应该以洪适的叙述为准。(图 3-1)

事实上,在洪适之前,因为《后汉书·儒林传》的误导,很多学者对于《熹平石经》从根本上都存在误会,他们很长时间以来,都以魏石经为汉石经,而反以《一字石经》为魏石经。朱彝尊《曝书亭集》卷四十七"跋蔡中郎鸿都石经残字"条中就曾提及此事:"中郎石经初非三体书法,而杨衒之、刘芳、窦蒙、苏望、方匋、欧阳棐、董逌等皆误读范史《儒林传》，惟张演谓以三体参校其文，而书丹于碑，则定为隶，其说独得之。今观宛平孙氏所藏《尚书》《论语》残字，平生积疑，为之顿释。"[8]也就是说，这种错把颜渊作了盗跖的情况，一直到清初还依旧存在，还是会引起很多困惑的。甚至渊博如顾炎武者，对这个问题都感到疑惑不解，他在《金石文字记》中说："按《三体石经》，汉、魏皆尝立之。熹平之立石，见于《后汉书·灵帝纪》《蔡邕传》《张驯传》《儒林传》《宦者传》。正始之立石，见于《晋书·卫恒传》。而《水经注》则曰：汉碑'《五经》立于太学讲堂前，悉在东侧，碑上悉刻蔡邕等名。'魏正始中，又立古、篆、隶《三字石经》，魏初传古文出邯郸淳，石经古文转失淳法。树之于堂西，石四十八枚，广三十丈。'《洛阳伽蓝记》则曰：'堂前有三种字石经二十五碑，表里刻之，写《春秋》《尚书》二部，作篆、科斗、隶三种字，汉右中郎将蔡邕笔之遗迹也。犹有十八碑，余皆残毁。复有石碑四十八枚，亦表里隶书，写《周易》《尚书》《公羊》《礼记》四部，又《赞学碑》一所，并在堂前。'章怀太子引《洛阳记》则曰：'讲堂长十丈，广二丈。堂前石经四部，本碑凡四十六枚（少二枚），西行，《尚书》《周易》《公羊传》，十六碑存，十二碑毁。南行，《礼记》十五碑，悉崩坏。东行，《论语》三碑，二碑毁。《礼记》碑上有谏议大夫马日䃅、议郎蔡邕名。'此皆当时亲见其石而记之者也。合而考之，其不同有四焉：一曰汉五、六、七经之不同；二曰魏石经三体、一体之不同；三曰堂西所立石为魏、为汉之不同；四曰后魏所存石诸经之不同。《后汉书》本纪、《儒林》《宦者传》皆云五经，《蔡邕》《张驯传》则以为六经，《隋书·经籍志》又以为七经，此言汉五、六、七经之不同也。《卫恒传》言魏初传古文者出于邯郸淳，至正始中立《三字石经》，转失淳法。因科斗之名，更效其形。《水经注》亦云《三字石经》在堂西，而《伽蓝记》以为表里隶书，《隋书·经籍志》则谓之《一字石经》矣。然则所谓效科斗之形而失淳法者安在耶？此言魏石经三体、一体之不同也。《伽蓝记》二十五碑为三种字，四十八碑表里隶书。《水经注》谓汉碑在堂东侧，而四十八碑为魏经，在堂西。乃《洛阳记》不言东侧有碑，而云堂前有四十六枚，上有马日碑、蔡邕名，又不言字之为三体、一体，无乃并《水经》之所谓魏者而指之为汉欤？此言堂西所立石为魏、为汉之不同也。《伽蓝记》云《周易》《尚书》《公羊》《礼记》四部，《洛阳记》则多一《论语》，而赵明诚《金石录》言其家所收又有《诗》《仪礼》，苟非其传拓之本出于神龟以前，则不应以宋人之所收而魏时犹未见也。此言后魏所存石诸经之不同也。凡此皆不可得而详矣。若夫《魏书·江式传》谓魏《三字石经》立于汉碑之西，为邯郸淳书，则不考卫恒之言而失之者也。《孝静帝纪》：武定四年八月，'迁洛阳汉、魏石经于邺。'《北齐书·文宣帝纪》言有五十二枚，视《伽蓝记》所列东二十五、西四十八之数，仅失二十一枚耳。而《隋书·经籍志》言河阳岸崩，遂没于水，得至邺者不盈太半。则不考北齐之《纪》而失之者也。《周书·宣帝纪》，大象元年二月辛卯，诏徙邺城石经于洛阳。《隋书》于《刘焯传》言开皇六年运洛阳石经至京师，而《经籍志》则云自邺载入长安，则自不考其列传而失之者也。此皆其乖误之易见者也。又《晋书·裴颜传》曰：转国子祭酒，'奏修国学，刻石写经。'而《水经注》诸书无言晋石经者，岂颜尝为之而未成耶？今此之本，据宋黄长睿《东观余论》云：'本在洛宫前御史台中，年久摧散，洛中好事者时时得之。今张焘龙图家有十版，张氏婿家有五六版，王晋玉家有小块，予皆得其拓本。'邵伯温《闻见后录》言：'近年洛阳张氏发地，得石十数。'而董逌《广川书跋》记《尚书》存二百三十六字，《论语》存三百五十七字，今此石已不知其何所归？而拓本之存于世者，固往往而有也。"[9]

图 3-2　马衡旧藏《三体石经》拓本

因为这一问题确实曾引起很多误解，所以，朱彝尊曾不厌其烦地对于两种石经的分别反复予以说明："按汉立石经，蔡邕所书本一字，惟因范史《儒林传》云为古文、篆、隶三体书法以相参检，树之学门。而杨衒之《洛阳伽蓝记》《北史·刘芳传》因之，唐窦蒙、宋郭忠恕、苏望、方匋、欧阳棐、董逌、姚宽等均仍其误，独张演谓邕以三体参检其文而书丹于碑，则定为隶，其义为允。载考《卫恒》及《江式传》、郦道元《水经注》，皆以一字为汉石经。迨赵明诚《金石录》、洪适《隶释》《隶续》辨之甚详，足以征信。其载一字石经遗文，后列堂溪典、马日磾等姓名，使一字石经出于魏，当更列正始中正字诸臣姓名，亦何取仍列典、日磾等诸人于经文之后哉？又史家体例，以时代为前后，《隋经籍志》列《一字石经》于前，次魏文帝《典论》然后叙《三字石经》于后，是一字为汉而三字属魏不待辞说始明。其曰魏正始中又立《一字石经》，相承以为《七经》正字，盖雕本相沿，偶讹'三'字为'一'尔。今汉石经遗字犹有拓本存者，余尝见宛平孙氏所藏，虽经文无多，而八分古雅，定为汉隶无疑也。又按元吴莱立夫《汉一字石经歌》云：'先圣去已久，世传惟六籍。后儒各专门，

图 3-3 黄易摹刻宋拓《熹平石经》

穿凿多变易。蔡邕在季汉,章句攻指摘。八分自为书,刊定乃勒石。古碑四十六,兵火空余迹。熹平历正始,洛土重求索。卫侯师邯郸,三体精笔画。煌然立其西,学者常啧啧。史书竟差舛,一字几不觌。'立夫之见,亦以一字为汉,三字属魏,故节录之。"[10]自此之后,汉魏石经的分别,几乎再也不成为问题了。

但事实上,清人中,真正有机会见过《熹平石经》的人,恐怕是绝无仅有。即便是那些残石的早期拓本,清代学者也很少见到。就目前所知而言,清代流传的《熹平石经》宋拓,只不过有三份而已。即顾炎武《金石文字记》中所言:"予两见此本,一于邹平张氏,一于京师孙氏。《尚书·盘庚》篇三十余字、《论语·为政》篇七十余字、《尧曰》篇三十余字,以视洪氏《隶释》所存,不过什之一而已。"[11]另外再加上黄易小蓬莱阁旧藏本,不过三本。但所谓的邹平张氏本,除了顾氏这里所说而外,别无其他著录。因此,此拓是否早经散佚,实在是很难说。[12]且就顾氏的描述来看,显然与砚山斋本是同出一源的。而砚山斋本与小蓬莱阁本,其实也是同出一源,不过前者较早,后者较晚而已。至于其是否出于原石,则尚须深入考虑。黄易自己就说自己所藏之本:"或以为熹平原石,或以为宋人重摹",[13]并没有强调其一定出于原石。他的观念甚为通达,以为:"此不知是何本,然世传止此,即同祖石观矣。"[14]不过,无论如何,黄

图 3-4 《熹平石经》李晓园摹刻本 1

易所藏此本应为宋拓本无疑，因其上面还存有元人蒙文所篆的收藏印信，可以作为旁证。而砚山斋孙氏本既然较此本为早，则也是宋拓本无疑了。乾隆四十二年八月二十六日，翁方纲在为黄易小蓬莱阁藏本作跋时，曾论及砚山斋藏本云："孙承泽《庚子销夏记》则直以为蔡邕原本，谓宋初开地唐御史府，得石经十余石。又嘉祐中居民治地得碎石，洗视乃石经。此本盖彼时所拓也。然黄伯思见《尚书》二百三十六字，董逌见《论语》第一至第十四一石二百七十八字，十八至二十一石三百五十七字，二书所举与今本异者，盖即洪所见之本……长洲何焯犹及见之。何云是越州石氏模本，然亦不言所以定为石氏本之据。要之，孙氏所得即此拓本之字则灼然无疑者也。"[15] 仔细考虑翁氏之语，他所要表达的观点有二：一、孙本、黄

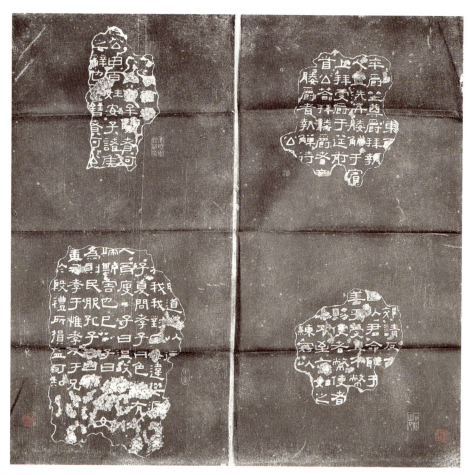

图 3-5 《熹平石经》李晓园摹刻本 2

本同出一源;二、孙本并非出自原石所拓。在同年的九月一日为同本所作跋文中,翁方纲又说:"今年四月,陈吉士崇本以所得汉石经残字来视,凡六十七字,《尚书》《鲁诗》《仪礼》《公羊》《论语》皆具,字径汉尺二寸外,波势亦遒。既手摹之矣,然心疑中郎石经字不应如此之大,今见此本,乃为释然。"[16] 从这段话中,我们又可以知道,在当时可见的石经拓本其实还有其他,但因源出转刻之石,故而笔势虽然遒劲有力,但形体的大小,已经远出原石之上。而相较于其他的摹拓本,孙黄本一系,应该是深得虎贲中郎之妙的。

《熹平石经》自问世以来,就影响巨大。传至后世,更因其蕴含的文化意义以及现实的经学文本价值而得到广泛推崇,也因此被屡次重刻,如宋胡宗愈的成都西楼本、洪适的会稽蓬莱阁本、石熙明的越州本、明靖江

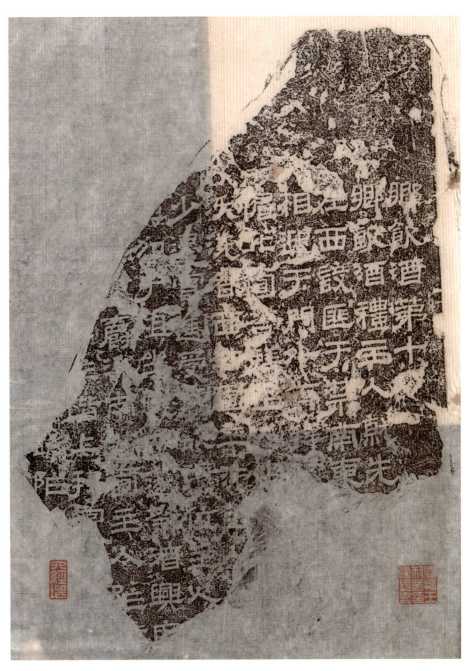

图 3-6a　罗振玉藏《熹平石经·仪礼》拓片

王府本、清如皋姜任修本、海盐张燕昌的石鼓亭本、汉军李享特的绍兴府学本、陕西申兆定的关中碑林本、南皮张之洞的武昌重刻本、金匮钱泳的南昌县学本等。但这之中的蓬莱阁本及越州本,到底是怎么样的关系?是

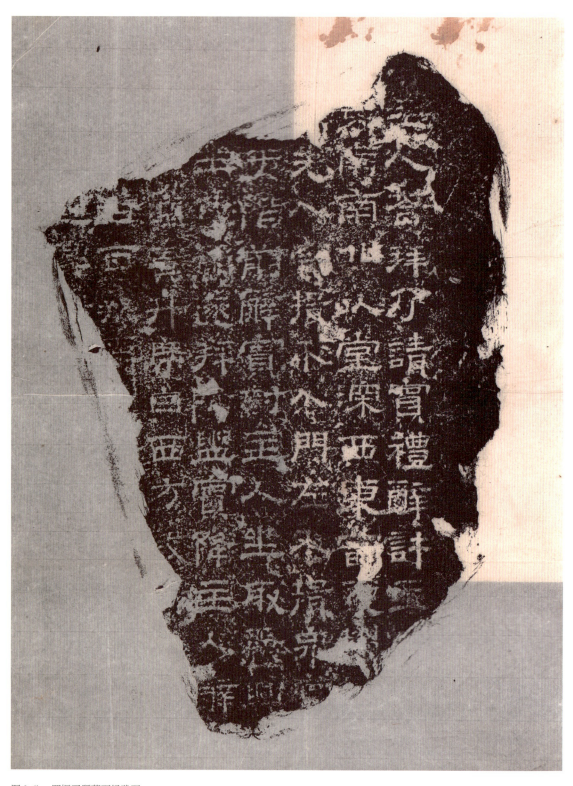

图 3-6b　罗振玉所藏石经残石

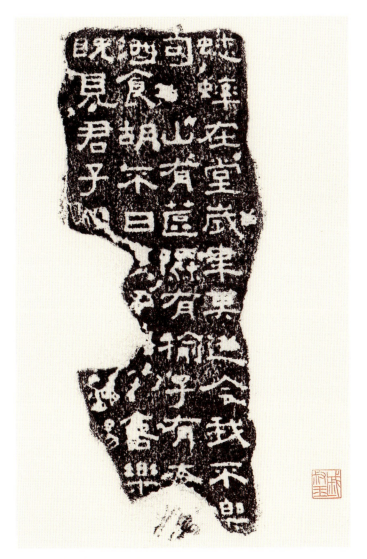

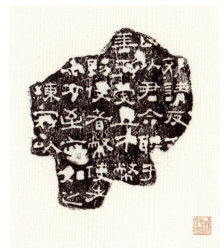

图 3-7 戚叔玉藏石经摹刻本

一是二，也很难说。在乾隆五十年（1785）腊月的黄易本手跋中，翁方纲就认为："越州石氏刻帖之目见于《宝刻丛编》，汉石经在焉。其摹刻岁月虽不可考，大约与洪氏蓬莱之刻其时当不相远，又适皆在越州，则恐即是洪氏之本耳。"[17] 不过有一点可以肯定，即这些翻刻本，都是以砚山斋或者小蓬莱阁本为母本的，虽然，并不一定是直接翻自这两个宋拓本本身。也就是说，目前保存于北京故宫博物院的砚山斋本和小蓬莱阁本，实际上是我们现在能够见到的有关《熹平石经》的最早拓本，是代表了宋人

图 3-8　上海图书馆藏于右任旧藏《三体石经·春秋》未裂本

对于此一石经的理解和解读的惟一的实物留存。

北宋人方勺在其所著《泊宅编》中曾说："予弟匋字仁宅，博学好古，未壮而卒。平生不喜作科举文，既卒，于其箧中得二跋尾遗稿，今载于此……《石经跋尾》云：右石经残碑在洛阳张景元家，世传蔡中郎书，未知何所据。汉灵帝熹平四年，邕以古文、篆、隶三体书五经，刻石于太学。至魏正始中，又为一字石经相承，谓之《七经正字》。今此所传皆一体隶书，必魏世所立者。然《唐·经籍志》又有邕《今字论语》二卷，岂邕五经之外复为此乎？据《隋·经籍志》，凡言一字石经，皆魏世所为。有《一字论语》二卷，不言作者之名，而《唐志》遂以为蔡邕所作，则又疑唐史传之之误也。盖自北齐迁邕石经于邺都，至河滨岸崩，石没于水者几半。隋开皇中，又自邺运入长安，未及缉理，寻以兵乱废弃。唐初，魏郑公鸠集所余，十不获一，而传拓之本犹存秘府。前史所谓三字石经者，即邕所书。然当时一字石经存者犹数十卷，而三字石经止数卷而已。由是知汉石经之亡久矣，不能若此之多也。魏石经近世犹存，五代湮灭殆尽。往年洛阳守因阅营造司所弃碎石，识而收之，遂加意搜访，凡得《尚书》《仪礼》《论语》合数十段，又有《公羊碑》一段在长安，其上有马日磾等名号者。魏世用日磾等所正定之本，因存其名耳。案《洛阳记》，日磾等题名，本在《礼记碑》，而此乃在《公羊碑》上，益知非邕所为也。《尚书》《论语》之文与今多不合者，非孔安国、郑康成传之本也。独《公羊》当时无他本，故其文与今文无异。皆残阙已甚，句读断绝，一篇之中，或不存数字，可胜叹惜哉！吾友邓人董尧卿自洛阳持石经纸本归，靳然宝之如金玉，而予又从而考之。其勤如是，予二人亦可谓有志于斯文矣！"[18]方勺与其他当时的大多数学者一样，误将汉魏石经混淆。但通过他的这段文字，我们可以知晓：一、隋代有《一字论语》或者叫做《今字论语》二卷，这个一定是指的拓本；

图 3-9 罗振玉自题《汉熹平石经残字》拓本集

图 3-10 吴宝炜编《集拓新出汉魏石经残字》

图 3-11 马衡编《集拓新出汉魏石经残字》初集

二、唐代时候,"当时一字石经存者犹数十卷",应该也是拓本。类似记载,又可见于董逌的《广川书跋》,因此应该可信。也就是说,在隋唐两代,《熹平石经》实际上都有拓本传世。除此之外,据朱彝尊《经义考》卷二八七引明代杨慎的说法:"蔡邕石经,赵殿撰家有遗字三卷。"[19]既然说是三卷,则一定也是指拓本而言。杨慎在其《丹铅总录》中曾经屡次言及汉魏石经,分辨无碍,所以这三卷,指的一定是汉石经。但三卷的内容究竟如何,却也不得而知。不过,有一点可以肯定,即这三卷与后来传世的砚山斋本、小蓬莱阁本不同。

民国时期,是《熹平石经》再发现和研究的另一个高峰时期。罗振玉在《石交录》中说:"近年出土汉刻,于学术关系最巨者,推洛中所出《熹平石经》。"[20]而马衡与徐森玉作为《熹平石经》重新面世的首先发现者,显然功不可没。

徐、马两位的发现,对于石经研究的推动作用显然十分显著。关百益《汉熹平石经残字谱》序中曾说:"由是而推汉石经所在之地凡三,而地中残石之遗,仅洛阳犹有可望,邺与长安均无望也,"又说:"自四明马君叔平由汉石检出残字一片,经罗先生叔言定为汉石经《鲁论·尧曰》篇残石,移

图 3-12　张国淦的《汉石经碑图》

书更事搜寻,得残石十余块。嗣又得二百余块(有魏三体残石在内),马君与徐君森玉分藏之。自是,咸知洛阳汉太学故址间(在今洛城东南三十里朱圪垱村)除魏石经外,尚余汉石经残石不少。"[21] 据《增补校碑随笔》,1922 年洛阳太学旧址发现《熹平石经》残石以来,之后的十余年都陆续有所出土,前后合计得残石一百数十余石,分别为吴兴徐森玉、鄞县马叔平、萍乡文素松、武进陶兰泉、关中于右任、西充白坚、北京图书馆及潢川吴氏、胶县柯氏、江夏黄氏、闽县陈氏所得,其中以白坚所得最为精致且数量最多,曾于 1930 年出版《汉石经残石集》传世。但可惜的是,原石则全数售予了日本的中村不折,现存东京的书道博物馆中。

正是因为有了这么多新的残石出土,才使得《熹平石经》的研究得以不断深入;也正是在此基础上,才出现了罗振玉的《汉石经残字集录》《六经堪藏汉熹平石经残字》《七经堪续藏汉熹平石经残字》及白坚《汉石经残石集》等一批开荒之作。尤其值得一提的,就是张国淦的《汉石经碑图》一书以及以后的马衡遗作《汉石经集存》,两书虽然间有不足之处,但以其筚路蓝缕之功,成为汉石经研究过程中两座绕不开的高峰。

注释：

〔1〕 《汉熹平石经残字集录》卷前，《贞松老人遗稿乙集》之三，1938年罗氏石印本。

〔2〕 但学友冯先思博士认为，事实上汉魏石经在唐代有着巨大的影响力，不仅当时的篆书，甚至隶书同样具有极强的对于汉魏石经字体的继承性，如石台孝经、如开成石经的题名等隶书作品，都是一种比较程式化的拟古之后的新字体，大概就是在学习石经的时候形成的一种类似馆阁体那样的一种官样字体。冯博士这个说法非常中肯，不过，正如本书跋文中所言，此书之关注点并不在于书法，大致以叙述源流为重，故而于冯博士所言之现象，并无论述。

〔3〕 董逌撰《广川书跋》卷五，文物出版社，1992年木板刷印。

〔4〕 赵明诚撰，金文明校证《金石录校证》，上海书画出版社，1985：第300页。

〔5〕 洪适撰《隶释》卷十四，《四部丛刊三编》（三〇），上海书店出版社，1985年。

〔6〕 《隶释》卷十四。

〔7〕 《隶释》卷十四。

〔8〕 朱彝尊撰《曝书亭集》卷四十七，商务印书馆，民国二十四年（1935年）：第772-773页。又朱氏此处言"鸿都石经"，是沿旧说而已。事实上，鸿都学创于灵帝光和元年（178年），与石经并无关联。以"鸿都石经"来称呼汉石经之误，始于唐张怀瓘《书断》，而宋黄长睿《东观余论》、晁公武《石经考异》等书承袭，于是一误再误。

〔9〕 《顾炎武全集》第5册，上海古籍出版社，2011：第236-238页。

〔10〕 见于朱彝尊《经义考》二百八十七卷"黄虞稷"条后按语，林庆彰等主编《经义考新校》第10册，上海古籍出版社，2010：第5229-5230页。

〔11〕 《顾炎武全集》第5册，第236页。按：顾氏虽然见过这个隶书的拓本，但他却并没有因此而分别出汉魏石经的差别。可见其被历代相传的论说误导之深。

〔12〕 或许顾氏所言，本来就是同一本，只不过先后被张、孙二氏收藏而已。

〔13〕 黄易撰《小蓬莱金石文字·石经尚书残碑》,《邻苏园金石丛书》,清嘉庆五年(1800年)刊本。

〔14〕 黄易撰《小蓬莱金石文字·石经尚书残碑》。

〔15〕 黄易撰《小蓬莱金石文字·石经尚书残碑》。

〔16〕 黄易撰《小蓬莱金石文字·石经尚书残碑》。

〔17〕 黄易撰《小蓬莱金石文字·石经尚书残碑》。

〔18〕 方勺撰《泊宅编》,中华书局,1983:第7-9页。

〔19〕 朱彝尊撰,林庆彰等编《经义考新校》,上海古籍出版社,2010:第5226页。

〔20〕 罗振玉撰《石交录》卷一,《石刻史料新编》第4辑,新文丰出版股份有限公司,2006:第438页。

〔21〕 《汉熹平石经残字谱》卷前,1934年文化传薪社原石精拓本。

第四章　徐森玉与石经

在儒学发展的历程中，汉魏两种石经的面世，无疑具有重要的意义和持续的影响。但因两种石经问世时间仅仅间隔七十年而已，再加上两部石经同立一地，所以自后汉以来，就被很多人给张冠李戴。[1]虽然自宋以来，随着研究的深入，两者的分别已经逐渐为学人周知，但事实上，这些研究大都是纸上谈兵。千百年来，真正有机缘一睹两部石经真面目的学者，实在是凤毛麟角。

光绪二十一年（1895）三月七日，洛阳白马寺村南龙虎滩发现《尚书·君奭》篇残石一百一十字，其中所存古文有三十六字。这块残石面世不久，便归黄县丁树祯所有，而之后，此石的拓本也开始在有限范围内流传。罗振玉曾说："丁氏得石后，矜惜不轻拓墨，捐兼金不能得一纸，以故流传至少。予往于东估得墨本六，乃在洛阳所拓。"[2]石经残石虽然秘不示人、拓本虽然流传甚罕，但毕竟实物的面世对于研究而言，意义重大。自此之后，石经研究开始以一个崭新的面貌走入了学者的视野，直至今日而方兴未艾。

而尤其值得庆幸的是，1922年12月间，洛阳城东南三十里朱圪垱村村民朱姓等，因发掘药材而偶然发现《尚书·君奭·无逸》和《春秋·僖公·文公》等残石，其中的《君奭》篇正好与龙虎滩所出相衔接。这一发现地点，与之前的《尚书》残石发现地龙虎滩，距离不过二三里，都是古洛阳的附郭地。这次发现的原石，后为洛阳谢荣章所得，因长宽各约三尺左右，不便转运，且分售可以居奇，于是谢氏竟悍然令石工白姓将这块残石乘夜色从中折为两段，使得《尚书》毁《君奭》篇目三体共六字，《春秋》毁"年春取济西田公子遂"三体共二十五字，其中"田"字空格无古文，下部"遂"字有古文、篆书，无隶书。此石共一千七百七十一字，古文约五百八十字，后归河南图书馆藏。之后，该地又出土有《尚书·多士》和《春秋·僖公九年》残石，共二百二十九字，古文占七十六字。另外还有一百多块碎石，小者一二字，大者四十余字，散落在各收藏家手中。而徐森玉先生开始关注石经，也正是因为这批石经的重新面世。

事实上，石经出土之后，当时很多学者已经敏锐地注意到这一新发现的意义所在了，如王国维1923年5月11日致神田喜一郎函中就曾提及此事："洛阳近出魏三体石经一石，有一千八百余字，即黄县丁氏所藏残石之上半。"〔3〕罗振玉在《石交录》中也说："近年出土汉刻，于学术关系最巨者，推洛中所出《熹平石经》。"〔4〕便是明证。另外，罗振玉在《汉熹平石经残字集录序》中，则记述了当年他也曾打算实地考察的旧事："岁辛酉，中州既出魏《正始石经》。明年壬辰，〔5〕与吴兴徐君鸿宝、四明马君衡约，偕至洛阳观汉太学遗址。已而，予以事不果。乃语徐君，《正始石经》与魏文《典论》并列。《石经》既出，《典论》或有出土者，此行幸留意。徐君诺之。既抵洛，邮小石墨本，询为《典论》否。阅之，则汉石经《论语·尧曰篇》残字也。亟移书请更搜寻，遂得残石十余，此汉石经传世之始。嗣乃岁有出土者，率归徐、马两君，他人所得不及少半也。"〔6〕虽然罗氏所述时间有误，但基本事实是可信的。罗振玉对马衡、徐森玉两位先生此行评价甚高，以为是"汉石经传世之始"。不过，这段话中更深的用意，或许在于罗振玉实际上在暗示读者，虽然他未能亲赴洛阳实地考察，但汉石经的鉴定是由他来做出的。尤其是其中关于其判别"小石墨本"究竟是什么典籍经过的记载，更让人怀疑马、徐二人的基本学术修养究竟如何？为何会连旧时每个读书人都能朗朗上口的《论语》，都不能分别？

又据郭玉堂《洛阳出土石刻时地记》："民国十一年冬，玉堂初见，未即注意。明年春，故宫博物院院长马衡叔平及徐鸿宝森玉由北京至洛，见此石有《论语·尧曰篇》'费劳而'等字，嘱以重价购之，谓此后多多益善，玉堂始知为汉石经也。嗣此为出土者甚多，金石家著录引据也繁，而马、徐二氏则最初鉴定之人也。"〔7〕也就是说，虽然罗振玉婉转地表达出了他自己在石经发现中的重要作用，但无论如何，大家都公认，马衡与徐森玉两位是《熹平石经》重新面世的催生者。其实，关于这次《熹平石经》的再发现，当事人马衡自己曾经比较详细地描述过其过程："一九二三年夏，余与徐森玉（鸿宝）君相约游洛，始知所出二石之外，尚有碎石甚夥。辨其残字，不尽三体，亦有汉石经焉……"〔8〕次年，徐、马两人还再次赴洛阳故城朱圪垱村考察太学遗址，马衡记录到："（1923年）次年冬，始得冒险一履其地，见所谓太学遗址者，已沦为丘虚，仅有碑趺十余，呈露于瓦砾丛中而已。然按其方位，与《洛阳记》《水经注》《洛阳伽蓝记》诸书所载，正相符合，知北宋时及近代之所出者，皆在汉魏立碑之故处。所谓迁邺、迁长安之说，似有疑问；或所迁者为完整之碑，而残毁之石仍留故处欤？余等得石之后，相与理董而考订之者，惟王静安（国维）先生为最勤，其《遗书》第二集中之《魏石经考》，大半取材于是。"〔9〕在《汉熹平石经论语尧曰篇残字跋》中，马衡也曾记述过首先被发现的两块残石的情况："右二石先后出土，为《论语·尧曰篇》残字，存字四行。第一行存'继绝世'三字，第二行存'惠而不费劳而不怨'之'费劳而'三字；第三行存'斯不亦泰而不骄乎'之'亦泰而'三字；第四行存'谓之有司'之'司'字。'司'下着一圆点，又其下存半字。"〔10〕也就是说，一则残石存字不全，其实很难分别是哪种典籍。再则，罗氏本托徐森玉先生寻觅《典论》的信息，《典论》原文大都亡佚，故而这些残字是否属于《典论》中的片段，本来就不宜轻易论定。因此，将刚刚出土的残石拓片寄交罗振玉鉴别一事，恰可反映出徐森玉与马衡两位对于此事的慎重，以及对于友人托付的重视。

这两次洛阳之行，本为探索残石出土情况而往，因此，徐森玉与马衡两位在考察之余，也收购了一些当时出土的残石碎块，这两次所得大约总计残石二百左右，由两人分而购之。但究竟哪些是哪年所购，现已无法分别了。而在1923年返京之后的9月间，马衡即为徐森玉先生治"徐森玉藏汉魏石经残字"白文方印一方，以为纪念。[11]

初次洛阳归来不久，徐森玉先生即将其所获整理完毕，并一一拓片。徐氏为人，向来乐善好施，所藏所见，从不自秘，[12]如在1924年的4月25日，即将所成数种拓本赠予许宝蘅，许氏日记云："徐森玉赠《汉石经》《魏石经》残石拓本，又《唐戴令言墓志》拓本。"[13]而更大规模的集拓，则在数年之后，即1927年春，由大兴孙壮（伯恒）发起的《集拓新出汉魏石经残字》之役。[14]此书历时一年，方始成书，其中所收徐森玉所藏九十八石计三百三十六字。[15]而在1929年时，徐森玉先生又曾捐赠所藏汉石经残石及魏三体石经残石拓片于国立历史博物馆。据《国立中央研究院历史博物馆筹备处十八年度报告》："徐森玉先生捐赠汉石经残石、魏三体石经残石等拓本。"[16]到了1931年1月21日，徐先生又复致函傅斯年，云："孟真先生：久不承教，至深驰仰。宝集拓《熹平石经》残字昨已毕工，共得二百五十余纸，谨检一份奉赠贵所，以备参考。即请察收。目录尚未写定，容续奉。专此，敬颂撰祺。弟徐鸿宝再拜。一月廿一日。"[17]细查以上几次的相关信息，可知徐森玉先生的藏品数量，似乎一直在增加。也就是说，在两次洛阳之行后，徐先生应该还有别的机缘另外收购了其他的残石，而其所藏，最终竟然达到了三百余块之多。但这些残石实际留存状况如何？究竟包括哪些内容？其实直到现在，还不是很明了。

两次洛阳之行后所收的残石拓本，虽然徐先生在主观上并不吝公开，但其中真正广为人知的，还是那批最初的藏品。如1934年，关百益在《汉熹平石经残字谱》序中，就说："计十年以来，前后出土之汉石经见于载记者,有北京大学校《后记》二(以拓本为单位,其一石两面有字者,亦以二本计之),北海图书馆《后记》二,吴兴徐氏《周易》一、《鲁诗》六、《仪礼》五、《春秋》十二、《公羊传》一、《论语》三、《后记》三、不知何经十一,四明马氏《鲁诗》三、《仪礼》一、《春秋》六、《论语》二、《后记》一、不知何经三,胶西柯氏《周易》一、《仪礼》一、《春秋》十一、《论语》一、不知何经二,建德周氏《仪礼》一、《春秋》二、不知何经一,武进陶氏《周易》一、《鲁诗》三、《仪礼》二《春秋》四、《公羊传》二、《论语》二,潢川吴氏《鲁诗》一、《春秋》一,大兴黄氏《春秋》一,闽中陈氏《后记》一,萍乡文氏《周易》二,三原于氏《周易》二(以上所列虽屡有变更,其大数则有增无减)。"[18]其中所述的徐先生藏汉魏石经残石42块,远远少于他此时所应有的收藏数量,这里所记录的,想来应该都是他的最初藏品。

"七七事变"之后不久,徐先生即因公务流徙各地。而其所藏,则仍留存北平寓所——三时学会之中。[19]接下来的数年间,徐先生虽然也曾数次短暂返平,但国事蜩螗,公务倥偬,想必也根本没有收售古物的时间与机缘。而大概到了1939年下半年,因爱女文绮打算赴欧留学一事,先生为筹措行资,曾打算售出所藏,以充旅费。在1939年8月19日给文绮的信中,他说到:"余藏汉魏石经三百余,可值万元(他物可易钱者尚多),(罗叔蕴曾给过此价,当以罗在"满洲国",不愿与之商量),惜远在北平,鞭长莫及。如此物今能易钱,当全数给汝(余已写信托人)。"[20]信中所言,值得注意的有两点:一、徐氏收藏的汉魏石经残石数量竟然达到了三百多块;二,信中还提到罗振玉曾经想要与他接洽,购买其藏品,徐先生因罗在"满洲国"任职而拒绝了他。罗振玉与徐先生在20世纪20年代时期往还很多,现存多通罗氏致徐手札可以为证。[21]但自1932年罗振玉参与"满洲国"活动以后,两人便因政治立场不同而不再往来。不过。徐先生此次售卖石经的计划,并没有实现。一则是因为文绮不忍先生所宝就此散失;更重要的原因是欧战爆发,这类事务随之停顿。如其1939年9月7日致文绮函云:"得汝来电,阻售石经。此事系托燕京容君与彼方商价,欧战起后,此项买卖谅已停止,已顺汝意,电告容君矣。"[22]9月26日函云:"余当年收汉魏石,总不过一时高兴,本身外之物,汝看得太认真了。欧战起后,此种交易当然罢议,望放心。"[23]而徐先生所藏汉魏石经残石的记录,也就到此为止了。这批残石之后到底下落如何?现在仍不清楚。

现存陈梦家致徐森玉先生函中,曾涉及当年徐先生放弃北上任职之后,[24]处理存京旧物的一些信息,如1954年12月18日函云:"森老赐鉴:昨奉手教。敬悉一一。存三时学会及董君处书籍拓本,今日与马、董两君接头,后日由我院图书馆派人前往全部提取来院(其中倘有零星用物,一定小心代为检出,仍送原处保存,请释念),集中整理,赶于阳历年前将大概数字查清,付款了结。"[25]又同年12月30日函:"森老赐鉴:奉廿八日手教,欣悉足伤渐愈,已可在室内扶杖而行,至觉欢喜。五千万已于数日前汇沪会转上,谅已收到。故尊嘱先汇一千,已不可能。但据运来书拓之数量,已极庞大,先生谓'不值'云云,实系不确。当初晚所提出者,远在五千之上也。明年一月十五日前造册,届时恐仍有不足之数补奉也。先生毕生为人而不为己,至诚感人,晚等区区奔走,并不足言谢也。惟先生慷慨成性,而此售书之款为数虽不多,至盼先生留为己用,幸勿随意散之(此话不知应该说否?说过分处,至请原谅。但斐云亦曾谈及,盼先生留一部分存在银行中)。"[26]又1955年4月25日函:"书、拓之事,最近已由馆方决定为:书二千五、拓四千,共六千五百。其它物(书画等)拟整理送还三时学会。"[27]也就是说,当年先生存京物品,后来都经中科院择选购藏。但这几次通信中,并没有直接提及石经残石,这些残石下落如何？还需仔细探究。而现在中科院考古所中，也确实不见有关徐氏旧藏残石入藏的信息。或许，这批残石已经不幸损毁于战乱之中，也未可知。

徐森玉先生与石经的缘分，目力所及还有两次，一是 1950 年，为武进陶祖光（北溟）拟售所藏石经估价。据《马衡日记》1950 年 12 月 11 日："访西谛，为陶北溟转达求售石刻之意。据葱玉言八百万价乃森玉所估定，局方则拟给五百万，恐距离尚远也。"[28]另外一次，则是 1955 年，先生尝为马衡遗著《汉石经集存》封面题签，陈梦家《汉石经集存编辑后记》："书成，请徐森玉先生题署。"[29]而所以邀请先生估价以及题签的原因，无非就是因为他早年曾着力于石经的收集与保护，并曾大量收藏。但遗憾的是，徐先生向来为人低调，不仅不喜著述，甚至很少会提及自己的生平与经历，因此，徐先生究竟曾经收藏过哪些残石，现在还很难说清楚。其实，本来在 20 世纪 50 年代时，中科院考古所曾经邀请先生主持一项历代石刻研究的课题，并曾为先生先后配备了邵锐、张明善、翁闿运等助手，但因时局变化，此事终于不了了之。否则，先生旧藏情况，想必能因此一计划而得到彰显。

现存数据中，所见记载徐先生旧藏最多一书，当为《集拓新出汉魏石经残字》。马衡《集拓新出汉魏石经残字序》中说："十二年夏，余与徐森玉（鸿宝）君相约游洛，始知所出二石之外，尚有碎石甚夥。辨其残字，不尽三体，亦有汉石经焉。且魏石经《尚书》之前数碑，不为三字直列式，而为品字式，尤为前人所未及知者也。乃属洛中友人郭玉堂君代觅碎石，约得二百块，与徐君分购之。"又说："兹编所集，共得八家，北京大学研究所国学门二石，计一百五十九字；吴兴徐氏九十八石，计三百三十六字；鄞马氏九十石，计三百六十七字；潢川吴氏三石，计十七字；胶柯氏五石，计二十字；闽陈氏四石，计十四字；江夏黄氏十石，计五十三字。尚有《公羊》二石不知藏谁氏，计一百三十二字。都计得一千零九十八字。"马衡这段文字中，说徐先生藏九十八石，计三百三十六字，但据其所载详目来计算，则此目收有徐氏旧藏共计九十九石、三百三十七字，两者并不能符合。但无论如何，这是关于先生旧藏汉魏石经最为详尽的一份记录了。除此之外，又有《集拓新出汉魏石经残字续编》一种，其中也收有徐森玉先生旧藏八十八石、三百三十一字。两书结合，共得一百八十七石、六百六十八字，徐先生当日旧藏的全貌，庶几可见。

附录一：《集拓新出汉魏石经残字》所载徐森玉旧藏石经残石目

汉石经共计四十五石一百七十四字：

【释文】
初　□
不　九

图 4-1　《周易》一石："初九|不"三字，不知何卦。

【释文】
黍　不　之
父　攸　杜

图 4-2　《鲁诗》七石（之一）："之杜|不攸|黍父"六字，《唐风·杕杜》《鸨羽》。

【释文】
常
其
□
鸨
羽

图 4-3　《鲁诗》七石（之二）："常其□鸨羽"五字，《唐风·鸨羽》。

【释文】
　　□
奔　二　□
有　章　優

图 4-4　《鲁诗》七石（之三）："□优|二章|有|奔"六字，不知何篇。

图4-5 《鲁诗》七石(之四):"寿无疆|章齐"五字,《校记》。

图4-6 《鲁诗》七石(之五):"言□|韩言"四字,《校记》。

图4-7 《鲁诗》七石(之六):"章|韩言"三字,《校记》。

图4-8 《鲁诗》七石(之七):"韩言|事齐言王|齐言□"九字,《校记》。

图 4-9 《仪礼》六石（之一）："爵而后 | 卒"四字，不知何篇。

图 4-10 《仪礼》六石（之二）："降 | □"二字，不知何篇。

图 4-11 《仪礼》六石（之三）："遂 | 后首 | 醢"四字，《大射仪》。

图 4-12 《仪礼》六石（之四）："卒爵 | 拜送"四字，不知何篇。

【释文】
升 祭
当 □

【释文】
賓 拜

图 4-13 《仪礼》六石(之五):"祭□|升当"四字,不知何篇。

图 4-14 《仪礼》六石(之六):"拜|宾"二字,不知何篇。

【释文】
筑
夫 王
人
姜

【释文】
□ 七
年 月 鄄
戊

图 4-15 《春秋》十三石(之一):"筑王|夫人姜"五字,庄元年、二年。

图 4-16 《春秋》十三石(之二):"鄄|七月戊|年"五字,庄十九年至二十三年。

【释文】
如 如 朔
齐 齐

图 4-17 《春秋》十三石（之三）："如齐 | 如齐 | 朔"五字，庄二十三年至二十五年。

【释文】
克
公 杀 十
　 　 有
　 　 二

图 4-18 《春秋》十三石（之四）："公 | 克杀 | 十有二"六字，僖九年至十二年。

【释文】
人 己
丑

图 4-19 《春秋》十三石（之五）："人 | 己丑"三字，文十二年、十三年。

【释文】
六
年 会
夏 顷

图 4-20 《春秋》十三石（之六）："六年 | 会夏 | 顷"五字，宣六年、八年。

图 4-21 《春秋》十三石（之七）："公｜杞伯｜滕子薛｜之率师侵｜子光莒子｜士彭"十六字，襄九年至十二年。

图 4-22 《春秋》十三石（之八）："丘来"二字，襄二十一年。

图 4-23 《春秋》十三石（之九）："辛卯｜胡子滕｜至自"七字，定三年、四年。

图 4-24 《春秋》十三石（之十）："月"字，不知何篇。

图 4-25 《春秋》十三石（之十一）："晋|仲"二字，不知何篇。

图 4-26 《春秋》十三石（之十二）："单"字，不知何篇。

图 4-27 《春秋》十三石（之十三）："奔"字，不知何篇。

图 4-28 《公羊》一石："颜氏"二字，《校记》。

图 4-29　《论语》三石（之一）："去乎｜不朝孔｜孔子过"八字，《微子》。

图 4-30　《论语》三石（之二）："吾闻｜甚也｜大者"六字，《子张》。

图 4-31　《论语》三石（之三）："继绝世｜费劳而｜亦泰而｜司·凡"十一字，《尧曰》。

图 4-32　《后记》三石（之一）："离｜弗"二字。

【释文】
□ 以 □

【释文】
□
陈
懿 □
郎

图 4-33 《后记》三石（之二）："□|以|壽"三字。

图 4-34 《后记》三石（之三）："□|陈懿郎"四字。

【释文】
之 齐 □

【释文】
□ 俟
及

图 4-35 不知何经十石（之一）："□|齐|之"三字，疑《公羊》。

图 4-36 不知何经十石（之二）："俟|及"二字。

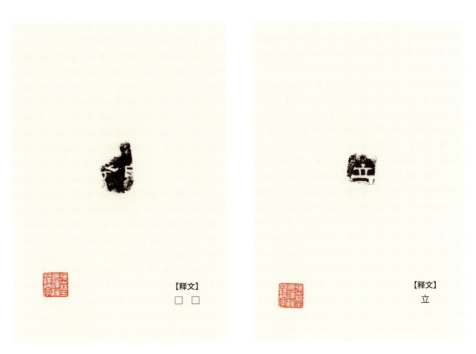

图 4-37 不知何经十石（之三）："□|□"二字，左一字疑"考"字。

图 4-38 不知何经十石（之四）："立"字。

图 4-39 不知何经十石（之五）："室"字。

图 4-40 不知何经十石（之六）："弓"字。

【释文】
而

图 4-41　不知何经十石（之七）："而"字。

【释文】
君

图 4-42　不知何经十石（之八）："君"字。

【释文】
六

图 4-43　不知何经十石（之九）："六"字。

【释文】
囗

图 4-44　不知何经十石（之十）："囗"字，疑"月"字。

魏石经共计五十五石，一百六十七字：

【释文】
予
擊

图 4-45　《尚书》二十三石（之一）："予（隶）擊（古）"二字，《尧典》。

【释文】
天　天

图 4-46　《尚书》二十三石（之二）："天（篆隶）"二字，《尧典》。

【释文】
柔　柔　畏
　　而
　　而

图 4-47　《尚书》二十三石（之三）："畏（隶）|柔（篆隶）而（三体）"六字，《皋陶谟》。

【释文】
　　丂
立　丂

图 4-48　《尚书》二十三石（之四）："丂（古隶）|立（篆）"三字，《皋陶谟》。

【释文】
其
其 家 家 立 立
愿

图 4-49 《尚书》二十三石(之五):"立(篆隶)愿(古)|家(篆隶)|其(古篆)"七字,《咎繇谟》。

【释文】
禹
四 禹
载

图 4-50 《尚书》二十三石(之六):"禹(古隶)|四(篆)载(古)"四字,《咎繇谟》。

【释文】
□ 女 女 黼 黼 左 左
弼 黻 右

图 4-51 《尚书》二十三石(之七):"左(篆隶)右(古)|黼(篆隶)黻(古)|女(篆隶)弼(古)"九字,《咎繇谟》。

【释文】
絺
絺 絺

图 4-52 《尚书》二十三石(之八):"絺(三体)"三字,《咎繇谟》。

图 4-53 《尚书》二十三石（之九）："予（隶）|介（篆隶）|退（篆隶）"五字，《咎繇谟》。

图 4-54 《尚书》二十三石（之十）："弼（篆隶）|以（篆）纳（古）"四字，《咎繇谟》。

图 4-55 《尚书》二十三石（之十一）："哉（古）|黎（篆隶）献（古）"四字，《咎繇谟》。

图 4-56 《尚书》二十三石（之十二）："苍（古）"字，《咎繇谟》。

图 4-57 《尚书》二十三石（之十三）："伯｜伯（古隶）"二字

图 4-58 《尚书》二十三石（之十四）："囗（篆隶）"二字，以上为品字式。

图 4-59 《尚书》二十三石（之十五）："宗｜雉｜惟（并篆）"三字，《高宗肜日》。

图 4-60 《尚书》二十三石（之十六）："小（隶）｜恒（隶）获（三体）"五字，《微子》。

图 4-61 《尚书》二十三石（之十七）："肆（隶）往（古）｜启（隶）"三字，《梓材》。

图 4-62 《尚书》二十三石（之十八）："王（古）天（古篆）"三字，《多士》。

图 4-63 《尚书》二十三石（之十九）："自｜惠｜文（并隶）"三字，《无逸》。

图 4-64 《尚书》二十三石（之二十）："棐（篆）｜我（古篆）｜邮（篆）｜光（篆）"五字，《君奭》。

图 4-65 《尚书》二十三石（之二十一）："闵（篆隶）天（古）|往（篆隶）来（古）|迪（隶）知（古）"八字，《君奭》。

图 4-66 《尚书》二十三石（之二十二）："克|伯（并篆）"二字，《立政》。

图 4-67 《尚书》二十三石（之二十三）："□|□（并古篆）"二字，不知篇名（右一字似"远"字）。

图 4-68 《春秋》十六石（之一）："年（隶）春（古篆）|绩（隶）夏（古）|郑（隶）冬（古）|春（隶）新（古）"九字，庄二十八、二十九年。

图 4-69　《春秋》十六石（之二）："臺（篆隶）|捷（篆隶）秋（古）"五字，庄三十一年。

图 4-70　《春秋》十六石（之三）："救（篆隶）|月（篆隶）|公（三体）|于（篆）"八字，僖元年。

图 4-71　《春秋》十六石（之四）："邾（篆隶）|之（三体）"五字，僖十九年。

图 4-72　《春秋》十六石（之五）："午（古篆）|宋（篆）"三字，僖二十八年。

图 4-73 《春秋》十六石（之六）："得（隶）臣（古）|侯（隶）郑（古）"四字，僖二十八年。

图 4-74 《春秋》十六石（之七）："公|不（并篆）"二字，僖三十三年。

图 4-75 《春秋》十六石（之八）："葬（隶）我（古）|得（隶）"三字，文元年。

图 4-76 《春秋》十六石（之九）："僖（篆）"字，文元年。

图 4-77 《春秋》十六石（之十）："赵 | 敖（并古篆）| 宋（古）"五字，文八年。

图 4-78 《春秋》十六石（之十一）："郑 | 子 | 十（并篆）"三字，文九年。

图 4-79 《春秋》十六石（之十二）："大（古）| 晋（古篆）"三字，襄二年、三年。

图 4-80 《春秋》十六石（之十三）："路（隶）寝（古）"二字，不知篇名。

图 4-81 《春秋》十六石（之十四）："遇（隶）于（古）"二字，不知篇名。

图 4-82 《春秋》十六石（之十五）："遇（篆）"字，不知篇名。

图 4-83 《春秋》十六石（之十六）："夏（古）"字，不知篇名。

图 4-84 不知何经九石（之一）："家（隶）"字。

图 4-85　不知何经九石（之二）："则（隶）"字。

图 4-86　不知何经九石（之三）："□（古篆）"二字。

图 4-87　不知何经九石（之四）："□"字，不可辨。

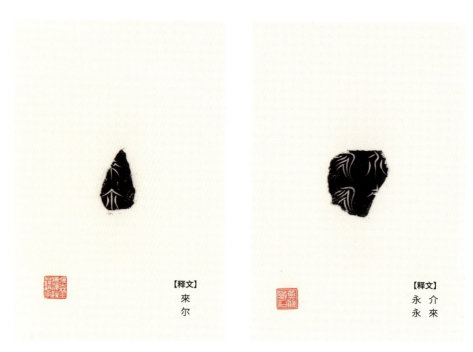

图 4-88、89　古文一体者一石:"来尔"二字,与柯昌泗旧藏"介来|永永"四字一石相合。

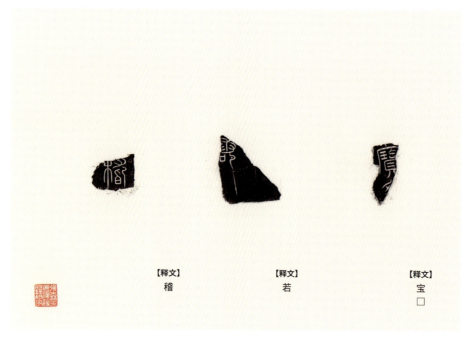

图 4-90—92　篆文一体者三石:"稽"字、"若"字、"宝"字。

图 4-93　隶书一体者三石（之一）："之救"二字（此有界格，非汉石经）。

图 4-94　隶书一体者三石（之二）："□秦"二字（上一字似"晋"字。此字较小，且有界格，不知是何刻石）。

图 4-95　隶书一体者三石（之三）："留一株"三字（此字特小，不知是何刻石）。

附录二：《集拓新出汉魏石经残字续编》所载徐森玉旧藏石经残石目

共计八十八石三百三十一字：

图 4-96 《尚书》二石（之一）："不亲五 | 首让于 | 女秩 | 曰于 | 卅征"十二字。

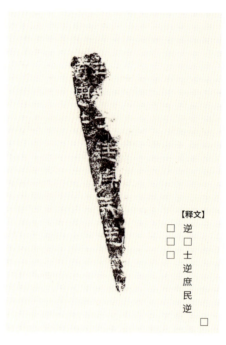

图 4-97 《尚书》二石（之二）："逆□士逆庶民逆"六字，《洪范》。

图 4-98 《鲁诗》二十石（之一）："章 | 其一桃 | 候"五字，《周南·樛木》《桃夭》《兔罝》。

图 4-99 《鲁诗》二十石（之二）："何斯 | 其谓之其三 | 我以不我 | 野有"十三字，《召南·殷其雷》《摽有梅》《江有汜》《野有死麕》。

图 4-100 《鲁诗》二十石（之三）："展矣"二字，《邶风·雄雉》。

图 4-101 《鲁诗》二十石（之四）："其二瞻丨鸣求其丨体德音莫丨其三"十二字，《邶风·雄雉》《匏有叶》《谷风》。

图 4-102 《鲁诗》二十石（之五）："李报"二字，《卫风·木瓜》。

图 4-103 《鲁诗》二十石（之六）："我丨叔于"三字，《郑风·将仲子》《叔于田》。

图 4-104 《鲁诗》二十石（之七）："临其穴惴｜乐如"六字，《秦风·黄鸟》《晨风》。

图 4-105 《鲁诗》二十石（之八）："仓庚女执｜阳为公"七字，《豳风·七月》。

图 4-106 《鲁诗》二十石（之九）："忧｜福其五小｜人君"七字，《小雅·小明》《鼓钟》。

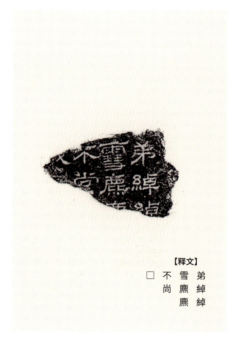

图 4-107 《鲁诗》二十石（之十）："弟绰绰｜雪麃麃｜不尚"八字，《小雅·角弓》《菀柳》。

图 4-108 《鲁诗》二十石（之十一）："林矢│民之初生│乃慰│藝"九字，《大雅·大明》《绵》。

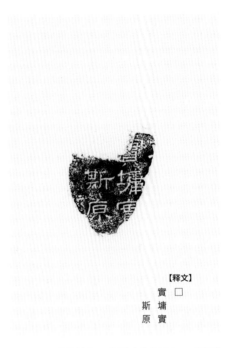

图 4-109 《鲁诗》二十石（之十二）："实墉实│斯原"五字，《大雅·韩奕》《公刘》。

图 4-110 《鲁诗》二十石（之十三）："畛侯王侯│为醴烝畀祖妣│及籩其饷伊柔其笠│良耜一章廿三"二十四字，《周颂·载芟》《良耜》。

图 4-111 《鲁诗》二十石（之十四）："东门"二字，不知何篇。

图 4-112 《鲁诗》二十石（之十五）："高山"二字，不知何篇。

图 4-113 《鲁诗》二十石（之十六）："○句|为"二字，不知何篇。

图 4-114 《鲁诗》二十石（之十七）："颂"一字，不知何篇。

图 4-115 《鲁诗》二十石（之十八）："韩|曰|言"三字，校记。

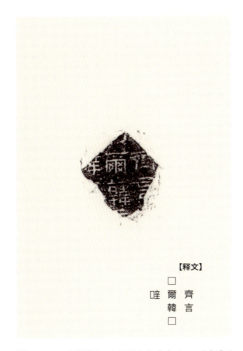

图 4-116 《鲁诗》二十石（之十九）："齐言|尔韩|哇"五字，校记。

图 4-117 《鲁诗》二十石（之二十）："韩言|韩言|韩"五字，校记。

图 4-118 《仪礼》九石（之一）："复求矢加|子西阶|司射|却"十字，《乡射礼》。

图 4-119 《仪礼》九石（之二）："爵|倚"二字，同上。

【释文】
　　　　告
　拜　于　奠　公　□
　儐　觶　答　拜　降
　　　答　　　
　　　媵　　　

图 4-120　《仪礼》九石（之三）："降｜公答拜媵｜奠觶答｜告于儐｜拜"十二字，《大射》。

【释文】
書
　適

图 4-121　《仪礼》九石（之四）："适｜画"二字，同上。

【释文】
□ 柩 杝

图 4-122　《仪礼》九石（之五）："杝｜柩"二字，《既夕礼》。

【释文】
婦 爵
不 荅

图 4-123　《仪礼》九石（之六）："爵荅｜妇不"四字，《有司彻》。

【释文】
□ 于
辩 稽
□ 首

图 4-124　《仪礼》九石（之七）："于稽首｜□辩□"四字，不知何篇。

【释文】
人　妇　設

图 4-125　《仪礼》九石（之八）："設｜妇人"三字，不知何篇。

【释文】
于　往　□
儐　□

图 4-126　《仪礼》九石（之九）："往｜于儐"三字，不知何篇。

【释文】
棘　輕

图 4-127　《礼记》一石："轻｜棘"二字，《王制》。

【释文】
灭 □
娄 舒 □
子

图 4-128 《春秋》二石（之一）："灭舒|娄子"四字，成公十七年、十八年。

【释文】
□
伯

图 4-129 《春秋》二石（之二）："伯"一字，不知何公。

【释文】
□ 膰
入 门
门

图 4-130 《公羊》五石（之一）："膰|入门"三字，宣公六年。

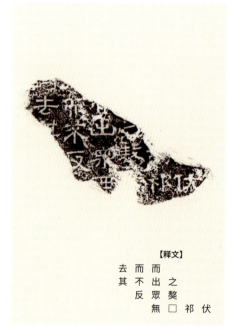

【释文】
去 而 而
其 不 出 之
反 众 夔
无 □ 祁 伏

图 4-131 《公羊》五石（之二）："伏|祁|之夔|而出众无|而不返|去其"十三字，宣公六年至八年。

图 4-132　《公羊》五石（之三）："异|也何"三字，不知何公。

图 4-133　《公羊》五石（之四）："曷为"二字，不知何公。

图 4-134　《公羊》五石（之五）："曷为"二字，不知何公。

图 4-135　《论语》六石（之一）："不知"二字，《学而》。

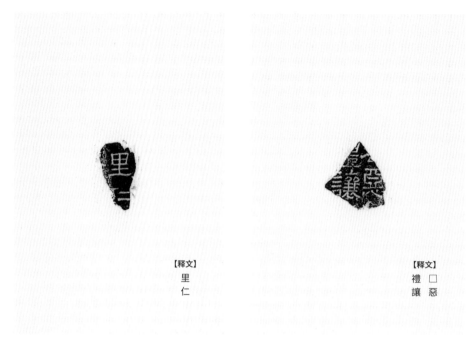

【释文】
里
仁

【释文】
禮　□
讓　惡

图 4-136　《论语》六石（之二）："里仁"二字，《里仁》。

图 4-137　《论语》六石（之三）："恶|礼让"三字，《里仁》。

【释文】
　　公　·　道
　　子　　　可
　　　　　　謂

【释文】
　　　　　天
弟　大　□
子　臣　中　不
怨　　　情　行

图 4-138　《论语》六石（之四）："道可谓|子|公"五字，《里仁》《公冶长》。

图 4-139　《论语》六石（之五）："不行|中情|大臣怨|弟子"九字，《微子》《子张》。

图 4-140 《论语》六石（之六）："也本之|丧致"五字，《子张》。

图 4-141 《校记》一石："万言以上"四字。

图 4-142 《后记》一石："臣李"二字。

图 4-143 《急就章》一石："可|急就奇"四字。

【释文】
□ 不 之
□ □ 虞 曰 觀
       對 生

图 4-144 不知何经三十九石（之一）："观生｜曰封｜之虞｜不"七字。

【释文】
□ 振 念
  之 哉
       不

图 4-145 不知何经三十九石（之二）："不｜念哉｜振之"五字，与《鲁诗》其二"瞻"等字一石，为表里。

【释文】
□ 無 之
□ 不 以
       如

图 4-146 不知何经三十九石（之三）："之以｜无不如"五字。

【释文】
□ 之
  彼 則
  與 人

图 4-147 不知何经三十九石（之四）："之则人｜彼与"五字。

【释文】
□ 子 明
以 其 五

图 4-148　不知何经三十九石（之五）："明 五 ｜ 子 其 ｜ 以"五字。

【释文】
天 □
性 期

图 4-149　不知何经三十九石（之六）："期 ｜ 天 性"三字。

【释文】
□ 宜
義 齊

图 4-150　不知何经三十九石（之七）："宜 齐 ｜ 义"三字。

【释文】
□ 其
□ 何 言
□
□

图 4-151　不知何经三十九石（之八）："其 言 ｜ 何"三字。

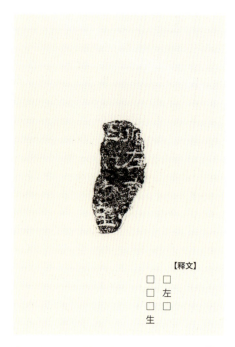

图 4-152　不知何经三十九石（之九）："□左□|□□□生"二字。

图 4-153　不知何经三十九石（之十）："富|如"二字。

图 4-154　不知何经三十九石（之十一）："有|百"二字。

图 4-155　不知何经三十九石（之十二）："于文"二字。

图 4-156　不知何经三十九石（之十三）："曰｜敢"二字。

图 4-157　不知何经三十九石（之十四）："内｜三"二字。

图 4-158　不知何经三十九石（之十五）："恩惠"二字。

图 4-159　不知何经三十九石（之十六）："之义"二字。

【释文】
曰
天

图 4-160　不知何经三十九石（之十七）："曰｜天"二字。

【释文】
为
三

图 4-161　不知何经三十九石（之十八）："为三"二字。

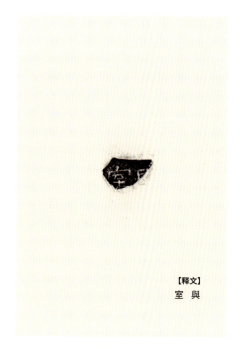

【释文】
室　與

图 4-162　不知何经三十九石（之十九）："与｜室"二字。

【释文】
言　譽

图 4-163　不知何经三十九石（之二十）："誉｜言"二字。

图 4-164　不知何经三十九石（之二十一）："言祖"二字。

图 4-165　不知何经三十九石（之二十二）："惟"一字。

图 4-166　不知何经三十九石（之二十三）："亮"一字。

图 4-167　不知何经三十九石（之二十四）："其"一字。

【释文】
□ 之 □
□

图 4-168　不知何经三十九石（之二十五）："之"一字。

【释文】
□
□ □
曰

图 4-169　不知何经三十九石（之二十六）："曰"一字。

【释文】
有
□

图 4-170　不知何经三十九石（之二十七）："有"一字。

【释文】
正

图 4-171　不知何经三十九石（之二十八）："正"一字。

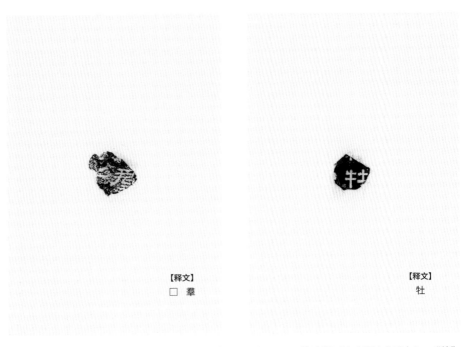

【释文】
□ 羣

【释文】
牡

图 4-172　不知何经三十九石（之二十九）："羣"一字。

图 4-173　不知何经三十九石（之三十）："牡"一字。

【释文】
壽
□

【释文】
□ 書

图 4-174　不知何经三十九石（之三十一）："寿"一字。

图 4-175　不知何经三十九石（之三十二）："书"一字。

【释文】
戶

图 4-176　不知何经三十九石（之三十三）："戶"一字。

【释文】
□ 曰 □
□

图 4-177　不知何经三十九石（之三十四）："曰"一字。

【释文】
　□
□ 不

图 4-178　不知何经三十九石（之三十五）："不"一字。

【释文】
卻
□

图 4-179　不知何经三十九石（之三十六）："卻"一字。

图 4-180　不知何经三十九石（之三十七）："肌"一字。

图 4-181　不知何经三十九石（之三十八）："㬎"一字。

图 4-182　不知何经三十九石（之三十九）："扣"一字。

图 4-183　小字一石："安年"二字。

注释：

〔1〕 大概情形可参第三章，又见于《第四届"孤山证印"西泠印社国际印学峰会论文集》，西泠印社出版社，2014：第693-700页。

〔2〕 《魏三字石经〈尚书〉残石跋》，见于罗振玉《雪堂类稿·乙·图籍序跋》，萧文立编《新世纪万有文库》本，辽宁教育出版社，2003：第385-386页。

〔3〕 《王国维全集》第十五卷，浙江教育出版社、广东教育出版社，2010：第866页。

〔4〕 卷一，见于《罗雪堂合集》第十函，张本义、萧文立编，西泠印社出版社，2005年。再如，马衡与王国维往来信件中，也多次提及这次石经的出土状况，参《王国维未刊来往书信集》，马奔腾编，清华大学出版社，2010年。

〔5〕 按：辛酉之明年为壬戌，非壬辰。又此事据马衡所述，当系于本年，罗氏所述误。

〔6〕 见于《汉熹平石经残字集录》一卷《补遗》一卷卷前，民国十八年罗氏石印本。又，罗振玉在《石交录》中，也有大体相同的说法。

〔7〕 "汉代，○○六"条，大象出版社，2005年。

〔8〕 转引自陈梦家《汉石经集存编辑后记》，见于马衡《汉石经集存》，《考古学专刊乙种》第三号，中国科学院考古研究所编辑，科学出版社，1957：第58页。

〔9〕 转引自陈梦家《汉石经集存编辑后记》：第58页。

〔10〕 见于《国学季刊》第一卷第三号：第505页。

〔11〕 见于《徐森玉所用印谱》不分卷，钤印本。详参《上海博物馆所藏印谱提要四种》，见于《第三届"孤山证印"西泠印社国际印学峰会论文集》，西泠印社出版社，2011：第530-537页。

〔12〕 《硕轩随录》："今年洛阳出土汉石经残石，徐氏所得最多。不自矜惜，颇以拓本公诸同好。"转引自张国淦《历代石经考第一编》之《汉石经》注四十六：66A。

〔13〕 《许宝蘅日记》，许恪儒整理，《中国近代人物日记丛书》本，中华书局，2010：第1005页。

〔14〕 按，据罗振玉《〈熹平石经〉残字集录序》云："岁戊辰，闽中陈君承修谋合诸家

所藏会拓以传之，寻以事至江南，乃属其友大兴孙君壮成其事，所谓汉魏石经集拓，而由马君为之编次者也。"见罗氏该书卷前。

〔15〕 按：此石数与字数与实际统计不符，详下。

〔16〕 《"国立中央"研究院历史博物馆筹备处十八年度报告》，见于《傅斯年全集》第六卷，欧阳哲生主编，湖南教育出版社，2003：第99页。

〔17〕 台湾"中研院"傅斯年图书馆藏原稿。

〔18〕 文化传薪社原石精拓本，1934年。

〔19〕 即现在的《佛学研究》编辑部所在地北京西城区北长街27号。

〔20〕 原函影印件。此承徐森玉先生外孙王圣思教授提供，特此致谢。

〔21〕 原函承徐森玉先生哲嗣徐文堪先生见示，特此致谢。

〔22〕 原函影印件。此承徐森玉先生外孙王圣思教授提供，特此致谢。

〔23〕 原函影印件。此承徐森玉先生外孙王圣思教授提供，特此致谢。

〔24〕 徐先生曾长期任职故官，后因文物运台一事离职。20世纪50年代初，故宫博物院院长马衡曾多次邀请先生再次北上，但终未成行。详参拙文《马衡与徐森玉》，见于《紫禁城》，2011年第12期第110-111页、2012年第1期第118-121页。

〔25〕 上海博物馆藏原函。

〔26〕 上海博物馆藏原函。

〔27〕 上海博物馆藏原函。

〔28〕 《马衡日记》，紫禁城出版社，2006：第166页。

〔29〕 见于《汉石经集存》上册卷末，《马衡先生遗著》本，《考古学专刊乙种》第三号，科学出版社，1957：第58页。

第五章　马衡与石经研究

　　郭沫若在《凡将斋金石丛稿序》中，曾给予马衡先生极高的评价，他认为："马衡先生是中国近代考古学的前驱。他继承了清代乾嘉学派的朴学传统，而又锐意采用科学的方法，使中国金石博古之学趋于近代化。他在这一方面的成就是有目共睹的。马衡先生同时还是一位有力的文物保护者。中国古代文物，不仅多因他而得到阐明，也多因他而得到保护。前日本帝国主义发动大规模侵华战争时期，马先生担任故宫博物院院长之职，故宫所藏古物，即蒙多方维护，运往西南地区保存。即以秦刻石鼓十具而论，其装运之艰巨是可以想见的。但马先生从不曾以此自矜功伐。马先生为人公正，治学谨严；学如其人，人如其名；真可谓既衡且平了。马先生复能诗，善书，工篆刻。一九三九年同寓重庆，曾以青田石为我治印一枚，边款刻'无咎'二字。今以钤于文末，以见一斑。凡德业足以益人者，人不能忘之。马先生虽颇自谦，然其所成就，已应归于不朽。"[1]但文中所言，都还只是泛泛而谈，且多着眼于马衡的事功。事实上，马衡在学术上的成就，并不限于郭序中所言之考古学一隅，而石经研究，则尤属马衡学术贡献中的荦荦大者。

　　马衡并没有受过严格的专业训练，他的学养以及后来的成就，完全是通过自己的勤苦研习及师友间互相切磋而得。虞万里先生《马衡与汉石经研究》一文中，曾经述及马衡的学术道路云："马衡一生学问，与家庭教师叶瀚之启蒙有关。瀚字浩吾，清末维新人士，留日学习师范教育，回国后被（马衡父亲）海曙聘为家庭教师，教育诸子。叶瀚涉猎广泛，兼通四部，精于墨学，尤以其承晚清浙派印学余绪，嗜于金石之学。所著《晚学庐丛稿》中有龙门造像、四川摩崖、河南陕西浙江四川湖北造像等多种目录，又有《中国美术史》《汉画偶谈》，于石刻、造像之学颇有研究，对幼年马衡喜好金石有直接而深刻的影响。"又云："马海曙病逝，马衡扶柩归里，在宁波天一阁阅读金石书籍，自习书法篆刻。一八九九年，马衡与马鉴考取秀才。时适上海南洋公学中院（上海交通大学前身）开办不久，书院监院、传教士福开森为扭转北洋大学学生不能用汉语写作之境况，改变办学宗旨，欲收中文基础扎实的学生，故所招多为举人或秀才，马衡兄弟应时而考入预科二班就读。福开森收藏中国甲骨、书画、瓷器等文物，研究中国美术，喜好书法篆刻的马衡自然受其赏识。相反，福氏的古玩收藏、鉴赏也对年轻的马衡有所熏陶。1904年，马衡携自刻印章赴杭州求教金石书画大家吴昌硕，参与西泠印社筹建。离杭返沪时求吴题署'凡将斋'，名重一时的缶庐老人欣然为题篆书匾额。以上经历，逐渐形成马衡一生学术之重心与蕲向。"[2]

虞万里先生认为，1916年，王国维在上海仓圣明智大学《广仓学宭丛书》上发表了《魏石经考》一文之后的次年，马衡出任北京大学国史编纂处征集员，也发表了《论汉碑书体》一文，这个可以看作是二人志同道合的一个征兆。[3]同年，马衡又受北大校长蔡元培的委托，致函寓居上海的王国维，邀请他北上担任北京大学文科教授。虽然数次函邀，均遭王氏婉拒，但王、马之间学术联系却由此建立，马衡对汉魏石经的认识与关注，也由此加深。至王国维于1923年仲夏赴京之后，马、王两人更是交往甚密，现存多通两人往来书函中，都是在探讨汉魏石经的相关问题，可以佐证。[4]虞万里先生以为："（马衡）数度赴洛阳寻访，有新得残石，即传拓呈送王氏，两人疑义共析，心得分享。马衡是王国维回国定居上海和迁居北京八九年中的知交，也是局居书斋的王国维研究石经、通向学界的得力中介，而自己也在与王氏的交往切磋中练就了对石经特殊的敏感和能力。"[5]可见王国维对于马衡的石经研究，应该是个极其重要的推动力。也正是因为两人对于石经研究的共同兴趣，在王氏辞世之后，马衡依旧会时时念及当时共同研习时候的情景，他曾为手抄《三字石经考》撰跋云："《三字石经考》为亡友海宁王静安先生遗著。一碑图、二经文异同、三古文、四附录，录《隶释》所录《魏石经图》，乃未竟之稿。先生归道山后，衡录副藏之，暇当为之整理增订，授之梓人。忆自十二年秋，衡得石经残石，先生亦于是时来北京，乃相与摩挲审辨，有所发明，则彼此奔走相告，四年以来未尝或辍，而今已矣，无复质疑问难之人矣。读此遗编，倍增怅惘。十六年十一月廿七日马衡识。"[6] 又所撰王国维辑《达古斋藏印》跋："昔王静安君著《释由》上下篇，证《说文》之'甶'字即'由'字。今此册仅收印十九方而有'郑甶之印'，知'甶'亦'由'字，为静安又添一证。近出三体石经'迪'字篆文亦从'甶'作，静安惜未引证也。卅七年马衡识。"[7] 都可以看出马衡对于当年两人切磋探讨的追念。而马衡自己对于石经的研究，也就是在此期间开始，并逐渐深入，从而奠定了他在石经研究史上的地位的。特别需要指出的是，这期间马衡不仅与徐森玉一起首先发现了汉石经残石的存在，并且对所发现的第一块汉石经残石撰有专文来，予以表彰。其《汉熹平石经论语尧曰篇残字跋》云："右二石先后出土，为《论语·尧曰篇》残字，存字四行：第一行存'继绝世'三字，第二行存'惠而不费劳而不怨'之'费劳而'三字，第三行存'斯不亦泰而不骄乎'之'亦泰而'三字，第四行存'谓之有司'之'司'字，司下著一圆点，又其下存半字。《隶释》所录《尧曰篇》残字，即在此石之下方。据何晏《集解》本《尧曰篇》'谓之有司'下有'孔子曰不知命无以为君子也'一章，今此半字既非'孔'字，又不类'子'字（朱子《集解》本无孔字），必非此章之文。惟《经典释文》云：'《鲁论》无此章，今从古。'依《八佾》《阳货》等篇（见《隶释》）计 42 章之例，此半字当是凡字；凡字下所阙，当为二章二字，以此篇仅《尧曰》《子张问》二章也。"[8] 这篇跋文，作为汉石经研究的第一篇论文，不仅揭示了新发现的汉石经的具体内容,也宣告了汉石经研究的正式开始,无疑是现代学术史上一件值得大书特书的重要历史事件。

马衡的友朋中,另外还有一位,也经常会同他一起研习、探讨石经的相关问题,那就是当时在北京师范大学任教授的钱玄同。《钱玄同日记》中,记载了一些他们研究石经的相关片段,如1923年7月7日《钱玄同日记》:"(午后)因电询叔平,知其已归,即访之,并晤兼士及森玉。他此番到洛阳去,又买得几个汉石经残字。"〔9〕这是对马衡与徐森玉首次赴洛阳探访石经的最为确切的记录。这时,二人刚刚返回北京,也是《熹平石经》首次为学界所知。这里所说的"买得几个汉石经残字",就是包括"继绝世"在内的《论语·尧曰篇》残字,也就是近代以来发现的第一块汉石经残石。到了1930年1月24日,《钱玄同日记》又记录道:"晚叔平来,约至其家晚饭,又见汉石经碎片数十。"〔10〕这里所说的汉石经碎片,不知其来源究竟如何?但从中可以看出钱、马二人交情甚密,共得赏奇析疑之乐的情形。1930年2月27日《钱玄同日记》:"去年冬至为北大图书部月刊撰文一篇:《读汉石经〈周易〉残字而论及今文〈易〉的篇数问题》,约七千字。"〔11〕知钱玄同在研读马衡所藏之后,确有心得,并发而为文。钱玄同《读汉石经〈周易〉残字而论及今文〈易〉的篇数问题》一文中说:"前几天,在马叔平先生那边,看见《汉石经周易》残字拓片两张,一张是《下经》的《家人》至《归妹》,一张是《文言传》和《说卦传》,系一石之两面,两张共有四百九十余字。近几年来,出土的汉石经残石很多,哀辑之者,有马叔平先生的《集拓新出汉魏石经残字》和罗叔言先生的《汉熹平石经残字集录》及《补遗》,但大都是零星小块。像这样的大块,一经之文字多至四百九十余者,还是初次遇到。"〔12〕这里记录的这块石经残石,据范邦瑾《〈熹平石经〉的尺寸及刻字行数补正》一文载:"此石是1925年出土于河南洛阳东偃师大郊以北里许,初归张定业,1930年转归文素松,建国后藏于上海博物馆。"[13]另据邓里介绍:"北京的著名学者王益芝,旅居济宁时与文素松结识,1930年得知文素松收藏到《熹平石经·周易》残石后,为他篆印一方,印文为'萍乡文氏寅斋宝藏熹平易经残石',边款用微雕刻有一段重要的文字。'蔡邕鸿都石经,立于熹平四年,当时观者车马填隘……今文舟虚先生得熹平《易经》残石四百余字,如此之多,且为石刻,自宋以来金石家所收古器无此典重,比之司马墨本与夫汉碑中之《礼器》《张迁》,均不足与相埒,真千古之奇观也。芝与先生识荆于任城,因好古有同情,遂交游而益密。兹闻此石将拓百份,为海内学者广其闻见、藉资考证,惜小松司马之不及见也。谨篆'萍乡文氏寅斋宝藏熹平易经残石'十四字为赠,他日墨本永世人与物传,芝得附□尾亦与□幸焉。民国二十年二月北平王益之篆赠。"[14]王氏此文落款为1930年2月,又说是将要传拓,可见叔平得到的这份拓本,并非出于文氏所赠。[15]这块残石其实马衡自己也曾有研究,他曾撰有《汉熹平石经周易残字跋》一文,刊于《北大图书部月刊》第一卷二期,云:"跋文依据《释文》,对残石文字予以校勘,指出异体通假,乃至汉代的通行字体,最后以残石'欿者水也'一句,《释文》于坎卦'习坎'下云:'京、刘作欿'残石《困卦》'于劓刵',《释文》云:'京作劓刵。'遂断言'是用京氏本无疑矣。"虽然这一判断,根据后来新发现的残石证明为错误的,[16]《熹平石经》所本其实是梁丘本,但当时马说一出,立刻引起钱玄同的强力赞同,他在所撰文中以为:"虽然只有一字的证据,但这一个字非常重要,我认为马先生的意见是很对的。"从这件事情中可以看出,钱、马两人在此问题上观点一致,甚至这一结论应该就是两人共同探讨之后得出的。另外值得一提的就是,马衡是在刚刚得到新文献之后,就马上请钱玄同来共同观摩,并提供给他利用。这一方面可以看出二人的交情匪浅,另一方面也可以说明马衡的为人,不自秘宝。1931年2月1日《钱玄同日记》:"午后四时访叔平,共弄汉石经,未毕(徐森玉约)。"[17]据马衡《从实验上窥见汉石经之一斑》文末有补充说明云:"此稿成于一九三一年二月,为北京大学研究所国学门月讲之稿,时新自洛阳归来……"[18]可见钱玄同日记中记载的这次会面,应该是马氏刚从洛阳新得石经资料归来。归装甫卸,就邀请知友来共同赏奇析疑,从中可见马、钱两人对于这项研究的兴趣之浓厚以及两人相知之深切。

虞万里先生云:"(马衡)从洛阳新得《仪礼·乡饮酒》残石拓本,定《仪礼》为大戴本;新得见《尚书序》拓本,乃从钱玄同说定《书》用欧阳本;更从后记残石所列人名,复勾稽史书相关史料,将参与石经刊刻人员增至二十五名。这些新发现是石经学界最前沿的成果,所以他修订后以《从实验上窥见汉石经之一斑》为题,刊于《庆祝蔡元培先生六十五岁论文集》中。"[19]这篇论文,奠定了汉石经研究的基本框架,直至现在,有关研究也只是在此基础上的修正和补充,未能出其畛域。这篇论文,应该说是汉石经研究的典范之作。而其中,不仅体现了马衡的真知灼见,通过对于之前《钱玄同日记》中相关记载的梳理,也可以看出,马衡的汉石经研究,实际上也代表了他与钱玄同两人共同的学术高度和深度。另外,在此之前十天,与马衡两次同赴洛阳实地考察的徐森玉致傅斯年函云:"孟真先生:久不承教,至深驰仰。宝集拓《熹平石经》残字昨已毕工,共得二百五十余纸,谨检一份奉赠贵所,以备参考。即请詧收。目录尚未写定,容续奉。专此,敬颂撰祺。弟徐鸿宝再拜。一月廿一日。"[20]则此时三人会餐,或者又与石经残字拓本告成有关。1931年4月3日《钱玄同日记》:"晚叔平电约去,共订汉石经。"[21]可知两人对于《熹平石经》的研究,一直不曾中断。可惜的是,两人当时具体的研究内容和成果,已经无法确切

图 5-1　马衡所藏《春秋》六石（之三）

知晓。《钱玄同日记》中最后一次记载两人共同研习石经，是在 1937 年 1 月 27 日："五时得叔平电话，知彼今日回平，约往谈。出汉石经数大张观之，四五张无一不伪。"[22] 石经作伪，古已有之，但尤其以民国时石经再次发现之后为甚。罗福颐先生曾经揭示过天津所藏的一批伪作，[23] 而方若作伪更是人所共知。日记中所记之伪品，不知究竟是何内容。不过，邵友诚在列举马衡《汉石经集存》缺点时，曾经提到："前河北博物院半月刊曾刊登过不少《熹平石经》残石拓本，多系文字较多的大块，马先生未收入此书，大概因为这些石刻，大都字体呆板，不能肯定它是否原刻，所以暂缺存疑？我们这里附带说一下，供读者研究参考。"[24] 参考日记中所说，可知马衡后来之所以未收邵氏所说的这些拓本，应该就是出于辨别真伪的目的。而在此之后，世事扰攘，马、钱两人估计就很少有机会一起从容论学了。但这一时期，两人的切磋琢磨，无疑对于日后马衡的石经研究而言，至关重要。

从 20 世纪 20 年代初汉魏石经再次出土以来，马衡作为发现者之一，很快就投身于石经的研究中，并做出了卓越的贡献。在整个民国期间，除了上述的研究工作之外，马衡又与商务印书馆北京分馆经理孙壮等一起辑成《集拓新出汉魏石经残字》两集，聘请名工周康元手拓，装成八册。[25] 还利用自己的教授身份，及时地将汉魏石经以及自己的研究心得编为讲义，传授给学生。虞万里先生指出："《（中国金石学）概要》第四章《历代石刻三》有'太学石经'一节，专论七朝石经刊刻和发现研究，计约五六千字，是为石经编入教科书，进入课堂之第一次。"大约在 20 世纪 40 年代时，马衡又"为《中国教育全书》撰写'石经词解'条目"，"其论石经与教育之关系云：'熹平刊立石经之用意，为正误订讹，树立准则，使学者有所取正。其后历代之继踵，亦同此意。是则在教育上之意义，固甚显著。

图 5-2 马衡所藏《春秋》十九石(之三)

图 5-3　马衡审定魏石经残石

既收效于当时,亦冀以垂示于久远。'既道出石经刊刻之意图,也将石经研究宣传、推广到教育界。"[26]虞先生对于马衡这一时期研究的意义概括,无疑是极为准确的。但可惜的是,之后的国内外形势,已经不允许马衡再对石经展开更加充分深入的研究了。

1934 年起，53 岁的马衡接替因"故宫盗宝案"而去职的易培基出任故宫博物院院长，并辞去北大教授一职，从此一心沉浸于文物与博物馆事业之中。而之后的时局日益恶化，故宫文物也从此南迁西运，日扰攘于道途。作为院长，他更是不遑宁处，常年奔忙于各地，石经研究，几乎中断。1949 年之后，68 岁的马衡继续主持故宫博物院的工作。但没过多久，因为"三反""五反"运动，1952 年 5 月 22 日，71 岁的马衡终因"盗宝案"的余波牵涉而被迫离开故宫，专任北京市文物整理委员会主任。直到这时，马衡才终于有时间拾起早年的石经研究，而其成果，就是后来事实上未曾定稿的《汉石经集存》一书。

　　《汉石经集存》的学术意义，其实是不必辞费的。在此书刚刚出版不久，邵友诚就撰写了《马衡先生遗著："汉石经集存"》一文，评价此书的贡献与价值："此书马衡先生积三十余年的精力，搜集宋代及近代出土于洛阳的东汉《熹平石经》的残石，加以缀合，考释文字，并与汉以后传下来的经本，互相校勘。议论精辟，有的据残石证前人之说；有的发表自己的创见；也有的是论证前人说法错误的。集录拓本五百二十事，存字八千数百余。出土残石，虽尚有少数未尽搜罗，但绝大部分，都已收入此书。一千八百年以前最古的官定经本，于此可以见到它的原来面目，在经学和版本学上，是极重要的材料。"[27] 虞万里在其文章中也认为："马衡以当时之中心人物，经三十多年之积聚，多方搜集公私收藏，能够汇集到五百多种拓本，确已其劳可嘉，其功甚伟。在汉石经复原研究上，他继承吸收王国维、罗振玉、张国淦以及当时学者的学术成果，排比残石，参校经文，或证前哲之说，或纠时贤之谬，对汉石经镌刻缘起、经数、石数、行款、经本、文字，以及校理和书碑人姓氏等，都作出详尽的描述。《集存》是汉石经残石拓本的集存，也是汉石经研究成果的集存，它是石经研究史上一座丰碑。"[28]

总而言之，这是一部典范之作。但与此同时，这部书稿因为本来就是未经作者手定之稿，出版之际并未经过作者本人的校订，所以其实也存在不少问题，比如邵友诚就曾说过："此书为马先生未经整理完成的草稿，原稿皆为散页，脱漏颇多。虽经加以校补，但在编辑过程中，屡换人手，以致存在的缺点很多，现在略举如下：一、释文前后重复：如三页十一号'诗邶风日月至谷风'一石，系八块小石缀合，应当综合写成一段释文；但因小石不是同时找到的，就分为五节写，每下一节，把上一节的释文，又重写一遍，虽然每一小节，因有加入的小石而文字不同，但重复仍是不对的。二、缀合之石，图版分置：如15·1与15·2两石，应连在一起，但15·2一石，因系以后寻得的，不及与15·1一石一同排入图版第五页内，就放在八十一页；以后114、227、506、508各号，都和是这个情形一样，虽然在'拓本释文页数对照表'中注明，但翻检究属不便。三、图版部分不正：石经拓本，虽棱角不齐，应当按字体取正。排版时有几块没有这样做，如圆版十三叶73图，三十一页221图，都没有按字取正，显得歪斜。四、后得拓本，未能增入：如72号'酒食'至'南东'残石，334号'臼卒冬'残石，虽事后检得，但如'校补后记'所云：因书已付印，不及加入。五、此书释文印法系右行，而后面附刊的'拓本释文页数对照表'，则因系表格，不得不左行，以致第四栏在一页右方之末，而第五栏又印到另一页左方之首，下面八、九栏也是这样，不能依次衔接，检点有些不便。我认为表格自应左行，但栏与栏的排比，可以变通从右方排起，这样仍可衔接，不致相距过远。六、北京图书馆和北京大学各藏'石经后记'残石各一方，也是两面刻的，决非伪品。马先生当日一定有拓本，不知道何以未收到本书之内？后记虽残泐，但叙说石经刊刻缘起，仍可窥见大略，还是很重要的……"[29]
这里提到的很多缺点，事实上基本都是由于整理者的失误而造成的，当然，这部书本身并未定稿，也是产生这些失误的重要原因。

　　这部书稿的形成过程，马衡晚年的日记中记录甚详，可供复按。但因种种缘故，目前所见的《马衡日记》中，[30]并未将日记全文完全刊出，仅仅收录至1951年即戛然而止。令人遗憾的是，关于马衡重新开始石经研究的记载，都在1952年至其去世前的1955年内。所以，过去大家对于此书的成书过程，都不能详言。虞万里先生曾引用马思猛先生大作《金石梦故宫情》中节选的叔平未刊日记，将其分作六个部分，来说明《汉石经集存》的成书过程。但该书所引，也只是部分而已，故也不能反映成书过程的全貌。今承叔平先生文孙马思猛先生惠示这部分未刊日记，马衡晚年研习石经的详情，尽见其中，可借以详细说明他晚年致力于此书的真实情节，故择其要者，迻录如下，略为疏解，以见前贤黾勉向学之状。

　　1952年2月28日，公安部接管故宫的"三反"运动，令故宫全体人员迁出故宫，开始集中学习。5月22日，马衡不再担任故宫博物院院长一职。6月16日，马衡自集中学习地点白云观返回家中，结束集中审查。直至11月11日，马衡才得到通知，令其专任北京市文物整理委员会主任。而其再度开始石经研究，就是在此停职等候组织决定的空闲期内。可见，学术研究，其实也是马衡为了抛开现实纠纷、寻求内心安定的一块净地。这年的7月8日，马衡开始"整理零星拓片。"[31]到22日，整理工作正式启动。其本日《日记》云："汉魏石经出土已将三十年，所集材料亦甚丰富，但在此时期，因接办故宫之故，不能从事整理研究。今日开始工作，以期完成此著作，但不审能如愿以偿否？"结合之前日记的记载，这里所说的"今日"，显然并非实指。而"已将三十年"之说，则甚确切，可参马衡自己记述的当年石经发现经过："一九二三年夏，余与徐森玉（鸿宝）君相约游洛，始知所出二石之外，尚有碎石甚夥。辨其残字，不尽三体，亦有汉石经焉……"〔32〕从那时开始，人事多有变迁，而马衡则又能以残年而从事石经研究，从某种意义上来说，未尝不是一件幸事。正如其文孙思猛先生所言："'三反'运动结束，马衡回家苦苦等候组织结论和处理意见。一个月过去，仍无消息。马衡先生口风极严，从不对家人提及故宫'三反'事，独自承受着屈辱和精神打击。虽仍难了却他那为之服务了二十七年的故宫情，但他似乎意识到了什么，老人终于静下心来，开始续写他那尘封了二十年的金石之梦。自即日始整理研究《汉魏石经集存》，至临终前数日耕耘不辍。"实际上，马衡在这最后的几年内，整理的石经不仅止于汉石经而已，对于《正始石经》，他也曾花费了很多精力来进行整理和研究。可惜的是，这部分的成果却至今未见整理荟萃，是否依然存世？颇令人关注。

从日记来看，马衡整理《熹平石经》，大致可以分为十个阶段。也就是说，从其初稿写定之后，马衡其实又对此稿进行了至少九次复校。

> 七月廿八日（星一）初七日。上午大雨。下午阴。出门理发。校《鲁诗》毕。碎石可连缀者尽量合之。计得百五十五石。
> 七月廿九日（星二）初八日。竟日大雨。温度降至八十度以下。校《公羊传》毕。合连缀者计得三十四石。
> 七月卅日（星三）初九日。阴。校《春秋》毕。计得五十七石。
> 七月卅一日（星四）初十日。阴。校《论语》毕。共得卅二石。
> 八月一日（星五）十一日。晴。……校《仪礼》毕。计得（空缺未记）。
> 八月二日（十二日星六）。晴。下午校《易经》毕。计得十六石。

以上是第一阶段，是排比初稿的阶段。从以上记述可以看出，《汉石经集存》的大致框架构建，其实用的时间很短。这说明马衡虽然有很久没有从事石经研究，但因他的基本功异常扎实，所以能在很短的时间内，就能将初步工作完成。

　　八月三日（星期）十三日。晴。各经拓片所缺尚多。今日又觅得一包，缺者具在。当重新补校之。
　　八月四日（星一）十四日。晴。……补校《诗》《礼》《易》《春秋》四经毕。
　　八月五日（星二）十五日。晴。补校《公羊》《论语》《尚书》毕。

以上是第二阶段，是对初稿进行补校的阶段。这一阶段，从日记来看，就是将自己所藏，一一填补于已经搭建完成的框架之中。

　　八月十四日（星四）廿四日。上午阴，晓晴。石经拓片所缺尚多，竟日搜索，只补充小凷者若干。其字多者如《乡饮酒礼》篇题、《书序》等石仍未觅得。
　　八月十五日（星五）廿五日。晴。检孙伯恒《集拓汉石经二编》及吴宜常《自拓册》，得遗漏者不少。孙集第一编为余所辑，余独无之。他日皆当假校。
　　八月十六日（星六）廿六日。晴。终日校汉石经无所获。
　　八月十八日（星一）廿八日。晴。校汉石经，收获甚微。
　　八月廿一日（星四）初二日。晴。热。校石经颇有所获。
　　八月廿四日（星期）初五日。上午阴雨。下午晴。校石经收获甚微。
　　八月廿五日（星一）初六日。晴。……校石经无所得。

八月廿七日（星三）初八日。晴。校石经略有所得。

八月廿八日（星四）初九日。晴。……昨晚将未检出之石经残字画图列表，今就各经已检得之文复检一遍，竟发现可连缀者不下十石，方法较精密矣。

八月廿九日（星五）初十日。阴。……校石经新发现，颇感兴趣。

八月三十日（星六）十一日。晴。昙。下午雷而不雨。校石经无所得。

八月卅一日（星期）十二日。晴。校石经，毫无收获。

九月一日（星一）十三日。晴。校石经略变方法，取其类经者汇为一类，从头一一校之。今日先从《鲁诗》开始，略有所获。

九月二日（星二）十四日。晴。继续校《鲁诗》。

九月三日（星三）十五日。晴。整理《仪礼》《春秋》《论语》毕。

九月四日（星四）十六日。晴。校《易经》《尚书》《公羊》毕。无所获。

这是三校。其实质与二校一样，还是利用自己所藏来填补框架中的空白之处。不过，这次的方法与之前不同，就是"校石经略变方法，取其类经者汇为一类，从头一一校之。"但总的来说，这次复校的成效不是很大。

九月五日（星五）十七日。晴。重理一遍仍无收获。

九月六日（星六）十八日。晴。又检得许光宇藏石拓本，多罗氏未著录者，喜出望外。

九月七日（星期）十九日。晴。昨得许光宇拓片补阙不少，现所渴望者如《仪礼》《乡饮酒》《尚书序》等石，记得我皆有之，至今尚未发现，为闷闷耳。

九月八日（星一）二十日。白露节。阴。下午晴。校石经仅得二石，石各一字有半。今后缀合工作成绩无多，当从事于分经校其异同，以为备订旧文《从实验上窥见汉石经之一班》之资料。

九月九日（星二）廿一日。晴。校《鲁诗》，知罗叔言疏略处，亦仍不免如《邶风》遗字及"我今不说"，引书多误。

九月十日（星三）廿二日。阴雨。校石经毕《鲁诗·郑风》，订正罗氏亦有"扶苏"一石之误。

九月十一日（星四）廿三日。晴。校石经《鲁诗》至《节南山之什》。

九月十二日（星五）廿四日。晴。罗氏《集录》于《小雅·大田》一石，有一"晞"字，疑为"湛露匪阳不晞"之"晞"，今于此石之外又发现《湛露》后题一石，其前行适为《瞻洛》后题，可证罗氏假设之不误。惜罗氏未之见也。

九月十三日（星六）廿五日。晴。洗澡、修脚。校《鲁诗》毕。

九月十四日（星期）廿六日。晴……取《鲁诗》残石之不知何篇者，逐一复检，仍无所得。遂校《尚书》。

九月十五日（星一）廿七日。晴。校《尚书》毕。颇有收获。

九月十六日（星二）廿八日。晴。校《易经》未竟。

九月十七日（星三）廿九日。晴。校《易经》毕。继校《仪礼》。

九月十八日（星四）三十日。晴。校《仪礼》毕。

九月十九日（八月初一日星五）。阴。晚大雨有雷……校《春秋》未竟。知《公羊经》较《左》《榖》多字者，石经多不增字，往往与《左》《榖》同。

九月二十日（初二日星六）。阴雨。晚晴。校《春秋》未竟。

九月廿一日（星期）初三日。阴……校《春秋》粗毕。

九月廿二日（星一）初四日。阴。夜雨。重校《春秋》，并开始校《公羊传》。

  九月廿三日（星二）初五日。秋分节。阴雨……校《公羊》毕。
  九月廿四日（星三）初六日。阴……校《论语》。
  九月廿五日（星四）初七日。晴。校《论语》毕。
  九月廿六日（星五）初八日。晴。早晚甚凉。中午甚热。所谓枣核天气也。从未寻出之拓片中再加搜索，又检出八九石，此后恐更不易矣。

这是四校。这次复校的主要参考书，应该是罗振玉的《汉熹平石经残字集录》及《补遗》。马衡利用所藏许氏拓本，来考核罗振玉之前所做的研究，不仅纠正罗氏之失，也为他的精到见解所赞叹，乃至遗憾罗振玉没有机缘见过某些材料。可见，他对于罗氏的学术成就，应该是颇为倾心的。

  九月廿七日（星六）初九日。晴。将拓本复校一遍。《仪礼》《论语》毕。
  九月廿八日（星期）初十日。晴……复《公羊》《周易》《春秋》毕。于《春秋》《公羊》又有收获。
  九月廿九日（星一）十一日。晴……今日校《鲁诗》《邶风》毕。
  九月卅日（星二）十二日。晴……校《鲁诗》毕。
  十月一日（星三）十三日。晴……仍埋头校石经，《鲁诗》已毕。
  十月二日（十四日星四）。晴……校《鲁诗校语》。《七经》中，《校语》以《诗》为独多，知三家异同特多也。
  十月四日（星六）十六日。晴。又检得石经拓本二纸，一为《春秋》，一仍无着落。
  十月六日（星一）十八日。晴。以停止学习，终日致力之整理，又现疏漏之处，再加以订正。

  十月七日（星二）十九日。晴。整理石经毕（《易》《礼》《春秋》《公羊》《论语》）。

  十月八日（星三）二十日。寒露节。晴……整理《尚书》毕。

  十月九日（廿一日星四）二十日。阴。风骤凉。整理《鲁诗》毕。

这是五校。还是利用自己所藏，将其整理入书。

  十月十日（廿二日星五）。晴……无意中缀合《周易》一残石，不知《易经》之"窒"字，石经皆作"懫"，亦快事也。

  十月十二日（星期）廿四日。晴……整理石经，手续已较娴熟。再就未寻得出处者细阅一遍。

  十月十三日（星一）廿五日。晴……检阅石经拓本粗竟，亦略有收获。此后恐无甚希望矣。

  十一月六日（星四）十九日。阴。寒。始见冰。修改关于汉石经之旧稿。

  十一月十六日（星期）廿九日。晴。复校石经毕。

第六校，基本上是零星补充、校正材料。

  十二月廿一日（星期）初五日。晴。暖。纲伯来谈。下午有许稚簧名成琮者来，为许光宇之父。光宇藏汉魏石经拓本甚多，余曾向其借用《汉石经碑图》及《海岳楼汉魏石经集拓》。此次整理石经既毕，拟还其书而忘其门牌号数。曾托一赵姓者往询，知光宇赴青岛工作。稚簧来正为此事，并谓光宇所藏金石书已全部卖与科学院，此二书已列入，正拟取回，允其日内送去。

十二月廿八日（星期）十二日。晴。许稚簧以罗叔言所印钱梅溪藏汉石经宋拓本见示。字体既与汉石经不符，且有极端错误之处，显系钱所伪造，知罗亦为钱所绐矣。

一九五三年一月四日（星期）十九日。晴。李涵础、许稚簧来谈，二人皆文史馆馆员。稚簧并以所藏汉石经拓本见假，中有罗叔言《六经堪集拓》一册，余未之见也。十之八可补余之所缺，不胜欣慰。

一月五日（星一）廿日。小寒节。晴……罗振玉《六经堪汉石经残字集拓》中多余所未备之拓本，有罗认为不知何经者三石，其一乃《书·康诰》之文，与余所收一拓本衔接。可喜也。

一月八日（星四）廿三日。晴。许光宇藏石经拓本今日校毕。除罗氏《六经堪集拓》外无新发现。

三月廿二日（星期）初八日。晴。以冯登府《三家诗异文》疏证陈乔枞《诗经四家异文考》，再校汉石经《国风》毕。

三月廿九日（星期）十五日。晴。……校汉石经《鲁诗·大雅》毕。

四月十二日（星期）廿九日。晴。竟日校石经《鲁诗》毕。

五月十日（星期）廿七日。阴。校石经《仪礼》毕。以拟胡承珙、徐养原二家之优劣，二家皆校古今文之异同，胡之疏义实胜于徐之疏证也。

五月十七日（星期）初五日。晴……校石经《春秋》毕。

五月廿四日（星期）十二日。晴。风……校汉石经《公羊》《论语》二传毕。

六月廿一日（星期）十一日。晴。终日检汉石经，得《论语》"尧曰"一石。

第七校主要是根据罗振玉《六经堪》一书所收拓片复校。与此同时，马衡也基于自己的研究，阐发了一些重要的论点，如钱泳之石经都是伪作，如胡承珙之《仪礼》疏义胜过徐养原等。

一九五四年五月一日（星六）廿九日。晴。昙。开始重整汉石经，写定《隶释》所录之《鲁诗·魏》《唐》二国风残字。

五月九日（星期）初七日。晴。热。整理汉石经，又得《诗·邶风》一石。

十月六日（星三）初十日。阴。烤电后赴北京图书馆，晤曾毅公、赵万里。赵为我代借《汉石经碑图》，携之而归。下午依《隶释》录石经《尚书》残字碑图，亦不尽可依据也。

十月七日（星四）十一日。阴。入夜雨……下午依《隶释》录《公羊》残字。

十月十日（星期）十四日。晴。写《隶释》所录汉石经《论语》毕。段落颇不易分，复取《隶韵》所录字，别纸摘录之。

十月廿四日（星期）廿八日。霜降节。晴。傍晚徐行可来，以新买汉石经拓片嘱余阅，并谓当有可补我缺遗者，即以奉赠。在一百余张之中检得《易上经》"象"至"比"五卦一石，并碑阴校记"童""牛""之""告"等字。此石本为张溥泉所藏，今不知何在矣。罗叔言《集录》收其碑阳而遗其碑阴，当系洛阳拓本，未见原石也。

十月廿五日（廿九日星一）。晴……无意中检得郭玉堂昔日所寄汉石经拓本中有两面刻者，皆拓在一纸之上，并标明表里刻字。得此解决了不少问题，殊可乐也。

十月廿七日（星三）十月初一日。晴。午风旋止。烤电后往访张乾若，住弓弦胡同内牛排子胡同一号，为北京大学宿舍，盖即科学院历史研究所第三部也。承以《汉石经碑图》见赠。

十一月一日（星一）初六日。晴……并至隆福寺修绠堂，以《汉石经集拓序目》及若干石经拓片赠徐行可，答其《易经》拓本之惠也。不值，交铺转交。

十一月四日（星四）初九日。晴。烤电后访赵万里，约后日看馆中所藏汉石经拓本。

十一月五日（星五）初十日。晴……草《汉石经征序》初稿成，尚须修改。

十一月六日（星六）十一日。晴……至北京图书馆看石经拓片，使我大为失望。罗之《六经堪》、山东图书馆屈万里所编者，彼亦无有，浏览一过，不能补我之缺。因嘱曾毅公再为搜寻，想馆藏决不止此也。

十一月十四日（星期）十九日。上午昙。下午晴。许稚簧、李涵础来谈。《六经堪》拓片许谓有人愿出让，允为作缘，即托之。

十一月廿二日（星一）廿七日。晴，有微雨。《汉石经征七经提要》已成其五，尚有《公羊》《论语》二种，明日可毕。

十一月廿六日（星五）初二日。晴。竟一日之力审查《鲁诗》毕功，可先付抄矣。

第八校之后，基本上就是定稿了。这一时期，主要是利用了新材料如徐恕所藏拓本等来校订成稿，并就张国淦的《汉石经碑图》的成果进行了评估。现存又有马衡本年10月3日致赵万里函一通，云[33]："斐云先生大鉴：自今年三月至今，时病时愈。致久疏音问，歉罪歉罪。张国淦《汉石经碑图》近来遍觅不得，想贵馆必藏有此书，惟不审可出借否？如能借出应用何手续？希示知，或电五五〇八四（敝寓），惟上午须往医院电疗，多半不在家，以下午通电为宜，费神容谢。此致敬礼，马衡上言，十月三日。"所说正是马衡当年与北京图书馆探询张氏大作的情形。又值得注意的是，这里提到的《汉石经征七经提要》一书，现在似乎尚未面世，不知是否就是《汉石经集存》每经之后所附的说明文字？如果真如此，则实在是万幸！

一九五五年一月二日：（星期）初九日。晴。开始校阅《石经征》稿。

一月五日（星三）十二日：晴。校阅《鲁诗》毕，惟《校记》尚未着手。因《校记》中大石不少，其碑阳必多经文，惜收集拓本时多离而为二，不能详意其表里之原状。俟许光宇来问之，不知能有帮助否？

一月六日（星四）十三日：晴……《鲁诗·校记》校阅完成，可付抄誊矣。

一月七日（星五）十四日：阴。山东图书馆所藏汉石经残石向疑《鲁诗·节南山·正月》（"南、山、有、实"等字八行）一石为伪作，摒而不收。今复见《商书·般庚》"于、厥、居"等字八行亦有问题。若此二石皆为伪选，是张乾若《石经图》有以赝之也。

一月八日（星六）十五日：晴。风。校阅石经《尚书》毕。

十日（星一）十七日：昙……校阅《仪礼》，胡承珙、徐养原皆对古今文有所阐发，证以石经，似胡胜于徐。

一月十一日（星二）十八日：晴……校阅《仪礼》毕。

一月十二日（星三）十九日：晴……校阅《易经》毕。

一月十三日（星四）廿日：昙。校阅《春秋》毕。

一月十五日（星六）廿二日：晴。风寒……校阅《公羊》毕，并将已校过各经拓本编号。

一月十六日（星期）廿三日：晴。校阅《论语》毕。

一月十七日（星一）廿四日：晴。将未检出出处之汉石经拓片重加整理。剔其重复，尚有百余张，当就其可能探索者再寻检之。

九校之后，马衡的《熹平石经》研究就此告一段落。但正如一月十七日日记所言："将未检出出处之汉石经拓片重加整理。剔其重复，尚有百余张，当就其可能探索者再寻检之。"其实并不是最终定稿。且除上述《鲁诗·节南山·正月》《商书·盘庚》之外，马衡还注意到了另外一些伪刻，如：

本年一月廿日（星四）廿七日：晴。借到历史博物馆所藏伪石经拓本。略一翻阅，大抵皆表里具备者，其艺（母？）本即张乾若之《汉石碑图》。七经字体如出一手，字亦端正，但"壬"作"王"，"狂"作"狂"，不应误而误者。最可笑者如"仪礼"误作"聘礼"，"几三"《碑图》误作"凡三"，彼亦误作"凡"。今此残石出现为两行，首行为"如亨礼"三字，次行为"几三"二字，可证明张氏排比之未确，且知此伪不皆依据张氏。

一月廿一日（星五）廿八日：晴。检阅伪石经，其中笑话百出。如《禹贡》之"壶口"作"壹"，"公子纠"之"纠"从"斗"作"纣"，"饰"字从"布"作"帗"，处处露出破绽。又作伪者虽依据《碑图》，亦有行款不尽符合处。《论语》每篇之后应记章数，但有二篇独阙如，不知方公何以如此颠顸，甘受其欺也？

一月廿二日（星六）廿九日：晴。以《隶韵》《汉隶字原》《隶辨》三书互校。《汉隶字原》所收石经字较《隶韵》为少，而《隶辨》所收当然更少，但亦有溢出《隶韵》者。据序言，采自孙承泽所临摹本，则亦未书可据也。

前文所引邵友诚文，曾提及马衡《汉石经集存》中存在漏收问题，怀疑是不是因为是伪刻的缘故。今据日记，可知马衡当年确实曾经认真地做过甄别工作，剔除了他认为伪作的部分。不过，他似乎是认为这些伪刻并非出于方若雨之手，这个看法，或许别有所据，可惜，已经无法起九原而问之了。

  一月廿三日（星期）卅日：晴。和暖如春。携《汉石经》稿访张乾若。甫入门而翁泳霓亦至，谈一小时归。稿留请校阅，其所著《碑图》有不合，亦为订正。
  一月廿七日（星四）初四日。昙。……写《石经征序》。下午瑛儿来，晚饭后去。
  一月卅一日（星一）初九日。晴。草《汉石经概述》。
  二月一日（星二）初九日。晴。继续写《汉石经概述》。
  二月四日（星五）十二日。立春节。晴……上午继续写《汉石经概述》。
  二月五日（星六）十三日。阴。上午微雪。《汉石经概述》脱稿。病后文思枯窘，精神不集中，甚矣，吾衰也。

上述这十几天，应该算作是马衡撰作《汉石经集存》的第十个阶段。这个阶段，马衡的主要工作就是对于之前所有研究成果的总结。而这一总结，可能并非现在冠之于《汉石经集存》卷前的这篇《汉石经概述》，而是后来收在《凡将斋金石丛稿》中的那篇《汉石经集存原序》。在这篇《原序》中，马衡提出了他的工作方法为[34]："爰将九百年来先后所发现之汉石经遗字，分别各经，依其篇章之可知者，汇录成编，厘为若干卷。宋代原拓已不可得,旧传宋拓两种,佥认为会稽蓬莱阁或成都西楼之摹刻本者。今日以原石经文对勘,字体乖舛,不类当时所摹。无已,只有就洪适《隶释》《隶续》所录经文,以新出各经字体及刘球《隶韵》所收诸字,参酌写定。但行款为洪书所略,不能悉有依据。其新出各经,则以原拓本影印,依各经篇章,次第排比,制为图版,与说别行。其有未检出属于何经,及字数太少太残,无从检寻者,则附于图版之末,以俟博雅之指正焉。"另外值得留意的是,1月27日日记说是在撰写《汉石经征序》,但之后便都改作《汉石经概述》而不再提及《征序》。也就是说,所谓的《汉石经征序》,应该就是后来的《汉石经概述》。而现在《汉石经集存》这个书名,应该是陈梦家等人所起,马衡自己原来的命名,恐怕就是《汉石经征》。在此之后,马衡的汉石经研究工作遂尔终止,开始专注于《正始石经》的研讨了。

日记之中,还需要特别关注的是,其中记录了很多马衡撰写魏石经相关研究的材料。从其记述来看,如果最终结集,应该将是类似于《汉石经集存》的"魏石经集存"一类的著作。但可惜的是,这部遗稿现在下落如何?尚不清楚,希望会在不久的将来,重新面世[35]。

> 二月九日(星三)十七日。阴。上午访张乾若,《石经》稿尚未阅竟。彼建议应将每一拓片注明见《碑图》第几面,允之。下午略检魏石经资料,以备着手整理。
> 二月十日(星期)十八日。晴。寒。开始整理魏石经。下午胡兰生来谈。李哲元送信来,因将借自历史博物馆之方著伪汉石经拓片一木夹托其带去送还。

这是马衡开始整理魏石经之开始。又所说的张国淦建议,已经在《汉石经集存》中得到了吸收。

二月十二日（星六）廿日。晴……整理魏石经《尚书》，完成一部分。

二月十三日（星一）廿一日。晴。整理品字式魏石经完成。

二月十五日（星二）廿三日。晴。整理魏石经《春秋》完成一部分，未检出之碑块尚有不少。寻检颇费时间，拟尽数日之力完成之。

二月十七日（星四）廿五日。阴。此次整理魏石经可补大碑者又得三块，不知尚能有所增益否？

二月十八日（星五）廿六日。阴。今日检寻成绩尚佳，约在五石以上。

二月廿日（星期）廿八日。晴。风。检寻魏石经略有收获。

二月廿一日（星一）廿九日。晴。稍回和暖。魏石本不多，近来整理略有端倪。作有古体及古篆二体书，大抵皆非正式经文，且其行款亦不必为六十字。此类刻字古篆二体居多，但亦有三体完具者。余谓正式经文皆由专家书丹，三体未必皆是出自一手。此款字迹则为刻工所试刻，多在碑之隐僻处，如碑侧及陷入碑趺之下截也。今出土下截之石一面刻第廿一，一面刻第八字，皆在陷入碑趺界线之下，并有不成文之隶书杂字。碑既树立，则此类杂字不复见矣。诠释所录《左传》残字，疑亦此类。至品字石寞夏书应作何解释，则不敢臆断矣。

二月廿二日（星二）二月初一日。晴。魏石经发现有复出之字，《尚书》为《君奭》篇，《春秋》为僖公廿六、七年，此二经适为表里著。依已知碑数排比之，《尚书》为第廿二碑，《春秋》为第七碑。此事颇伤脑筋。

二月廿三日（星三）初二日。晴……下午致书郭玉堂于开封文史馆，以三体石经《春秋》整本是否为彼所存？

二月廿四日（星四）初三日。晴。魏石经复出文字《尚书·君奭》"公曰"

下似无"君奭"二字,故"曰"字与"文"字、"来"字古篆隶三体皆作"徐",《春秋》僖公则"夔"字二石笔划小异。

二月廿五日(星五)初四日。晴……《隶续》录魏石经之《左传》遗字,臧氏琳著《经义杂记》从其中分《尚书》残字,孙氏星衍《魏三体石经残字考》复以其中《春秋》残字分絜诸公,王氏国维又分为《尚书·大诰》《吕刑》《文侯之命》六段,《春秋》"宣公""襄公"经七段,《春秋左氏》"桓公传"两段,并计其字数,定为"五石绘图"以证明之。今日取《隶续》细校,尚未尽合。

二月廿六日(星六)初五日。晴。以魏石经大碑第八排比经文,则其前七碑未必皆卅二行。盖自隐公元年至僖公廿八年"不卒"字止,计有二百五十四行,必有连隐至僖篇题五行在内,二碑为卅七行,五碑为卅六行者;《隶续》所录之"御廪灾"(桓十四年),当为第三碑之首行。其表面为《尚书·文侯之命》也。

三月一日(星二)初八日。晴……《隶续》所录《左传》遗字,继王静安之后将其碑次求出。

三月三日(星四)初十日。阴。魏石大致整理就绪,明日拟先草《概述》。

三月五日(星六)十二日。阴。《尚书·君奭》碑下刻第廿一、《春秋》"僖公"下刻第八之残石,初以为可解决魏石经碑数问题,而案之实际,犹多疑窦,俟更考之。

到了这个时期,魏石经整理的工作已经大致就绪。可见,此书应该至少有初稿存在。

> 三月六日（星期）十三日。惊蛰节。沉阴仍飘雪。晨十时十五分正
> 与履儿谈话，忽觉头部右边发麻，旋及于右肢，神经跳动。亟扶至榻上，
> 平卧移时，恢复正常。侯芸圻上午来，因告以晨间现象，彼劝我暂使脑
> 力休息数日，视其成效如何。其言亦有至理，因将整理石经工作暂时搁置。
> 三月八日（星二）十五日。晴。风。自今日始又草《魏石经概述》。

虽然六日时说是要暂时搁置工作，但两天之后，马衡便又不顾身体状况，开始了新的撰作。结合《汉石经集存》的成书过程来看，这个时候，马衡从事魏石经的整理已经有一个月之久了，而《汉石经集存》在一月之际已经到了三校时期。再以《汉石经集存》的成书而论，其中的《汉石经概述》是在全书完成，决定结束这一研究之后才开始撰写的。那么，以此情况来衡量马衡的魏石经研究，既然已经开始了概述的撰写，其书的主体部分，想必已经完成了。也就是说，如果此稿现在尚存，应该也能像陈梦家等人当年整理《汉石经集存》一样，将其整理面世，一则以推进《正始石经》的研究，再则可以使得马衡先生的学术得以进一步的彰显。

《魏石经概述》一文，马衡大概在八日一天之内就已经完成了。所以，之后数日的日记中，再未见与石经有关的文字。而与此同时，马衡的身体状况则日趋衰弱。到了二十四日：

> 三月廿四日（星四）三月初一日。晴。昨夜流泪较少，似有进步，
> 但家人等劝我暂时停服。余谓先与约定，由莉珍等与之谈话，请其注意
> 精神萎顿及流涎之事。夏组长约其明日十一时半……

马衡日记就此戛然而止。据其文孙思猛先生记述："廿五日下午，马

衡先生觉身体极度不适，但仍坚持在其孙之搀扶下小解净身后自行走出家门，乘车急往北大医院急诊就医。经急救无效，于廿六日凌晨逝世，享年七十四岁。其于病中坚持完成之遗著《汉石经集存》与《汉石经集存原序》《魏石经概述》，由次子马彦祥先生分别交付中科院考古研究所、科学出版社，由陈梦家先生与中华书局傅振伦先生整理编辑出版。"

上溯自1917年，年仅三十六岁的马衡开始致力于石经的研究，发表了他的第一篇学术作品：《论汉碑的书体》。近四十年之后，直到逝前的数天，马衡所投身者，仍旧是石经的研究。马衡的学术研究始于石经，终于石经，或许，这一研究，正是马衡冥冥之中的宿命。

附录：《集拓新出汉魏石经残字》所载马衡旧藏石经残石目

汉石经共计十六石八十二字：
《鲁诗》四石十九字：

【释文】
赫 夫 弭 阳
南 谓
仲

图 5-4　《鲁诗》四石（之一）："阳|弭|夫谓|赫南仲"七字，《小雅·采薇》《出车》。

【释文】
瘁
以 具

图 5-5　《鲁诗》四石（之二）："具|瘁以"三字，《小雅·四月》。

【释文】
　四
一
　　一

图 5-6　《鲁诗》四石（之三）："一|四|一"三字，不知何篇。

【释文】
韩 莤 为
言 · 三
□ 曾

图 5-7　《鲁诗》四石（之四）："为三|莤·曾|韩言"六字，校记。

《春秋》六石四十五字：

【释文】
桓
公
命
王
溺
会

【释文】
梁 子
丘 来

图 5-8 《春秋》六石（之一）："桓公命王｜溺会"六字，庄公元年、三年。

图 5-9 《春秋》六石（之二）："梁丘｜子来"四字，庄公三十二年、闵公元年。

【释文】
廿有二卒人
月秋伐卫
曹侯
郑十日
有有
四食

图 5-10 《春秋》六石（之三）："日有食｜十有四｜卫侯郑｜人伐曹｜卒秋｜二月｜有｜廿"十八字，僖公十二年至二十年。

图 5-11 《春秋》六石（之四）："晋秋｜于大辰楚｜杀其君｜廿有一年"十三字，昭公十六年至二十一年，此与僖公十二年"日有食"一石为表里。

图 5-12 《春秋》六石（之五）："败吴｜城"三字，哀公四年、五年

图 5-13 《春秋》六石（之六）："蔡"一字，不知何篇。

《论语》两石七字：

图 5-14 《论语》两石（之一）："•子|•子|志不"四字，《里仁》。

图 5-15 《论语》两石（之二）："死子曰"三字，《先进》。

《后记》一石四字：

图 5-16 《后记》一石："囗|闇于|论"四字。

不知何经三石七字：

图 5-17 不知何经三石（之一）："大|叔|隹"三字。

图 5-18 不知何经三石（之二）："郎"一字。

图 5-19 不知何经三石（之三）："子□｜之"，三字，此与上一石为表里。

魏石经共计七十三石二百八十六字
《尚书》三十五石一百二十七字：

【释文】
五 夜

图5-20 《尚书》三十五石（之一）："夜_隶｜五_篆"二字，《咎繇谟》。

【释文】
庶 明

图5-21 《尚书》三十五石（之二）："明_隶｜庶_篆"二字，同上。

【释文】
百

图5-22 《尚书》三十五石（之三）："百_篆"一字，同上。

【释文】
工 日
惟

图5-23 《尚书》三十五石（之四）："日_隶工_篆惟_古"三字，同上。

图 5-24 《尚书》三十五石（之五）："于篆隶五三体辰三体庶古隶|五篆典三体五古篆|五篆"，十七字，同上。

图 5-25 《尚书》三十五石（之六）："木古隶泉古隶|万篆"，五字，同上。

图 5-26 《尚书》三十五石（之七）："日隶|鲜篆"二字，同上。

图 5-27 《尚书》三十五石（之八）："亡|惟井古"二字，同上。

图 5-28 《尚书》三十五石（之九）："繇篆曰古隶"三字，同上。

图 5-29 《尚书》三十五石（之十）："應隶｜欲古"二字，同上。

图 5-30 《尚书》三十五石（之十一）："米古"一字，同上。

图 5-31 《尚书》三十五石（之十二）："曰篆"一字。

图 5-32 《尚书》三十五石（之十三）："曰_隶"一字。

图 5-33 《尚书》三十五石（之十四）："□古"一字，此残字上从日，似"昌"字之上半。（以上为品字式者）

图 5-34 《尚书》三十五石（之十五）："雒｜惟_{并古}"二字，《高宗肜日》。

图 5-35 《尚书》三十五石（之十六）："金｜王_{并古}"二字，《金縢》。

图 5-36 《尚书》三十五石（之十七）："逸_隶先_古"二字，《无逸》。

图 5-37 《尚书》三十五石（之十八）："飨_隶国_古｜作_隶其_古"四字，同上。

图 5-38 《尚书》三十五石（之十九）："逸｜厥_{并篆隶}"，四字，同上。

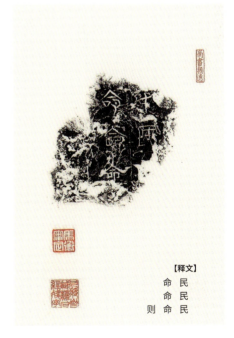

图 5-39 《尚书》三十五石（之二十）："民_{古篆}｜命_{三体}｜则_隶"六字，同上。

【释文】
惟 □ 虖 正
时 民 虖 正

【释文】
譽 人 烏 □
或 譽 人 烏 小

图 5-40 《尚书》三十五石（之二十一）："正_{篆隶}|虖_{篆隶}|民_{篆隶}惟|时_{並古}"六字，同上。

图 5-41 《尚书》三十五石（之二十二）："小_隶|乌_隶|人|譽_{井篆隶}|或_隶"八字，同上。

【释文】
惟
家 惟

【释文】
殷 若
嗣

图 5-42 《尚书》三十五石（之二十三）："惟_{篆隶}|家_隶"三字，《君奭》。

图 5-43 《尚书》三十五石（之二十四）："若_隶|殷_隶嗣_古"三字，同上。

图 5-44 《尚书》三十五石（之二十五）："裕_{古篆}|民_古"三字，同上。

图 5-45（左侧） 《尚书》三十五石（之二十六）："民|祇井_{古篆}"四字，同上。

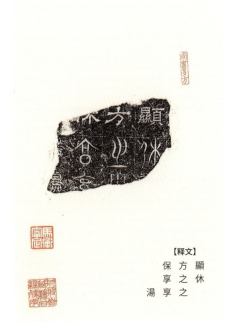

图 5-45（右侧） 《尚书》三十五石（之二十七）："王_{篆隶}至_{古篆}|殷_{篆隶}侯_古|命_隶"八字，《多方》，此与《君奭》"民、祇"四字为一石。

图 5-46 《尚书》三十五石（之二十八）："显_隶休_古|方_隶之_{古篆}|保_隶享_{古篆}|汤_篆"九字，同上。

【释文】
王 文 庶
王

【释文】
罔 王
罔 王

图 5-47　《尚书》三十五石（之二十九）："庶 | 文并篆 | 王篆隶"四字，《立政》。

图 5-48　《尚书》三十五石（之三十）："王 | 罔并篆"四字，同上。

【释文】
　□　□
审　虘　伯
不　审　虘

【释文】
殷

图 5-49　《尚书》三十五石（之三十一）："伯篆 | 虘审并篆隶 | 不隶"六字，《顾命》。

图 5-50　《尚书》三十五石（之三十二）："殷篆"一字，不知篇名。

图 5-51 《尚书》三十五石（之三十三）："乌｜至并篆"二字，同上。

图 5-52 《尚书》三十五石（之三十四）："亦篆"一字，同上。

图 5-53 《尚书》三十五石（之三十五）："命秉亦篆"二字，同上。

《春秋》十九石一百三十三字：

【释文】
　　及
于　齐
郎　□
郎

图 5-54　《春秋》十九石（之一）："及_隶齐_古│于_隶郎_古_篆"五字，庄三十年、三十一年。

【释文】
　　次
城　次
郑　邢　于

图 5-55　《春秋》十九石（之二）："次_篆于_古│城_隶邢_古│郑_古"六字，僖元年。

【释文】
侯　晋　子
侯　晋

图 5-56　《春秋》十九石（之四）："子_篆│晋_篆│侯_篆_隶"五字，僖二十八年。

【释文】
復　公

图 5-57　《春秋》十九石（之五）："公│复_井_篆"二字，僖二十八年。

图 5-58 《春秋》十九石（之三）："蕽篆｜公三体｜河隶阳三体王古篆｜元篆隶咺三体自古篆｜遂篆隶会三体诸古篆｜许篆隶夏三体六古篆｜于篆隶狄三体泉古｜侵篆隶齐三体秋古｜晋篆隶人三体秦古篆｜子隶遂三体｜遂隶如隶"五十七字。

【释文】

蕽

□公公公□

河阳阳王王

元元咺咺咺自自

遂遂會會會諸諸

許許夏夏夏六六

于于狄狄狄泉

侵侵齊齊齊秋

晉晉人人人秦秦

子遂遂遂

遂□□如

图 5-59 《春秋》十九石（之六）："介古篆｜如古篆"四字，僖三十年。

图 5-60 《春秋》十九石（之七）："人隶侵古｜晋隶"三字，僖三十年。

图 5-61 《春秋》十九石（之八）："如古篆｜晋古篆"四字，僖三十年、三十一年。

图 5-62 《春秋》十九石（之九）："冬三体｜月三体｜及三体｜取隶娄｜如隶齐古篆｜草篆隶"十八字，僖三十二年、三十三年，此与《尚书·无逸》"小、乌"等字一石为表里。

图 5-63　《春秋》十九石（之十）："取│如并篆"二字，僖三十三年。

图 5-64　《春秋》十九石（之十一）："箕篆隶│小篆隶"四字，僖三十三年。

图 5-65　《春秋》十九石（之十二）："十隶月古│陨隶霜古"四字，僖三十三年。

图 5-66　《春秋》十九石（之十三）："十篆隶│年篆隶春古"五字，文元年、二年。

图 5-67 《春秋》十九石（之十四）："不隶雨古｜晋篆隶人古｜春隶"六字，文二年、三年。

图 5-68 《春秋》十九石（之十五）："使｜孙井篆"二字，成十年。

图 5-69 《春秋》十九石（之十六）："齐篆隶"二字，不知篇名。

图 5-70 《春秋》十九石（之十七）："灭隶"一字，不知篇名。

图 5-71 《春秋》十九石（之十八）："年_{篆隶}"二字，不知篇名。

图 5-72 《春秋》十九石（之十九）："徐_隶"一字，不知篇名。

不知何经十七石二十三字：

图 5-73　不知何经十七石（之一）："于隶"一字。

图 5-74　不知何经十七石（之二）："来篆隶｜乙篆"三字。

图 5-75　不知何经十七石（之三）："至古篆"二字。

图 5-76　不知何经十七石（之四）："有古篆"二字。

图 5-77　不知何经十七石（之五）："长篆"一字。

图 5-78　不知何经十七石（之六）："戎古"一字。

图 5-79　不知何经十七石（之七）："于古"一字。

图 5-80　不知何经十七石（之八）："若古"一字。

【释文】
業

【释文】
有

图 5-81　不知何经十七石（之九）："业古"一字。　　图 5-82　不知何经十七石（之十）："有篆"一字。

【释文】
天

【释文】
圆

图 5-83　不知何经十七石（之十一）："天篆"一字。　　图 5-84　不知何经十七石（之十二）："圆篆"一字。

图 5-85 不知何经十七石（之十三）："曰、唯
彤"|"曰並古"三字。

古文一体者一石二字：

图 5-86 "子䀭"二字。

篆文一体者一石一字：

图 5-87 "发"一字。

注释:

[1] 见于《凡将斋金石丛稿》卷前,中华书局,1977年版1996年第2次印本。

[2] 见于《兰州学刊》2014年第10期:第40-48页。

[3] 参其《马衡与汉石经研究》一文相关部分。

[4] 马衡先生文孙思猛先生辑录王马往来信件,加以笺注,其功甚伟。承思猛先生见赐未刊文本,特此致谢。

[5] 见其《马衡与汉石经研究》一文。

[6] 见于故宫博物院编《马衡诗抄·佚文卷》,紫禁城出版社,2005:第162页。

[7] 见于《马衡诗抄·佚文卷》:第157页。

[8] 原刊于北京大学《国学季刊》,1923年第一卷第三期,又见于《凡将斋金石丛稿》:第247-249页。

[9] 杨天石主编《钱玄同日记》,北京大学出版社,2014:第542页。

[10] 见于《钱玄同日记》:第746页。

[11] 见于《钱玄同日记》:第754页。

[12] 见于《钱玄同文集》第四卷,中国人民大学出版社,1999:第280页。

[13] 见于《文物》,1988年第1期:第58-64页。

[14] 《文物鉴藏家文素松与〈熹平石经·周易〉残石》,见于《南方文物》,2013年第4期:第176-179页。

[15] 按:马衡《汉熹平石经周易残字跋》:"孙伯恒以景印汉《熹平石经》残石墨本见贻,云洛阳新出土而转徙至于上海者。石两面刻,一面为《周易·家人》迄《归妹》十八卦,存二百八十六字;一面为《文言》《说卦》,存二百有五字。通计存字四百九十有一。此诚旷代之瑰宝矣。"(见于《凡将斋金石丛稿》卷六《石经》:第231页)可见当时两人所赏析者,其实并非拓片,而是孙壮所赠的影印件。

[16] 20世纪40年代初,洛阳又出《易》上经《蒙卦》至《比卦》及《易校记》,共五十六字。其校记二十余字,两见"施孟京氏"字样,可以证明汉石经《易》实际用的是梁丘氏本。

马衡于是撰《汉石经易用梁丘氏本证》一文,来纠正自己以前的失误。详参虞万里先生文。

〔17〕　见于《钱玄同日记》:第785页。

〔18〕　见于《凡将斋金石丛稿》卷六《石经》:第199-210页。

〔19〕　见其《马衡与汉石经研究》一文。

〔20〕　台湾"中研院"傅斯年图书馆藏原稿。

〔21〕　见于《钱玄同日记》:第795页。

〔22〕　见于《钱玄同日记》:第1239页。

〔23〕　罗福颐《汉熹平石经概说》,见于《文博》,1987年第5期:第5-10页,第31页。

〔24〕　邵友诚《马衡先生遗著:"汉石经集存"》,见于《考古通讯》,1958年第4期:第77-78页。

〔25〕　每辑分装四册,分别由马衡与孙壮辑录。

〔26〕　均见《马衡与汉石经研究》一文。

〔27〕　见于《考古通讯》,1958年第4期:第77-78页。

〔28〕　见《马衡与汉石经研究》一文。

〔29〕　见《马衡先生遗著:"汉石经集存"》。

〔30〕　紫禁城出版社,2006年。

〔31〕　自马思猛先生惠寄的马衡日记,以下未出注者,均同。

〔32〕　转引自陈梦家《汉石经集存编辑后记》:第58页。

〔33〕　此函也承马思猛先生见示。

〔34〕　《汉石经集存原序》,见于《凡将斋金石丛稿》卷六《石经》:第225-226页。

〔35〕　经多次与马思猛先生探讨马衡先生身后文献的去处和走向之后,我们都认为此稿很可能还存于某文博单位。故已请马先生与此单位联络沟通,或许不久之后,此稿即可重新面世。

第六章　罗振玉所藏汉石经残字简介

《六经堪藏汉石经残字》，一册。所收都是罗振玉所藏汉《熹平石经》残石拓片。每叶一拓，均以原拓粘贴于纸上。每纸下钤"六经堪"白文半通印。罗振玉所藏汉石经残字，大都可见于其先后所辑拓的《六经堪藏汉石经残字》和《七经堪藏汉石经残字》两书之中。首纸《书序》一石拓片又加钤"松翁鉴藏"白文方印。全书无题名，首册卷前存铅字所印"六经堪藏汉石经残字目"一纸，粘于纸上，著录本书所载内容为："《书序》一石，《鲁诗·邶风》五石，《鲁诗·秦风》一石，《鲁诗·小雅》六石，《鲁诗·大雅》三石，《鲁诗校记》三石，《仪礼·乡饮酒礼》二石，又《士虞礼》一石，《春秋》成公一石、襄公一石，《公羊传》宣公二石，《论语·先进》二石，不知何经三石，共三十一石并半字，计之总约五百言。"

《七经堪续得汉石经残字》，一函二册。所收都是罗振玉所藏汉《熹平石经》残石拓片。每叶一拓，均以原拓粘贴于纸上。全书无题名，首册卷前存铅字所印"七经堪续得汉石经残字目"一纸，粘于纸上，著录本书所载内容为："《易》三石，《书》三石，《鲁诗》卅一石《校记》八石，《礼经》五石《校记》一石，《春秋经》六石，《春秋公羊传》十一石，《论语》六石《校记》二石，《后记》四石，不知何经十五石，总九十五石。"

赵立伟在《论罗振玉对汉石经的整理与研究》一文中，曾经总结过雪堂在石经研究方面的成绩："罗氏一生恒以传布文物古籍资料而供之天下后世为己任，因此在石经发现后的十几年里，他一边搜求石经拓本，一边考证著录并陆续印行，十几年间成书凡16种，现择其要者依时间顺序罗列如次：1929年，撰《汉石经残字集录》1卷，并陆续作《补遗》《续编》《三编》《四编》，次年合成《汉熹平石经残字集录》2卷；1931年，《汉熹平石经残字集录补遗》1卷；1932年，《汉熹平石经残字续补》1卷；1934年，《汉熹平石经残字续拾》1卷；1938年，增订《汉熹平石经残字集录》，计 7 经总得 5593 言,校记 180 言,合以序记,凡 6163 言。"[1] 除此之外,赵立伟还特别指出雪堂曾制作过两种自己所藏《熹平石经》残石的拓本集:"1、《六经堪藏汉熹平石经残字》,凡 95 石[2],封面罗氏自题'汉熹平石经残字',并有六经堪、松翁监藏等印记。2、《七经堪续得汉熹平石经残字》,封面罗氏自题'癸酉续得汉熹平七经残石',总 95 石,为罗振玉癸酉(1933)年续得九十五残石熹平石经拓集而成。由于两种拓本当时即印数很少,加之印行之时正逢战乱,现已十分罕见,据笔者所知,现在仅中国国家图书馆和台湾傅斯年先生陈列馆藏有两种拓本。幸马衡先生《汉石经集存》已将两拓收入其中,使我们可以依稀看到罗氏汉石经拓本之原貌。"[3] 这大概是现在对于雪堂藏石拓片仅有的介绍,可见作者眼见之广。不过,赵立伟只有国家图书馆和傅斯年图书馆才藏有这两种拓本的说法,显然并不可靠。但这两种拓本非常罕见,确是事实。

罗振玉在《辽居乙稿》中,收有《六经堪记》一文,其中述及"六经堪"之得名:"自辛酉《熹平石经》残字出于洛阳,至岁己巳,予始得《鲁诗》二十余言。既逾岁,中州友人为予绍介,复得二十余石。于《书》有《序》,于《诗》有《国风》、大小《雅》及《校记》,于《礼》有《乡饮酒》《士虞礼》,于《春秋经》有襄公,于《公羊传》有成、襄两公,于《论语》有《先进篇》,计其文字约四百言,当历年所得残字都数之什一,于七经则已得其六。予山居之楼壁上适有小堪,足以容诸石,爰颜之曰'六经堪'。"[4] 由此可知,他后来之所以改名为"七经堪",显然也是出于同样的理由,即所藏《熹平石经》残石七经具备。据上文可知,罗振玉之"六经堪"得名于 1931 年;而根据赵文所录国家图书馆藏《七经堪续得汉熹平石经残字》上罗振玉题字,知"七经堪"之得名在 1933 年。

庚午年闰月,罗振玉在他的《增订汉熹平石经残字集录》序中,曾介绍其研究《熹平石经》的大概过程为："予以己巳孟秋迄于季冬，每有所见，辄为写定，为编者四。今年春，重加厘定，合为一编。经字可合并者并之，写定有舛误者正之。"又说："兹所集录，前数年所出据往岁北京集拓，近年所出据武进陶氏及赵君万里所致洛估拓本（约三百石，分售于北京诸家）。洛拓至劣，求藏石家精拓本不可得。近稍稍见之，然才及半。间据以增订一二字。比者，中州友人又为致新出《鲁诗》《仪礼》《春秋经》《公羊传》《论语》残字百数十，并增入之。其成书之难盖如此。"〔5〕戊寅中秋他又补撰序言说："戊辰岁，予乃得见诸家集拓本。于时辽居多暇，每得墨本，辄为之考定。自己巳七月至庚午六月，一匝岁间，遂成《集录》四编。是年闰月，复会最为一编，计得经、校、序记三千七百八十五言。明年又为之补遗。逾二年甲戌冬，为《又续》及《续拾》，复增字千余乃成书。以后所见，复增以俗冗，未暇写定。今年山居养疴，药裹余间，始取诸编，益以新得，重加编订，成书二卷，计七经之文总得五千五百九十三言，诸经校记一百八十言，合以序记残石，总得六千一百六十三言。以前考订，间有疏误，亦为之订正。"〔6〕大概可以与赵立伟文章中所说对应。罗振玉在庚午闰月所撰《汉熹平石经残字集录序》中，又曾述石经刊刻时候的体例说："《鲁诗》则二《南》《国风》、大小《雅》、三《颂》篇题各占一行。每章末侧注章次，曰'其一''其二'，两字当一格。即篇题仅一章者，亦侧注'其一'字。每篇末章句下空一格加点，其每什后题亦空一格，接书于章句之下。"这一关于石经体例的说明，显然都是得自于雪堂对石经及各种石经拓本的研读，而他总结出来的这些条例，也成为辨别石经残石和拓本的关键。

再据雪堂四子罗福颐癸未年所撰《增订汉熹平石经残字集录》跋文说："是稿乃先公晚年手订，备将来附石经墨本并景印者。"又说："此稿晚出，不及付梓，憾孰甚焉！今颐等衷藏手泽，继志之事，心向往之。惟是方今郊垒未平，加以我国景印工业不逮东瀛远甚，欲精印如《三代吉金文存》者，竟不可能。然流布之事，曷敢或缓。用是颐乃姑舍墨本，先取《集录》付梓。"〔7〕这里所说的墨本，应该就是包括《六经堪》《七经堪》在内的各种拓本。可惜的是，出于种种缘故，这些墨本最后并未随同罗振玉的《增订汉熹平石经残字集录》一书问世，故罗氏所藏残石究竟有哪些，历来都不甚明了。今即以《七经堪续得汉石经残字目》所收《鲁诗》残字为例，结合雪堂之相关著作及张国淦之《汉石经碑图》、马衡之《汉石经集存》，略加疏解，以为一脔之尝。据此，则不仅雪堂所藏之大概可知，且能从中了解罗氏对于石经的研究所达到的高度和深度，对于我们准确地理解和认识罗振玉的学术，显然也大有裨益。

图 6-1　六经堪所藏汉石经残字

一、《六经堪续得汉石经残字目》所收《鲁诗》残字：

1."四|酒以|靖言思|惟其忘"。存五行九字。"四",见"《召南·鹊巢》十四篇",[8]出《召南·鹊巢》篇末。下空一行,罗振玉以为:"此间空一行,乃《邶风》篇题。"[9]"酒以"见"微我无酒,以敖以游";"靖言思"见"靖言思之,寤辟有摽","靖",《毛诗》作"静";均出《邶风·柏舟》。"惟其忘"见"心之忧矣,曷惟其忘","惟其忘",《毛诗》作"维其亡",出《邶风·绿衣》。马衡以为此石可与另外一块残石拼合。[10] 在张国淦《汉石经碑图》(以下简称"《碑图》")第二十四至三十行。(图 6-1)

图 6-2　六经堪所藏汉石经残字

2. "济盈 | 同"。存两行三字。"济盈"见"济盈不濡轨，雉鸣求其牡"，出《邶风·匏有苦叶》。"同"见"黾勉同心，不宜有怒"，出《邶风·谷风》。罗振玉以为此石可与包括下一块残石在内的另外十二块残石拼合，[11] 马衡以为此石可与另外十三块残石拼合。[12] 在《碑图》第一面第三十八至三十九行。（图 6-2）

图 6-3　六经堪所藏汉石经残字

3."鸣雁昫日│违及尔同死其一"。存两行十一字。"鸣雁昫日"见"雍雍鸣雁，昫日始旦"，"昫"，《毛诗》作"旭"，出《邶风·匏有苦叶》。"违及尔同死其一"见"德音莫违，及尔同死。其一"，出《邶风·谷风》。罗振玉以为："《毛诗》'旭日始旦'，'旭'此作'昫'。《文选》陆士衡《演连珠》注，薛君《韩诗章句》'昫，暖也。'是韩、毛不但字异，义亦不同。《说文》'昫，日出暖也。'《玉篇》'昫，暖也，同煦。'《鲁诗》盖皆毛、韩两义矣。"[13]此石可与包括上一块残石在内的另外十二块残石拼合。在《碑图》第一面第三十八至三十九行。（图6-3）

图 6-4　六经堪所藏汉石经残字

4. "其二爱 | 母氏劬 | 我"。存三行七字。"其二爱"见"不我以归，忧心有忡。其二。爱居爱处"，出《邶风·击鼓》。"母氏劬"见"棘心夭夭，母氏劬劳"，出《邶风·凯风》。"我"见"我之怀矣，自诒伊阻"，出《邶风·雄雉》。此石可与包括下一石在内的其他七块残石拼合。[14]在《碑图》第一面三十四至三十六行。（图6-4）

图 6-5　六经堪所藏汉石经残字

5."泄其|有苦叶|四章章|以渭浊|雠既诈我|胡不归微"。存六行十九字。"泄其"见"雄雉于飞，泄泄其羽"，出《邶风·雄雉》。"有苦叶"见"匏有苦叶，济有深涉"；"四章章"见"《匏有苦叶》四章章四句"；均出《邶风·匏有苦叶》。"以渭浊"见"泾以渭浊，湜湜其沚"；"雠既诈我"见"不我能慉，反以我为雠。既诈我德，贾用不售"，"诈"，《毛诗》作"阻"；均出《邶风·谷风》。"胡不归微"见"式微，式微，胡不归？微君之躬，胡为乎泥中"，出《邶风·式微》。罗振玉以为："'浊'下一字存'水'旁，似非'湜'字。'既诈我'，《毛诗》'诈'作'阻'。《御览》八百三十八引《韩诗》亦作'诈'，是鲁与韩同矣。"〔15〕此石可与包括上一石在内的其他七块残石拼合。在《碑图》第一面第三十七至四十二行。（图6-5）

图 6-6 六经堪所藏汉石经残字

6."君施哉|我良人|仲行惟|隰"。存四行十字。"君施哉"见"颜如渥丹，其君施哉"，"施"，《毛诗》作"也"，出《秦风·终南》。"我良人"见"彼苍者天，歼我良人"；"仲行惟"见"谁从穆公，子车仲行。惟此仲行，百夫之防"，"惟"，《毛诗》作"维"；均出《秦风·黄鸟》。"隰"见"山有苞栎，隰有六驳"，出《秦风·晨风》。罗振玉以为："《毛诗·黄鸟》'子车奄息'为首章，'子车仲行'为次章，'子车鍼虎'为三章。《鲁诗》则'鍼虎'为次章，'仲行'为三章。此又鲁、毛章次之异矣。"[16]在《碑图》第五面第一至四行。（图 6-6）

图 6-7　六经堪所藏汉石经残字

7. "其车三千 | 叔征伐狁 | 彼四牡四牡驿 | 无声允也 | 其麐孔 | 人于焉"。存六行二十三字。"其车三千"见"方叔莅止，其车三千"；"叔征伐狁"见"显允方叔，征伐狁允"，"狁"，《毛诗》作"玁"；均出《小雅·采芑》。"彼四牡四牡驿"见"驾彼四牡，四牡驿驿"，"驿"，《毛诗》作"奕"；"无声允也"见"之子于征，有闻无声。允也君子，展也大成"，"也"，《毛诗》作"矣"；均出《小雅·车攻》。"其麐孔"见"瞻彼中原，其麐孔有"，"麐"，《毛诗》作"祁"，出《小雅·吉日》。"人于焉"见"所谓伊人，于焉逍遥"，出《小雅·白驹》。罗振玉以为："案，今《毛诗·吉日》为《南有嘉鱼之什》末篇，《白驹》为《鸿雁之什》第六篇。据此存字，则《鲁诗·吉日》之下直接《白驹》，此又鲁、毛篇次之异矣。"又云："《毛诗》'玁狁'，《鲁诗》'玁'作'狁'，拓本'狁'下尚有残画，非'犬'旁，殆径作'允'。《盐铁论·繇役篇》引《诗》'狁允孔炽'，正作'狁允'。"[17] 在《碑图》第七面第一至六行。（图 6-7）

图 6-8　六经堪所藏汉石经残字

　　8."忡|之讹|我克|伯"。存四行六字。"忡"见"忧心忡忡,念我无禄","忡",《毛诗》作"惇";"之讹"见"谓山盖卑,为冈为陵。民之讹言,宁莫之惩。";"我克"见"天之杌我,如不我克";"伯"见"载输尔载,将伯助予";均出《小雅·正月》。此石可与另外一块残石拼合。在《碑图》第七面第二十八至三十一行。(图 6-8)

图 6-9　六经堪所藏汉石经残字

9. "亦 | 民是程 | 知其一莫 | 壹醉日富 | 哀我痻寡 | 何心之 | 焉"。存七行二十字。"亦"见"潝潝訿訿，亦孔之哀"；"民是程"见"哀哉为犹，匪先民是程"；"知其一莫"见"人知其一，莫知其它"；均出《小雅·小旻》。"壹醉日富"见"彼昏不知，壹醉日富"；"哀我痻寡"见"哀我填寡，宜岸宜狱"，"痻"，《毛诗》作"填"；均出《小雅·小宛》。"何心之"见"何辜于天，我罪伊何。心之忧矣，云如之何"；"焉"见"天之生我，我辰焉在"，"焉"，《毛诗》作"安"；均出《小雅·小弁》。罗振玉以为："陈氏乔枞《诗四家异文考》：《列女传》八《诗》云：'一醉日富'，《毛诗笺》云，饮酒一醉，自谓日益富。则郑君亦从《鲁诗》作'一醉'也。今考之此残字，则《鲁诗》作'壹'，与《毛诗》同，不作'一'也。"又云："《毛诗》'哀我填寡'，《释文》'填'，《韩诗》亦作'疹'。此作'痻'。隶书从'参'之字皆作'尒'。是鲁、韩同字也。"[18] 在《碑图》第八面第七至十三行。（图 6-9）

第六章　罗振玉所藏汉石经残字简介　191

图 6-10　六经堪所藏汉石经残字

10."句二|谋犹|于道谋|章三|有子|于木"。存六行十三字。"句二"见"《雨无正》七章、二章,章十句,二章章八句",出《小雅·雨无正》。"谋犹"见"我视谋犹,伊于胡底";"于道谋"见"如彼筑室于道谋,是用不溃于成";"章三"见"《小旻》六章,三章章八句";均出《小雅·小旻》。"有子"见"螟蛉有子,蜾蠃负之";"于木"见"温温恭人,如集于木。惴惴小心,如临于谷";均出《小雅·小宛》。此石可与另外两块残石拼合。[19] 在《碑图》第八面第六至十一行。(图 6-10)

图 6-11　六经堪所藏汉石经残字

11."飞载鸣我 | 宛六章章 | 二惟"。存三行十字。"飞载鸣我"见"题彼脊令，载飞载鸣。我日斯迈，而月斯征"；"宛六章章"见"《小宛》六章，章六句"；均出《小雅·小宛》。"二惟"见"其二。惟桑与梓，必恭必敬"，"惟"，《毛诗》作"维"，出《小雅·小弁》。在《碑图》第八面第十一至十三行。（图 6-11）

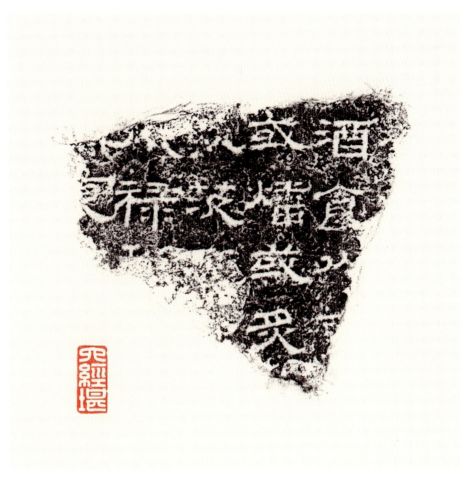

图 6-12　六经堪所藏汉石经残字

　　12."酒食以享 | 或燔或炙 | 既茨 | 禄 | 东"。存五行十二字。"酒食以享"见"以为酒食，以享以祀"；"或燔或炙"见"或燔或炙，君妇莫莫"；"既茨"见"既茨既稷，既匡既敕"，"茨"，《毛诗》作"齐"；"禄"见"乐具入奏，以绥后禄"；均出《小雅·楚茨》。"东"见"我疆我理，南东其亩"，出《小雅·信南山》。此石可与另外一块残石拼合。[20]在《碑图》第九面第四至八行。（图 6-12）

图 6-13　六经堪所藏汉石经残字

13."是用大谏|辞之怿|熇不可|自位辟|八板八|是"。存六行十七字。"是用大谏"见"王欲玉女，是用大谏"，出《大雅·民劳》。"辞之怿"见"辞之辑矣，民之洽矣。辞之怿矣，民之莫矣"；"熇不可"见"多将熇熇，不可救药"；"自位辟"见"民之多辟，无自立辟"，"位"，《毛诗》作"立"；"八板八"见"其八，《板》八章章八句"；均出《大雅·板》。"是"见"天降滔德，女兴是力"，出《大雅·荡》。罗振玉认为："《毛诗》'立辟'，《鲁诗》'立'作'位'。"〔21〕他可参《七经堪藏汉石经残字》第 24 条。此石可与其他两块残石拼合。在《碑图》第十一面第二十五至三十行。（图 6-13）

图 6-14　六经堪所藏汉石经残字

14. "我后藐藐｜皇皇且君且｜句·生"。存三行十一字。"我后藐藐"见"不自我先，不自我后。藐藐昊天，无不克巩"，出《大雅·瞻卬》。"皇皇且君且"见"穆穆皇皇，且君且王"，"且"，《毛诗》作"宜"，出《大雅·假乐》。"句·生"见"《假乐》四章，章六句·《生民之什》"。罗振玉认为："今《毛诗》篇次《桑柔》之后、《瞻卬》之前，尚有《云汉》《崧高》《烝民》《韩奕》《江汉》《常武》六篇，据此知《鲁诗·桑柔》之后，即接《瞻卬》……《毛诗·假乐》在《生民之什》，《瞻卬》则在《荡之什》。石经则《瞻卬》在前，与毛不同。此刻第七行之'句·生'，'句'乃'《假乐》四章章六句'末一字，'生'乃《生民之什》首一字，以是知《鲁诗·瞻卬》亦在《生民之什》，下接《假乐》。《假乐》即《生民之什》之末篇也……《毛诗》之'宜君宜王'，陆氏《释文》出'且君且王'，注一本'且'并作'宜'字。《鲁诗》亦作'且'，与《毛诗释文》本合，与今本异矣。"[22] 此石可与另外一块残石拼合。在《碑图》第十二面第十一至十三行。（图6-14）

图 6-15　六经堪所藏汉石经残字

15."因以其伯 | 笃公刘于"。存二行八字。"因以其伯"见"奄受北国，因以其伯"，出《大雅·韩奕》。"笃公刘于"见"笃公刘，于胥斯原"，出《大雅·公刘》。此石可与另外一块残石拼合。罗振玉认为："《毛诗·韩奕》在《荡之什》，《公刘》在《生民之什》。石经则《韩奕》在前，《公刘》在后……知鲁、毛二家篇第不同者众矣。"[23]在《碑图》第十二面第三十八至三十九行。（图 6-15）

图 6-16　六经堪所藏汉石经残字

16."言似|齐言引|言介尔"。存三行八字。见《增订汉熹平石经残字集录》之《校记》三，罗振玉认为："'介尔'殆'介尔景福'校文，此在《匏有苦叶》石阴。"[24] 此校记《碑图》未收。（图 6-16）

图 6-17　六经堪所藏汉石经残字

17."齐|韩言如|之痑•"。存三行六字。见《增订汉熹平石经残字集录》之《校记》六，罗振玉认为："'之痑'殆《大雅·召旻》'维今之痑不如兹'校记。"[25]此校记在《碑图》第十八面。（图 6-17）

图 6-18 六经堪所藏汉石经残字

18."齐言丨齐无不"。存两行五字。见《增订汉熹平石经残字集录》之《校记》二十一。此校记《碑图》未收。（图 6-18）

图 6-19　七经堪所藏汉石经残字

二、《七经堪续得汉石经残字目》所收《鲁诗》残字：

1."仇｜一"。存两行二字。"仇"见"君子好仇"，《毛诗》作"逑"。"一"见"《关雎》三章，一章四句"；同出《周南·关雎》。马衡以为："此石为《关雎》之首行。前行当为篇题，而空其下截。《释文》云，'逑'本亦作'仇'，音同。是《毛诗》一本作'仇'也。"[26] 此石在《碑图》第一面第二至三行。（图 6-19）

图 6-20 七经堪所藏汉石经残字

2. "公 | 采"。存两行二字。"公"见"赳赳武夫,公侯好仇";"采"见"薄言袺之,采采芣苢";同出《周南·麟之趾》。罗振玉言此块残石可与其他五块拼合,〔27〕马衡言可与其他七块残石拼合。〔28〕两人虽有前后不同的说法,但恰可从中窥见学术发展的轨迹。此石在《碑图》第一面第八至九行。(图 6-20)

图 6-21　七经堪所藏汉石经残字

3. "夙 | 遘 | 勿之"。存三行四字。"夙"见"被之僮僮，夙夜在公"，出《召南·采蘩》。"遘"见"亦既遘止"，《毛诗》作"觏"，出《召南·草虫》。"勿之"见"于以湘之"，"勿"为"䰞"的残部，《韩诗》同，《毛诗》作"湘"，出《召南·采蘋》。此石在《碑图》第一面第十五至十七行。（图 6-21）

图 6-22　七经堪所藏汉石经残字

4."悄愠于|一绿兮"。存两行六字。"悄愠于"见"忧心悄悄,愠于群小",出《邶风·柏舟》。"一"见"其一";"绿兮"见"绿兮衣兮,绿衣黄裳";同出《邶风·绿衣》。马衡认为此石可与包括以下一块在内的其他三块残石拼合。[29]在《碑图》第一面第二十九至三十行。(图 6-22)

图 6-23　七经堪所藏汉石经残字

5."宁不 | 谑"。存两行三字。"宁不"见"宁不我报",出《邶风·日月》。"谑"见"谑浪笑敖",出《邶风·终风》。马衡认为此石可与包括以上一块在内的其他三块残石拼合。[30] 此石在《碑图》第一面三十三至三十四行。（图 6-23）

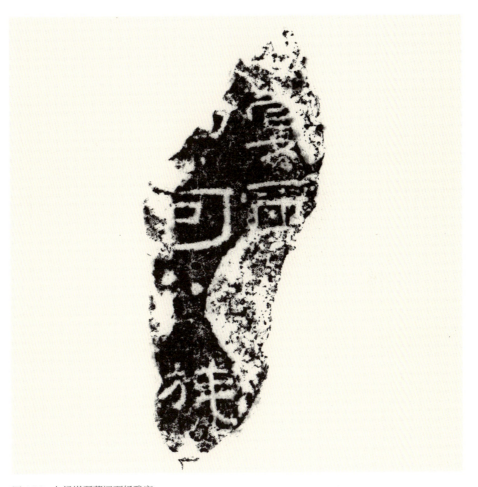

图 6-24 七经堪所藏汉石经残字

6."宴尔|四句·旄"。存两行五字。"宴尔"见"宴尔新昏,以我御穷",出《邶风·谷风》。"四句"见"《式微》二章,章四句",出《邶风·式微》篇末。"·"见《式微》篇末,是与下篇《旄丘》分割的标志。"旄"见"旄丘之葛兮,何诞之节兮",出《邶风·旄丘》。罗振玉言此石可与包括下面一块残石在内的另外十一块残石拼合,[31]马衡则将之与另外十三块残石拼合。[32]《汉熹平石经残字集录》所收这块残石释文缺"旄"字。此石在《碑图》第一面第四十一行至四十二行。(图 6-24)

图 6-25　七经堪所藏汉石经残字

7. "我有 | 中路"。存两行四字。"我有"见"我有旨蓄，亦以御冬"，出《邶风·谷风》。"中路"见"微君之故，胡为乎中路"，《毛诗》作"中露"，出《邶风·式微》。罗振玉言此石可与包括上面一块残石在内的另外十一块残石拼合，〔33〕马衡则将之与另外十三块残石拼合〔34〕。又根据这块残石的排列，罗振玉以为："《毛诗》以'中露'为首章，《鲁诗》则以'泥中'为首章，是毛、鲁两家章次有不同矣。"〔35〕此石在《碑图》第一面第四十一行至四十二行。（图 6-25）

第六章　罗振玉所藏汉石经残字简介　　207

图 6-26　七经堪所藏汉石经残字

8."章四 | 雄雉四 | 否卬须我友 | 荼宴尔新昏 | 匍匐救之其四不 | 其六谷风六章章"。存六行二十九字。"章四"见"《凯风》四章章四句",出《邶风·凯风》卷末。"雄雉四"见"《雄雉》四章章四句",出《邶风·雄雉》卷末。"否卬须我友"见"人涉卬否,卬须我友",出《邶风·匏有苦叶》。"荼宴尔新昏"见"其甘如荼,宴尔新昏",出《邶风·谷风》。"匍匐救之其四不"见"凡民有丧,匍匐救之。其四。不我能慉,反以我为雠",出《邶风·谷风》。"其六谷风六章章"见《谷风》卷末,出《邶风·谷风》。马衡以为:"此石与《校记》'言优柔'一石为表里。"〔36〕在《碑图》第一面第三十七至四十二行。（图 6-26）

图 6-27　七经堪所藏汉石经残字

9."济有深涉深则|句・习习"。存两行九字。"济有深涉深则"见"匏有苦叶，济有深涉。深则厉，浅则揭"，出《邶风・匏有苦叶》。"句・习习"，见"《匏有苦叶》四章，章四句・习习谷风，以阴以雨"，出《邶风・匏有苦叶》卷末及《邶风・谷风》卷首。罗振玉云此石可与另外七块残石拼合，[37] 而马衡则言此石可与其他两石拼合，[38] 可见马衡与罗振玉拼合方法有所不同。在《碑图》第一面第三十八至三十九行。（图 6-27）

图 6-28　七经堪所藏汉石经残字

10. "手|之谋其一|出游以|何哉其二王|雨雪其霏|女其"。存六行十九字。"手"见"执辔如组，左手执钥"，出《邶风·简兮》。"之谋其一"见"娈彼诸姬，聊与之谋"，出《邶风·泉水》首章。"出游以"见"驾言出游，以写我忧"，出《邶风·泉水》。"何哉其二王"见"天实为之，谓之何哉""王事敦我，政事一埤遗我"，均出《邶风·北门》。"雨雪其霏"见"北风其喈，雨雪其霏"，出《邶风·北风》。"女其"见"静女其娈，贻我彤管"，出《邶风·静女》。在《碑图》第二面第二至七行。（图 6-28）

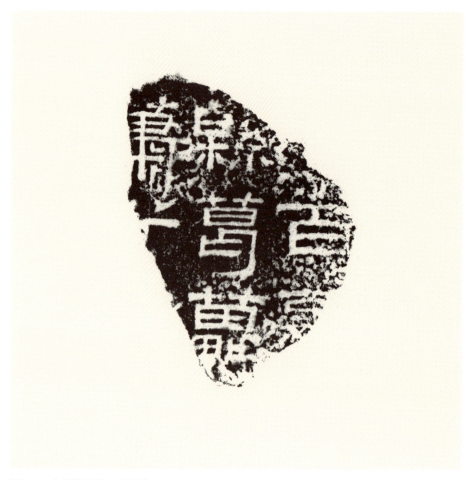

图 6-29　七经堪所藏汉石经残字

11."百忧 | 绵葛藟 | 萧兮"。存三行七字。"百忧"见"我生之后，逢此百忧"，出《王风·兔爰》。"绵葛藟"见"绵绵葛藟，在河之涘"，出《王风·葛藟》。"萧兮"见"彼采萧兮，一日不见，如三秋兮"，出《王风·采葛》。在《碑图》第三面第十至十二行。（图6-29）

第六章　罗振玉所藏汉石经残字简介　　211

图 6-30　七经堪所藏汉石经残字

12．"萚兮"。存一行两字。"萚兮"，出《郑风·萚兮》，但因为上下文均缺，故罗振玉认为不能确认这块残石究竟出于哪一章，或者就是篇题？[39] 此石在《碑图》第三面第二十六行，张国淦以为此两字是篇题。（图 6-30）

图 6-31　七经堪所藏汉石经残字

13."如芸|愿兮"。存两行四字。"如芸"见"虽则如芸,匪我思存","如芸",《毛诗》作"如云",出《郑风·出其东门》。"愿兮"见"邂逅相遇,适我愿兮",出《郑风·野有蔓草》。此石与下一石可以拼合。此石在《碑图》第三面第三十二至三十三行。（图 6-31）

第六章　罗振玉所藏汉石经残字简介　　213

图 6-32　七经堪所藏汉石经残字

14. "与女 | 衣廿"。存两行四字。"与女"见"维士与女，伊其相谑"，出《郑风·溱洧》。"衣廿"见"《郑缁衣》廿一篇五十三章"，出《郑风》卷末。此石与上一石可以拼合。此石见《碑图》第三面第三十五至三十六行。（图6-32）

图 6-33 七经堪所藏汉石经残字

15."不|綦巾|露"。存三行四字。"不"见"扬之水，不流束楚"，出《郑风·扬之水》。"綦巾"见"缟衣綦巾，聊乐我员"，出《郑风·出其东门》。"露"见"野有蔓草，零露瀼瀼"，出《郑风·野有蔓草》。此石在《碑图》第三面第三十二至三十四行。（图 6-33）

图 6-34 七经堪所藏汉石经残字

16."赠之|三章二"。存两行五字。"赠之"见"伊其相谑,赠之以勺药",出《郑风·溱洧》。"三章二"见"《郑缁衣》廿一篇五十三章二百八十三句",[40]出《郑风》卷末。《汉熹平石经残字集录》未收此残石。此石在《碑图》第三面第三十五至三十六行。(图 6-34)

图 6-35　七经堪所藏汉石经残字

17. "其三旋│三句"。存两行四字半。"其三"见"揖我谓我臧兮"后;"旋"仅存部首"方",见"《旋》三章,章四句";均出《齐风·还》卷末。罗振玉云:"'其三'二字下一字但存'方'旁,当是'旋'字。'旋''还'古通用。《释文》'还'音'旋'。《韩诗》作'嫙'。据此知《鲁诗》当作'旋'也……"〔41〕"三句"见"《箸》三章章三句",出《齐风·箸》卷末。此石在《碑图》第三面第三十九至四十行。(图 6-35)

图 6-36　七经堪所藏汉石经残字

18."予不臧|由人其|弗图"。存三行八字。"予不臧"见"曰予不臧，礼则然矣"，"不臧"，《毛诗》作"不戕"，出《小雅·节南山之什·十月之交》。"由人其"见"噂沓背憎，职竞由人其三"，出《小雅·节南山之什·十月之交》。"弗图"见"旻天疾威，弗虑弗图"，出《小雅·节南山之什·雨无正》。此石在《碑图》第八面第一至三行，与《大雅·抑》"万民为则"一石为表里。（图6-36）

图 6-37　七经堪所藏汉石经残字

19. "羊以社｜敏其三曾孙｜播厥百｜敛穧"。存四行十三字。"羊以社"见"与我牺羊,以社以方";"敏其三曾孙"见"农夫克敏。其三。曾孙之稼";均出《小雅·甫田之什·甫田》。"播厥百"见"播厥百谷,实函斯活";"敛穧"见"此有不敛穧,彼有遗秉";均出《小雅·甫田之什·大田》。罗振玉认为此石与另外三块残石可以拼合,[42] 而马衡则将罗氏所说的四块残石分别作为两条,[43] 并未完全拼合。此石在《碑图》第九面第十二至十五行。（图 6-37）

图 6-38　七经堪所藏汉石经残字

20. "不醉"。存一行两字。见"彼醉不臧，不醉反耻"，出《小雅·甫田之什·宾之初筵》。此石可与另外四块拼合。《汉熹平石经残字集录》未收此残石。此石在《碑图》第九面第三十一行。（图 6-38）

图 6-39　七经堪所藏汉石经残字

21."白云 | 雀"。存两行三字。"白云"见"英英白云，露彼菅茅"；"雀"见"有鹙在梁，有雀在林"，"雀"，《毛诗》作"鹤"；均出《小雅·鱼藻之什·白华》。此石可与另外一块残石拼合。此石在《碑图》第十面第九至十行。（图 6-39）

图 6-40　七经堪所藏汉石经残字

22."惟其 | 其三渐"。存两行五字。"惟其"见"渐渐之石，惟其高矣"，"惟"，《毛诗》作"维"；"其三渐"见"武人东征，不皇他矣。其三。《渐渐之石》三章，章六句"；均出《小雅·鱼藻之什·渐渐之石》。此石可与另外一块残石拼合。此石在《碑图》第十面第十四至十五行。（图 6-40）

图 6-41　七经堪所藏汉石经残字

23. "厥灵"。存一行两字。"厥灵"见"以赫厥灵,上帝不宁",出《大雅·生民之什·生民》。此石《汉熹平石经残字集录》《增订汉熹平石经残字集录》《汉石经集录》中所收录文,都多出"囗囗"一行,但残石拓片"厥灵"一行左侧并无余地,不知雪堂及马衡的根据是何?马衡又说此石可与另外一块残石拼合,则或者罗、马二人所说的另外一行,就在那块残石之上,也未可知。此石在《碑图》第十一面第十二行。(图 6-41)

24. "章章 | 尔酒既 | 其五凫鹥 | 随以谨纷 | 惠此中"。存五行十六字。"章章"见"《既醉》八章章四句",出《大雅·生民之什·既醉》卷末。"尔酒既"见"公尸来燕来处。尔酒既湑",出《大雅·生民之什·凫鹥》。"其五凫鹥"见"其五。《凫鹥》五章,章六句",出《大雅·生民之什·凫鹥》卷末。"随以谨纷"见"无纵诡随,以谨纷囗","纷囗",《毛诗》作"惛怓"。罗振玉曾说:"《毛诗》之'惛怓',《鲁诗》则'惛'作'纷'。惜'纷'

图 6-42　七经堪所藏汉石经残字

下一字泐，不知为'恢'否也？"〔44〕出《大雅·生民之什·民劳》。"惠此中"见"汔可小愒。惠此中国"，也出自《大雅·生民之什·民劳》。此石可与其他两块残石拼合。又罗振玉以为："此石前五行为《既醉》《凫鹥》，后数行则为《民劳》《板》。案今《毛诗》之次，《凫鹥》之后为《假乐》《公刘》《泂酌》《卷阿》，以后乃为《民劳》《板》。《鲁》《毛》篇次不同。"〔45〕不仅如此，罗振玉又根据残石留存状况，认为："今《毛诗·板》为《生民》之卒章，'《板》八章，章八句'后有'《生民之什》十篇，六十五章，四百三十三句'十六字，以后为《荡之什》。今以《荡》接《板》，删去'《生民之什》……'十六字，直以《荡》接《板》……是《鲁诗》无《板之什》。而《假乐》残石六句二字下空一字有'生'字，乃《生民之什》后题，疑《毛诗·荡之什》为《鲁诗》所无，《鲁诗》但有《生民之什》耳。"〔46〕罗振玉此说应该为张国淦所认同，故其所著《汉石经碑图》中，并无《荡之什》标题，而代之以"□之什"。〔47〕但马衡似乎对这一问题尚无定论，他说："《文王》《生民》之外，尚有一什，不知如何分法耳？"〔48〕又可参《六经堪藏汉石经残字》第 13 条。此石在《碑图》第十一面第二十至二十四行。（图 6-42）

图 6-43　七经堪所藏汉石经残字

25. "荛｜五天"。存两行三字。"荛"见"先民有言，询于刍荛"。"五天"见"其五。天之牖民，如埙如篪"；均出《大雅·生民之什·板》。《汉熹平石经残字集录》未收此残石。此石在《碑图》第十一面第二十七至二十八行。（图6-43）

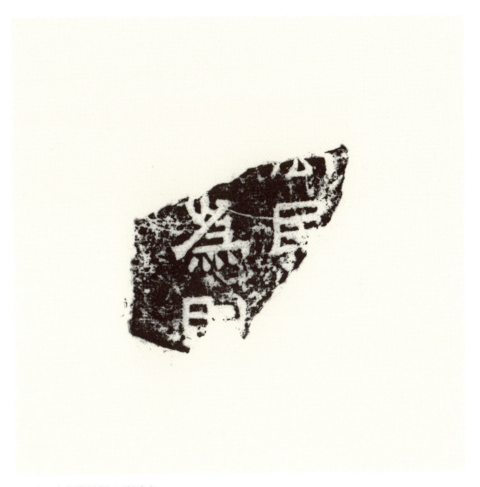

图 6-44　七经堪所藏汉石经残字

26."民｜为则"存两行三字。"民"见"子孙绳绳，万民靡不承"；"为则"见"不僭不贼，鲜不为则"；均出《大雅·荡之什·抑》。此石与另外一块残石可以拼合。此石在《小雅·十月之交》"予不臧"一石之阴，在《碑图》第十二面第十八至十九行。（图 6-44）

图 6-45　七经堪所藏汉石经残字

27."予 | 惟予 | 其"存三行四字。"予"见"将予就之，继犹判涣"；"惟予"见"惟予小子，未堪家多难"，"惟"，《毛诗》作"维"；均出《周颂·闵予小子之什·访落》。"其"见"其一。《小毖》一章，章八句"，出《周颂·闵予小子之什·小毖》卷末。此石在《碑图》第十三面第三十三至三十五行。（图 6-45）

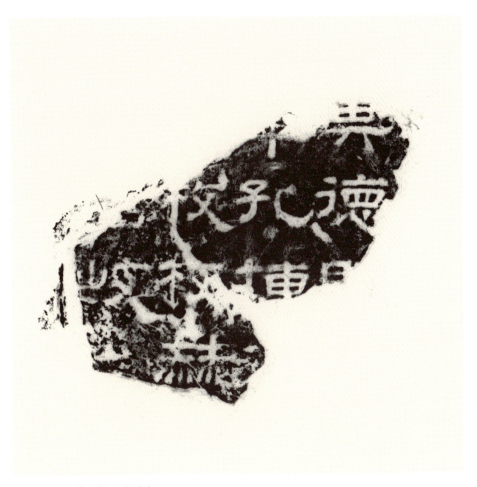

图 6-46　七经堪所藏汉石经残字

28."其德|孔博|枚枚赫|岐之"。存四行九字。"其德"见"克明其德，既作泮宫"；"孔博"见"戎车孔博，徒御无斁"；均出《鲁颂·驷之什·泮水》。"枚枚赫"见"閟宫有侐，实实枚枚。赫赫姜嫄，其德不回"；"岐之"见"居岐之阳，实始剪商"；均出《鲁颂·驷之什·閟宫》。罗振玉言此石可与另外两块残石拼合，[49] 马衡则云可与另外三块残石拼合。[50] 此石在《碑图》第十四面第十至十三行。（图 6-46）

图 6-47　七经堪所藏汉石经残字

29. "其旗"。存一行两字。"其旗"见"鲁侯戾止,言观其旗",出《鲁颂·驷之什·泮水》。《汉熹平石经残字集录》及《增订汉熹平石经残字集录》均未收此残石。此石在《碑图》第十四面第八行。（图 6-47）

图 6-48　七经堪所藏汉石经残字

30."宎|齯齿|四口廿三"。存三行六字。"宎"见"保有凫绎，遂宎徐宅"，"宎"，《韩诗》同，《毛诗》作"荒"；"齯齿"见"既多受祉，黄发齯齿"，"齯齿"，《毛诗》作"儿齿"；均出《鲁颂·駉之什·閟宫》。"四口廿三"见"《駉》四篇，廿三章，二百卌十三句"，出《鲁颂·駉之什》卷末。此石在《碑图》第十四面第十七、第十八、第二十行。（图6-48）

图 6-49　七经堪所藏汉石经残字

31. "夷 | 其二"。存两行三字。不知何篇残字。（图 6-49）

图 6-50　七经堪所藏汉石经残字

32. "言优柔 | 八章以为 | 言予宾 | 言就 |"。存四行十二字。罗振玉言："右校记二。首行'言优柔','优柔'乃'优游'之异文。《小雅·采菽》：'优哉游哉',《韩诗外传》八作'优哉柔哉'……"[51] 马衡以为："此校文在《邶风》《凯风》至《谷风》一石之阴。"[52] 在《碑图》第十八面。（图 6-50）

图 6-51　七经堪所藏汉石经残字

33."灌将齐｜言□之"。存两行五字。罗振玉言："右校记四。此乃《大雅·文王》'祼将于京'之校记。《礼记·郊特牲》：'灌用郁鬯'，《释文》：'灌，本作祼。'……《大行人》司农注：祼，读为灌。今《毛诗》之'祼将'，知《鲁诗》作'灌将'矣。"[53] 又罗振玉曾言："'灌将'下有'齐'字，《齐诗》殆不作'灌'欤？"[54] 但这句话在后来增订本中删除，或许雪堂已经改变了之前的认识。在《碑图》第十八面。（图 6-51）

图 6-52　七经堪所藏汉石经残字

34. "章韩|四·七|韩言"。存三行六字。不知何篇残字。在《碑图》第十八面。（图 6-52）

图 6-53　七经堪所藏汉石经残字

35."于凶 | 如沸羹"。存两行六字。此校记《碑图》未收。马衡认为是《大雅》校记,可与另外一块残石拼合为"于凶韩言 | 如沸羹"。〔55〕(图 6-53)

图 6-54　七经堪所藏汉石经残字

36. "以为"。存一行两字。此校记《碑图》未收。马衡认为在《邶风·宴尔》《旄丘》一石之阴。[56]《汉熹平石经残字集录》及《增订汉熹平石经残字集录》均未收此残石。（图 6-54）

图 6-55　七经堪所藏汉石经残字

37. "韩言"。存一行两字。此校记在《碑图》第十八面。罗振玉以为:"洪氏《隶释》言,《诗经》残碑间有齐、韩字,盖叙三家异同之说,犹《公羊》碑所云颜氏,《论语》碑所云盍、毛、包、周之比也。汉代《诗》分为四,在东京时毛氏不立学官。《隋志》有石经《鲁诗》六卷。此碑既论齐、韩于后,则知《隋志》为然也云云。今《校记》有韩言、齐言、齐韩言,则《隋志》之称《鲁诗》信有征矣。"[57] 又存"韩""韩言"两块残石,均与此同。(图 6-55)

图 6-56　七经堪所藏汉石经残字

　　罗振玉一生成就斐然，在多项领域都是开风气之先者，且为人肫挚，完全当得起传统文化对于士人"三不朽"的期许。但因其生平遭际，故而无论是表彰其为人者，或是标举其学术者，与其成就相较，都极不相称。就其石经研究而言，罗氏的几种专著，无疑是最早的相关研究著作，且创获甚丰，直至马衡《汉石经集存》一书，都或隐或显地一再以罗振玉的研究为标的，或予赞同，或予补正。仅此一点，就可以窥见雪堂在石经研究上的成绩。罗振玉所藏汉石经残石，现在是否依然安存，尚不可知。但其《六经堪》《七经堪》两种拓本集，完整地记录了这些残石中所存的最重要的文本信息。又因这两种拓本流传极少，故不仅在经学研究、文献研究方面意义重大，其历史文物性也非常值得关注。故本文遴选其中《鲁诗》一节，略以雪堂之说予以说明，并以马衡《汉石经集存》为补充，一则见雪堂研

图 6-57　七经堪所藏汉石经残字

究及旧藏之精,再则得以以管窥豹,大概了解汉石经残石残拓的基本面目,庶几令秘籍不秘;如果素心人能从中得到启发,从而致力于雪堂学术的发掘与研究,实在更是意外之获了。

注释：

〔1〕 见于《淮阴师范学院学报·哲学社会科学版》，2010年第3期：第338-341页，第370页。

〔2〕 按：此说有误。

〔3〕 见于赵立伟《论罗振玉对汉石经的整理与研究》。

〔4〕 此条承华东师范大学古籍整理研究所副教授丁小明博士赐告，特此致谢。

〔5〕 1943年罗氏铅印本，卷前第1-3页。

〔6〕 卷前第3-4页。

〔7〕 附录第1页。

〔8〕 罗振玉《汉熹平石经残字集录》言"四"见"召南之国十有四篇"：第11页。

〔9〕 见《增订汉熹平石经残字集录》：第3页。《汉熹平石经残字集录》中，罗振玉仅言"此间原空一行"而已（第11页），可见罗氏学术之进阶。

〔10〕 见《汉石经集存》：第3页。

〔11〕 《汉熹平石经残字集录》中言可与另外十一块拼合：第12页。

〔12〕 见《汉石经集存》：第3页。

〔13〕 见《增订汉熹平石经残字集录》：第5页。

〔14〕 《汉熹平石经残字集录》中言可与另外六块拼合：第12页。

〔15〕 见《增订汉熹平石经残字集录》：第3-4页。

〔16〕 见《增订汉熹平石经残字集录》：第10页。

〔17〕 见《增订汉熹平石经残字集录》：第12页。

〔18〕 见《增订汉熹平石经残字集录》：第13页。

〔19〕 《汉熹平石经残字集录》中言可与另外一块拼合：第21页。

〔20〕 《汉熹平石经残字集录》中漏书此事：第22-23页。

〔21〕 见《增订汉熹平石经残字集录》：第19页。

〔22〕　见《增订汉熹平石经残字集录》：第22页。

〔23〕　见《增订汉熹平石经残字集录》：第22页。

〔24〕　见《增订汉熹平石经残字集录》：第25页。《汉熹平石经残字集录》无"此在《匏有苦叶》石阴"句：第33页。

〔25〕　见《增订汉熹平石经残字集录》：第25页。

〔26〕　见马衡《汉石经集存》：第2页。

〔27〕　见《增订汉熹平石经残字集录》：第1页。而其《汉熹平石经残字集录》则言可与另外三石拼合：第6页。

〔28〕　见马衡《汉石经集存》：第2页。

〔29〕　见马衡《汉石经集存》：第3。

〔30〕　见马衡《汉石经集存》：第3页。

〔31〕　《汉熹平石经残字集录》言这块残石与其他十二块可以拼合，而《增订汉熹平石经残字集录》则说可以与其他十一块拼合。

〔32〕　见马衡《汉石经集存》：第3页。

〔33〕　《汉熹平石经残字集录》言这块残石与其他十二块可以拼合，而《增订汉熹平石经残字集录》则说可以与其他十一块拼合。

〔34〕　见马衡《汉石经集存》：第3页。

〔35〕　见《增订汉熹平石经残字集录》：第4页。

〔36〕　见马衡《汉石经集存》：第4页。

〔37〕　《汉熹平石经残字集录》言这块残石与其他六块可以拼合，而《增订汉熹平石经残字集录》则说可以与其他七块拼合。

〔38〕　见马衡《汉石经集存》：第4页。

〔39〕　见《增订汉熹平石经残字集录》：第8页。

〔40〕　按："《郑缁衣》"，《增订汉熹平石经残字集录》误作"郑国"：第8页。

〔41〕　见《增订汉熹平石经残字集录》：第 9 页。

〔42〕　见《增订汉熹平石经残字集录》：第 15 页。

〔43〕　见马衡《汉石经集存》：第 10 页。

〔44〕　见《增订汉熹平石经残字集录》：第 19 页。

〔45〕　见《增订汉熹平石经残字集录》：第 19 页。

〔46〕　见《增订汉熹平石经残字集录》：第 19 页。

〔47〕　见张国淦《汉石经碑图》第十二面，民国时铅印本：第 7 页。

〔48〕　见《汉石经集存》：第 13 页。

〔49〕　见《增订汉熹平石经残字集录》：第 22-23 页。

〔50〕　见马衡《汉石经集存》：第 15 页。

〔51〕　见《增订汉熹平石经残字集录》：第 25 页。

〔52〕　见马衡《汉石经集存》：第 17 页。

〔53〕　见《增订汉熹平石经残字集录》：第 25 页。

〔54〕　见《汉熹平石经残字集录》：第 33 页。

〔55〕　见马衡《汉石经集存》：第 17 页。

〔56〕　见马衡《汉石经集存》：第 17 页。

〔57〕　见《增订汉熹平石经残字集录》：第 29-30 页。

第七章 《熹平石经》残石拓片集简述

如前所述，1922年12月间，洛阳城东南30里朱圪垱村村民朱姓等，因发掘药材而偶然发现魏正始石经《尚书·君奭》《无逸》和《春秋·僖公》《文公》等残石。这些残石在面世之后，很快就引起很多学者的注意，徐森玉与马衡两位的两次洛阳之行，就是由此而起的。他们二位结伴专赴洛阳，去探索残石出土情况，在考察之余，也收购了一些当时出土的残石碎块，这两次所得总计大约残石二百左右，由两人分而购之。在第一次探访洛阳返京之后的1923年9月间，马衡即为徐森玉先生治"徐森玉藏汉魏石经残字"白文方印一方，又自篆"凡将斋藏汉石经残字""凡将斋藏魏石经残字"两朱文方印以为纪念。徐、马两位在此后不久，就将其所获残石整理为拓片，并馈赠诸位友人。也正是以此为开端，关于《熹平石经》的研究和收藏以及相关的拓本和出版品，开始越来越多，越来越受到广泛的重视。

就整个汉魏石经的研究而言，最值得重视的研究者，是20世纪20年代的王国维，加上20世纪30年代的罗振玉、张国淦，以及20世纪50年代的马衡四家。王国维的《魏石经考》《魏正始石经残石考》导夫先路，罗振玉的《汉熹平石经残字集录》《汉熹平石经残字集录续编》《汉熹平石经残字集录三编》《汉熹平石经残字集录四编》《汉熹平石经集录又续编》《汉熹平石经残字集录续补》和张国淦的《汉石经碑图》继续深入，马衡的《汉石经集存》则集其大成。这四人中，王国维因早逝而没能在石经研究方面，开拓出更多的领域；而罗振玉和张国淦在王氏研究的基础上，不断深入探研，大大地推进了《熹平石经》研究的深度和广度。马衡则挟《熹平石经》发现者之势，厚积薄发，终于在身遭不白之冤后，将自己三十年的心得与体会汇集成帙，形成《汉石经集存》一书；这一典范之作，至今仍为《熹平石经》研究中一座不可跨越的高峰，被研究者奉为圭臬。

这几位石经研究的先驱中，王、张二人并无石经收藏，罗、马二人则都藏有一些石经残石。但马衡所藏并无专书面世，且下落不明。〔1〕罗振玉所藏石经的整体状况，前面已经有过介绍。值得留意的是，大云书库的所藏，正如之前介绍的两种拓本的名称"六经堪""七经堪"所昭示的那样，并非一次性地入藏，而是逐渐积累、逐渐增加的。笔者所见有《罗雪堂所藏汉石经》拓本一册，〔2〕不知系何人定名，反映的应该就是雪堂汉石经早期收藏的一部分内容。此册计收《书序》一石、《鲁诗》十石、《仪礼》二石、《春秋》二石、《公羊》一石、《论语》二石、不知何经三石。其中《书序》一石、《仪礼》第一石、《公羊》一石、《论语》第二石见于《汉熹平石经残字集录补遗》，《鲁诗》二石〔3〕见于《汉熹平石经残字集录补正》，其他残石，则都见于《汉熹平石经残字集录》中。也就是说，根据罗振玉这几部书的出版时间，可以判断，这部拓片集所收，是他在1931年清明节之前的部分收藏。

对于当时的汉石经收藏家，河南的关百益曾经做过一个统计，他说："计十年以来前后出土之汉石经，见于载记者，有北京大学《校》《后记》二（以拓本为单位，其一石两面有字者，亦以二本计之），北海图书馆《后记》二，吴兴徐氏《周易》一、《鲁诗》六、《仪礼》五、《春秋》十二、《公羊传》一、《论语》三、《后记》三、不知何经十一，四明马氏《鲁诗》三、《仪礼》一、《春秋》六、《论语》二、《后记》一、不知何经三，胶西柯氏《周易》一、《仪礼》一、《春秋》十一、《论语》一、不知何经二，建德周氏《仪礼》一、《春秋》二、不知何经一，上虞罗氏《鲁诗》三、《仪礼》一、不知何经一，武进陶氏《周易》一、《鲁诗》三、《仪礼》二、《春秋》四、《公羊传》二、《论语》二，潢川吴氏《鲁诗》一、《春秋》一，大兴黄氏《春秋》一，闽中陈氏《后记》一，萍乡文氏《周易》二，三原于氏《周易》二（以

图 7-1　白坚藏《汉石经残石集》

上所列，虽屡有变更，其大数则有增无减）。余素不以藏石为念，亦曾获《周易》《鲁诗》残石各一，并获诸家所未有之《乐经》残石二，此外不知谁氏者，尚不下二百有余，噫，可谓盛矣！壬申春，自洛阳张氏手，又得汉残石百余块，虽不若上列诸家所藏之文丰石巨，要同为汉石经一体之遗。"[4]关百益身处内地，所见所闻当然有所局限，他记录的《熹平石经》残石的收藏状况，一定是不全面的，如此时罗振玉的藏品，早就不止于"《鲁诗》三、《仪礼》一、不知何经一"这五块了；而武进陶氏的藏品，也早已转赠给了西充白氏了。但关百益的这一记录，却仍能准确反映出《熹平石经》在再次出土之后，得到大家广泛注意的情形。

关氏文中所提及的西充白坚，曾经将自己所藏汇集为《白氏坚所藏汉石经残字》拓本集一种（图 7-1），[5] 其中收录《易》二石、《鲁诗》三石、《仪礼》二石、《春秋》二石、《公羊》一石、《论语》二石。之后又在此基础上，形成了《汉石经残石集》一种，有自印本传世，[6] 其中所收与《白氏坚所藏汉石经残字》中所列名目相较，略有不同，白坚曾自述道："今岁秋八月，余游夷门，武进陶君祖光以所藏汉《熹平石经》残石十二见遗。谨受而读之，得《易》二石、《鲁诗》二石、《仪礼》二石、《公羊春秋经》

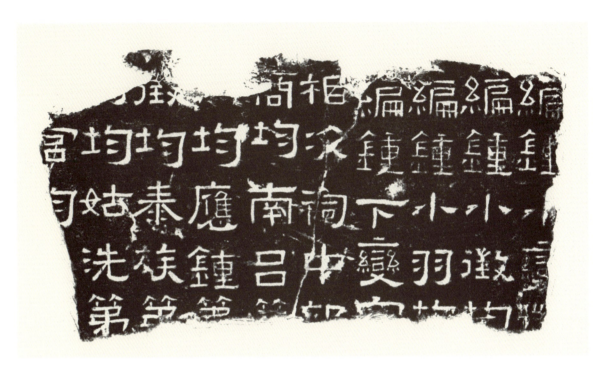

图 7-2、7-3 关百益藏伪刻《乐经》

图 7-4 关百益编纂的《汉熹平石经残字谱》

四石、《论语》一石、《校记》一石。十二月,复见遗一石,表里为《公羊传》。"但实际上,印本正是以这个拓本作为底本的。虽然如此,这些名目上的变化,可见白坚本人对于其藏品研究的逐渐深入过程。可惜的是,白坚的这部分藏品,现在已经流入东瀛,入藏于中村不折创建的书道博物馆中。

另外还有河南本地的士绅,也对家乡文物多有用心,如上面提到的曾任河南省博物馆馆长的关百益就编纂了《汉熹平石经残字谱》一书(图 7-4),专门记录他个人所藏石经中的部分汉石经。1932 年春,关百益自洛阳张钫那里转购到汉石经残石一百余块,再加上他原藏的几块残石,经筛选之后,选取其中精华一字至九字者六十块,以行字寡多为次序,逐一拓制,编成《汉熹平石经残字谱》一书,并通过自家所办的文化传薪社印行面世。关氏以为,自己所藏这些石经残片"存字无多,不敢附于著作之林,故不以经文为次,而以行字之寡多为次。因欲流传真迹,故捶拓之法，比之传世各集本，亦不敢少让焉。"〔7〕他是直接以拓本形式来展示自己的藏品，并且以为这种做法可以更加真切地流传真迹，较诸其他同类出版品更胜一筹。在此之前，石经拓本已经多有结集，但这些拓本，只是局限于同好之间的交流和切磋，只是在小圈子内部流传，并不进入公共领域。而关百益采取的这种新的出版形式，直接面对公众，虽然限于形式，出版的数量不会很大，但其公之于世的决心和尝试，确是之前的相关学者和文献所不具备的。进而言之，关百益的这一做法，为《熹平石经》的研究，提供了一种更加生机盎然的实物资料，非常值得重视。但遗憾的是，一则他的藏品中，大都是片言只字；再则拓本这一形式也决定了该书不会印行很多。所以，关氏的这种做法虽然值得肯定，但实际上对于推动《熹平石经》的研究意义有限。

不过，以上所说的这些拓片集，虽然都有各自存在的意义和价值，却因种种关隘，所收都只是一己之藏，对于这批残石的整体性研究而言，仍然存在着很大的不足。事实上，在上述几位所成的拓片集之前，北京就曾有以当时的一个金石研究小团体——冰社的成员为核心，发起并实施过更大规模的集拓活动，即 1927 年春，由大兴孙壮（伯恒）发起了《集拓新出汉魏石经残字》之役。此书历时一年，方始成书，今见有 1928 年中秋，此书传拓人周康元签赠容庚《集拓新出汉魏石经残字目录》一册，知成书大概就在这年的中秋前后。据马衡《集拓新出汉魏石经残字序》："十六年春，孙伯恒（壮）君议集拓余与徐君所藏石，而益以诸家之所藏，（王国维）先生闻之欣然，且促成其事；今拓本告成，而先生墓有宿草矣。缅怀往事，能不怆然！所集共得八家，北京大学研究所国学门（目中标研字）二石，计一百五十九字；吴兴徐氏（标徐字）九十八石，计三百三十六字；鄞马氏（标马字）九十石，计三百六十七字；潢川吴氏（标吴字）三石，

图 7-5 《集拓新出汉魏石经残字》初集目录

计十七字;胶柯氏(标柯字)五石,计二十字;闽陈氏(标陈字)四石,计十四字;江夏黄氏(标黄字)十石,计五十三字;尚有《公羊》二石,不知藏谁氏,计一百三十二字,都计得一千九十八字。由周希丁(康元)君精拓三十本,分致同好。拓成,孙君嘱余分类编次,录其目弁于简端,虽骐骥一毛、虬龙片甲,不足以窥熹平、正始之全,然于版本校勘之学,或不无裨益欤。中华民国十有七年六月二十日。"对于这部书的成书原委和收录内容,介绍的很是详尽。这中间,汉石经计《周易》一石、《鲁诗》十二石、《仪礼》七石、《春秋》二十三石、《公羊》三石、《论语》五石、《后记》七石;魏石经计《尚书》六十一石、《春秋》四十三石、不知何经二十七石,又古文一体者四石、古篆二体者一石、篆文一体者四石、隶书一体者三石。这书一共四册,前两册为汉石经,后两册为魏石经。第一册马衡序前,有"金溪周康元所拓汉魏石经"朱文长方印。每一拓片左下一般都只钤藏石者印记一方,如"徐森玉臧汉魏石经残字"白文方印、"宜常臧石"朱文方印、"燕龄臧石"白文方印、"尊古"白文小方印、"孙壮传古"朱文方印、"北京大学研究所传拓金石之记"白文方印、"进之藏石"朱文方印;只有马衡所藏,则钤印二方或三方不等,除了表示拥有权的"马衡审定"白文方印[8]和"凡将斋所藏汉石经残字""凡将斋所藏魏石经残字"两朱文方印外,马衡的藏品右上角,还往往有所拓残石的品名,如"鲁诗小雅""春秋庄公""春秋僖公""春秋定公""春秋文公""春秋成公""论语先进""论语里仁""石经后记""尚书皋陶谟""尚书高宗肜日""尚书金縢""尚书无逸""尚书君奭""尚书君奭多方""尚书立政""尚书顾命"等长方朱记。二集无序,只存目,也是四册,前两册为汉石经,后两册为魏石经,与初集同。但集中所有拓片上下,却不再钤有收藏者印记,从这点来看,较诸初集,已经是有所退步了。二集计收汉石经《周易》二石、《尚书》二石、《鲁诗》二十六石、《仪礼》十二石、《礼记》一石、《春秋》八石、《公羊》五石、《论语》七石、《校记》二石、《后记》一石、《急就章》一石、不知何经四十一石;魏石经则有《尚书》十六石、《春秋》六石、不知何经三石、古文一体一石、古篆两体二石。其中有徐森玉藏者八十八石,罗振玉藏者五石,其他残石究竟藏自何人,则没有标出,或许是藏家不欲自彰吧。这部书后来可能还有三集、四集等续作,但因并无特征,所以也不易判定。不过总体而言,是每况愈下,虽然编排方式大概延续初集,但其草草之态,一视便知。这部书的具体成书情形除了初集马衡序中所说之外,再没有其他材料可征。但无论如何,这是在20世纪20年代汉魏石经残石再次面世以来,最早最系统化的一次辑录,因此在学术史上意义非凡。遗憾的是,这种以拓片形式成书的著作,一般数量都极少。马衡序中说初集成书三十部,那么续集和后来的续作,想来也是如此。20世纪50年代,马衡先生曾经先后着力于《汉石经集存》和《魏石经集存》之作,在此期间,也曾利用此书。但据他日记记载,就连他府中都没有此书，可见流传之罕。

这部书初集的传拓人周康元（1891—1961），原名家瑞，字希丁、西丁，晚年别署墨盦、墨庵，斋号为石言馆。周康元精于六法，尤善白文，有"阴文周"之称，生平篆印逾五千方，存世有《石言馆印存》《石言馆印存续集》等。而他最为人所称道的，则是他的传拓技术。著名金石学家陈邦怀在评价他的立体拓时说："其传拓彝器款识，乃一变前人之法。嘉道之间拓金文者，使墨多失之湿。咸同以降，又多偏于浓。君则去偏与失，以求其当，于文字几无毫发之差。其于彝器之形，审其向背，辨其阴阳，以定墨气之浅深；观其远近，准其尺度，以符算理之吻合。君所拓者，器之立体也，非平面也，此前所未有者。"〔9〕堪称一代宗师，关于传拓之法，周康元有《古器物传拓术》行世，也是金针度人之举。史树青在《悼念周希丁先生》一文中，曾论及周康元传世的作品："周先生所拓的武英殿、宝蕴楼彝器，都由容庚先生编辑出版。此外如《澄秋馆吉金图》等书著录的铜器，也是他拓的全形和铭文。还有不少拓片为郭沫若同志收入《两周金文辞大系图录考释》中。凡在拓片下角钤有'希丁手拓''金溪周康元所拓吉金文字印''康元传古'等印章的，都是周先生的遗作。"但事实上，在史树青所言的几种图书中，只有《澄秋馆吉金图》中留下了周康元手拓的确切依据，〔10〕每幅拓片下角，均钤有他的印记"甲子孟冬希丁拓于闽县螺江"，其他几种，如非史先生言及，时过境迁，恐怕也就无人知晓了。另外现在还零星可见钤有"康元手拓楚器""希丁手拓散盘"等印者，也是出自周氏之手，但较诸《集拓新出汉魏石经残字》，则都只是自郐而下了。

另外值得一提的，就是原山东图书馆所藏汉魏石经残石。据其老馆长王献唐先生1934年所撰《汉魏石经残字序》："去岁六月游洛阳，于郭玉堂家见汉魏石经残石百五十余枚。剔其残碎半字小石，得《熹平石经》

八十一枚、《正始石经》六枚。内十四枚，上虞罗氏《汉熹平石经残字》已著录。《正始》一枚，罗亦有考。议价归山东图书馆。先时，洛阳韩文卿过济，属搜经石，至是囊四十余枚来馆。适在洛中，未及久待，携归上虞罗氏。今岁五月，复以三十六枚来，悉数收之。汉石二十七枚，魏石九枚。日昨又得熹平《诗》《书》二石，合前共百二十五枚，去其剔残者一枚，属馆中同寅孙德予、丁荫斋、王允强三君公余分拓，复属屈君翼鹏考释为《汉魏石经残字校录》。至归来七月书成，自洛中辇石归来，已岁有二旬矣。"[11]山东图书馆旧藏这批石经残石中，包括的《熹平石经》有《诗》三十一石、《书》六石、《易》二石、《仪礼》十六石、《春秋》九石、《公羊》九石、《论语》九石，又有不知何经者二十六石。其中除了少量曾经罗振玉著录过之外，绝大多数都是未曾流传于外的。马衡在撰作《汉石经集存》之日，曾专程赴北京图书馆借阅屈万里所撰此书，但竟失望而归。也就是说，山东图书馆旧藏的这部分石经，大都其实是未见于马衡之书的。据王献唐研究专家、现山东省图书馆副馆长李勇慧博士见告，[12] 王献唐日记中，曾经记录过当时《汉魏石经残字》及《校录》的成书情况，并云此书所附残石拓片两册，似并未广泛发行，[13] 但若有来函索取者，王先生都会尽量满足。虽然如此，这个拓本依旧流传极罕，现在甚至的山东省图书馆中，也并无收藏。拓本虽然难得，但这些残石的内容和图像其实现在已经可以比较便利地获取。在《屈万里全集》中所收的《汉魏石经残字》一卷后[14]，就附录有这个拓本的影印本。

屈万里在所撰《汉魏石经残字校录序》中说："残石凡三种，曰《汉熹平一字石经》，凡百有九枚……体例仿罗叔言《汉熹平石经残字集录》。其不能定为何经者，则分附于各石经正文之末，仍吴宜常《集拓新出汉魏石经残字》例也。惟罗、吴两书，于《熹平石经》，并以《易》《书》《诗》

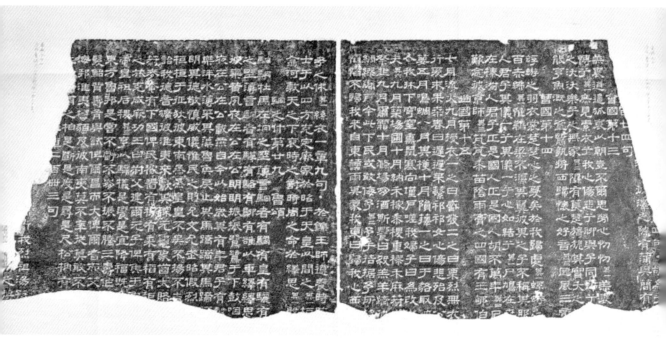

图 7-6　方若藏伪刻《鲁诗》

《礼》《春秋》为次。案此为古文家数经次第,今文家以《诗》《书》《易》《礼》《春秋》为序,与古文家不同,考诸马史班书,为证滋多。《熹平石经》为今文,因不揣谫陋,窃易前规。《论语》为圣门弟子所记,班《志》《七录》诸书,类次诸经后,兹仍旧贯,亦罗书例也。至疑似各石,则殿之编末,以俟知者。"对于此书的体例,以及与同时相关著作的联系与区别做了介绍。虽然屈先生研究甚深,与罗、马等人著作相较,这一著作无论是在广度和深度上,都有局限。

屈万里的研究,主要是从经学角度入手;而王献唐则对于石经的形制也有一些自己的看法,他认为:"《熹平石经》所见略有数体,一为东都原石,宽博腴鬯,可以当时碑刻如光和虎函诸石,证其体制。一属黄初补刻(见鱼豢《魏略》),栗整修狭,可以曹魏石刻如王基、曹真诸碑,明其风规。二体之外,间出别裁,以书石之多人,致体势之互异,原刻补刊,要皆如此,更不限于熹平、正始也。"对于理解石碑形制上的差距,颇有帮助。

但这批石经残石到底现存何处？是否依旧存在？很值得怀疑。按道理，民国时期山东图书馆的藏品，应该是顺理成章地安藏于现在的山东省图书馆中；但事实上，据李勇慧博士介绍，[15]山东省图书馆中并无石经收藏。这批石经残石，应该是在1954年山东省博物馆成立之初，由山东省文物管理委员会拨交于山东省博物馆保存。不过另据张景栻《济南书肆记》"高家古玩店"条："高老七，忘其名。肆设曲水亭路东，门市房一小间……高亦有心人，沦陷初期，于山东省立图书馆废墟中捡拾汉魏石经残字碎石片，积成一簏，待价而沽。溥心畬来济南开画展，出资收之。亡友张海清代送至北京颐和园寓所。"[16]可见，即便现在山东省博物馆中确实有石经收藏，也已并非昔日旧观了。

在所有的石经残石藏家中，方若是最为特异的一位。方若(1869—1955)，原名方城，字楚卿，后改名若，字药雨，浙江定海人，寄居天津。富收藏，尤好古泉，名擅一时。著有《校碑随笔》《药雨丛刻》等。方若因房地产而致巨富，故而以多金事收藏，所得尤其惊人。在短短十年之间，竟然收得近五十块汉熹平残石，且七经俱存，合计有残字二万四千九百七十五之多，可谓成绩斐然。但令人惊异的是，他所收藏的这些残石，竟然无一块可靠。方若曾撰《旧雨楼汉石经残石记》一书（图7-7），介绍其收藏情况，逐年增附，驯至《十一续记》之多，详细描述了他从癸酉四月开始收得《论语》残石两块，逐渐而至癸未年止。他曾于书中写到："直至癸未年，七十五天复许闲，始竟此作，连《十续》则积《周易》六石、《尚书》一石、《鲁诗》三石、《仪礼》二石、《春秋经》四石、《公羊传》二石、《论语》三石，无异一时获七经之全，亦巧矣哉。总计存字二万四千九百七十五，尾数适符予岁数，更巧矣哉！"[17]其志得意满之情，如在目前。此书虽然记录了他所收的每块残石的行数、

图 7-7　方若《旧雨楼汉石经残石记》

字数,以及与今本的差异所在,但并未附录其所著录的残石拓片或者影本,所以其所述残石的形状到底如何? 并不可知。所幸方若曾将所藏一一捶拓汇辑成册,只不过流传甚少,不易获见而已。屈万里曾记述过他所经眼的一部:"抗战胜利后,国立中央图书馆奉命接收南京泽存书库图书,其中有《旧雨楼藏汉石经》拓本四册,[18]余粗阅之,见其《周易》部分,收残字三千有余,皆世人所未见者。"[19]对于方若所藏,屈万里初始虽有存疑,但于其《周易残字集证》一书中,也曾多所采用;但到了研究汉石经《尚书》之际,便断定其出于伪作。他曾评价方若所藏残石云:"至于旧雨楼本《汉石经残字》,予于撰《周易残字集证》时曾疑之,而无以确证其伪,今已知其实为赝鼎……《尚书》残字既伪,则旧雨楼本他经残字之伪可知。"[20]屈万里不仅在此书正文中,特辟一节云《旧雨楼本汉石经尚书残字之伪》,[21]又曾另外撰文,来专门论述方若所藏石经残石之不可靠,[22]从"字体不合""《尚书》的碑数不合""残石部位不合""错改的经文"四个方面入手,揭示这批残石系出于伪作,认为多是以张国淦《汉

图 7-8 方若藏伪刻《鲁诗》

石经碑图》一书为底本伪造而成的。

在屈万里看来，这些伪刻残石都是出于方若自己之手，他说："兹细检《河北博物院画刊》，知自九十五期（民国二十四年八月二十五日出版）起，即断续刊载汉石经《诗经》《论语》《春秋》《公羊传》《尚书》《仪礼》诸经残石拓本照片，然但题曰'本院陈列品'，不言何家藏石。直至百三十六期（二十六年五月十日出版）之《尚书·费誓》至《文侯之命》残石及百三十八期、百三十九期之《仪礼》残石（一石两面），始注明'方药雨先生藏石'。《尚书》及《仪礼》残石，皆见于《旧雨楼藏汉石经拓本》无论矣。其所载《诗经》《论语》《春秋》《公羊传》等残字，亦悉在此书之内。复检《旧雨楼藏汉石经拓本》，于《论语》卷末，钤有白文方印曰'方若之印'。由是可确知此大批伪石经，出于方药雨家。方氏精研石刻，故工于作伪，几至乱真也。"[23]在后来的《旧雨楼藏汉石经残字辩伪》一文中，屈氏再次强调了他的这一观点："从上举的证据来看，旧雨楼石经之为伪刻的，绝无可疑。然则，它到底是什么人伪刻的呢？按：方药雨（若）

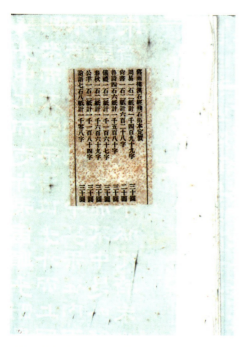

图 7-9 旧雨楼汉石经残石拓本定价

住在天津，是著名的碑刻收藏家和鉴别家。中央图书馆所藏的四册拓片，既有他的印记，《河北博物院画刊》上又说明是'方药雨先生藏石'。以方氏鉴别石刻之精，决不会收买他人所刻的伪石经，因为伪石经逃不过他的眼睛。由此说来，这批伪石经残字，必定是他设计制成的。从《河北博物院画刊》所著录的残字看来，那时所刻的还是些小块，大块石经之刻，可能已到了抗战期间。所以抗战期间居住在后方的学人，就都不知道有这一大批石经了。"但事实上，屈万里的说法似乎也没什么特别的根据。而屈氏之所以有这样的认识，恐怕是与方若的立身行事有关。毕竟，他曾落水与日方多有合作。

方若在收得这批残石之后，不仅荟萃成册，也曾单独定价，予以出售。如据方若《旧雨楼汉石经残石拓本定价表》，其价格为：《周易》一石二纸计一千四百九十九字，三十圆。《尚书》一石二纸计六百二十八字，二十圆。《鲁诗》四石六纸计一千五百八十字，三十圆。《仪礼》一石二纸计一千一百六十七字，三十圆。《春秋》一石二纸计一千六百六十九字，三十圆。《公羊》一石二纸计一千一百八十四字，三十圆。《论语》七石八纸计一千零八字，三十圆。从其所售内容来看，《周易》为其乙亥（1935

年）四月所收者，《尚书》为甲戌（1934年）三月所收者，《鲁诗》为其甲戌十二月所收者，《仪礼》为其甲戌五月所收者，《春秋》为其甲戌七月所收者，《公羊》为其癸酉（1933年）十月所收者，《论语》则为其癸酉四月至十二月所收者。据方若自己所述，他在乙亥年的九月又曾收得《周易》残石一块计一千五百四十四字，而这份价目表中并未收录此残石，则方若出售其残石拓本的大概时间应该是在乙亥（1935年）四月至九月之间。至于之后他是否还曾明码标价、分批出售其所藏残石拓本，现在文献不足，难以确定。[24]但他的这一举措，确实与之前藏家处理自己藏品的方法有所不同。盖过去碑拓之类，大都为文人学者案头赏析之品，基本上只出现在私人领域和空间之中，仅仅在友朋之间流通。而方若此举，虽是牟利，但也大大增加了碑拓这种传统文化形式的公共性，无论其真伪，从某种意义上来讲，对于传播、壮大传统的碑拓文化，其实很有意义。方若所藏的这批石经残石，屈万里以为已经无可踪迹了。但现在天津博物馆中藏有伪刻石经数种，从记录来看，很有可能就是方氏旧藏中的部分。如果此说不误，那对这批伪刻的深入研究，于石经的研究、作伪方式、鉴定各方面，都是一件非常有意义的事情。（图7-10—图7-13）

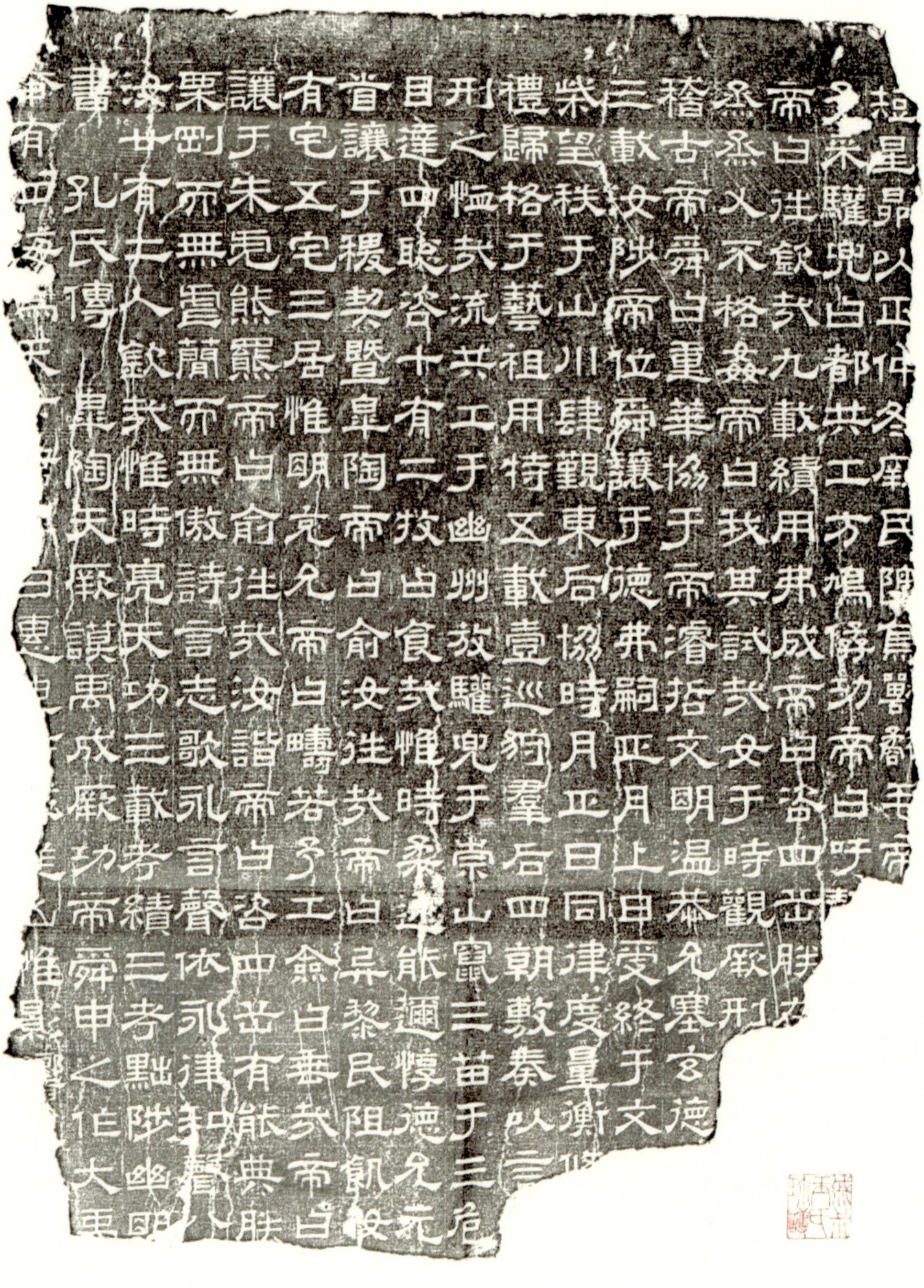

图 7-10　方若藏伪刻《尚书》

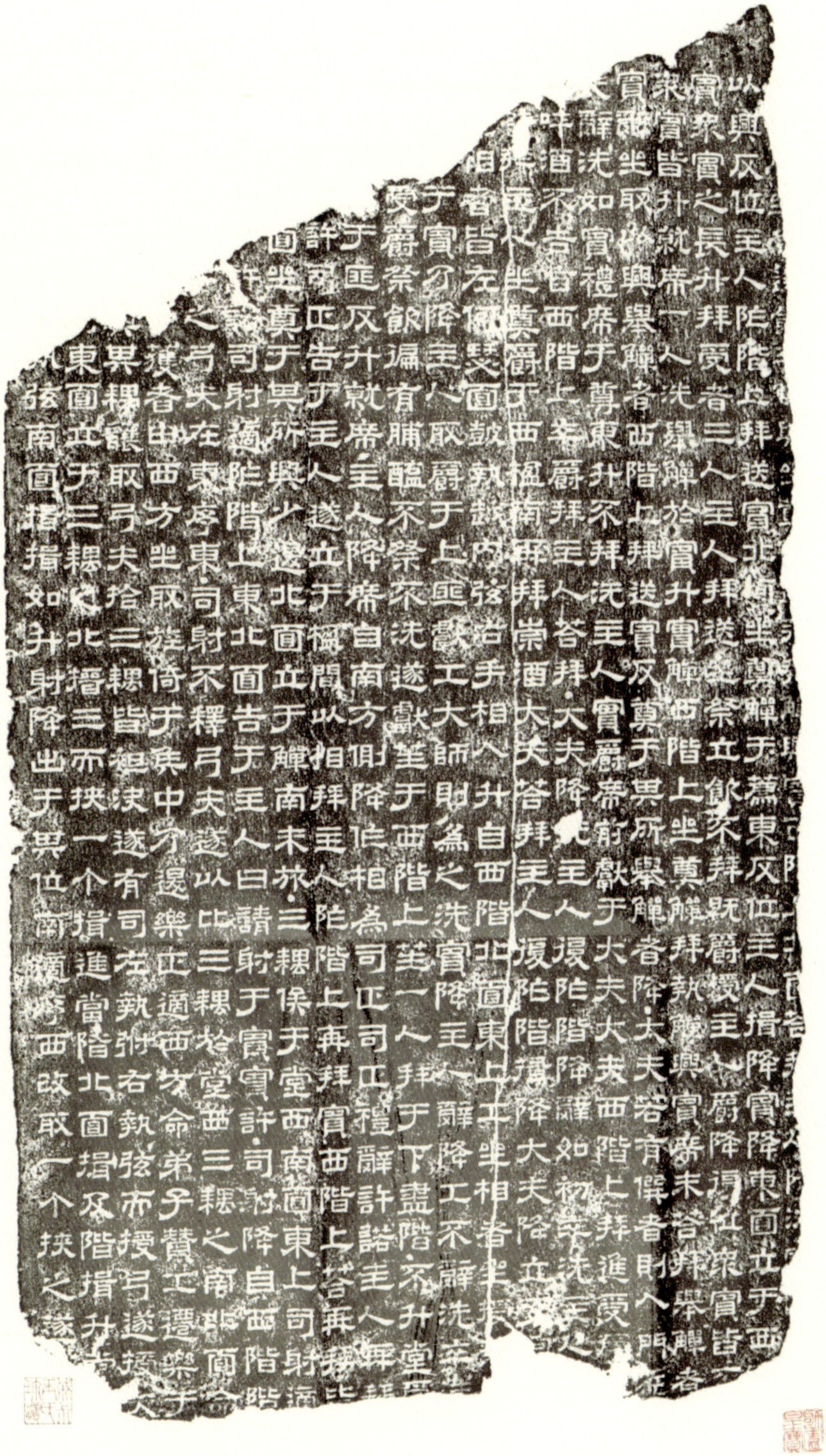

图 7-11　方若藏伪刻《仪礼》

图 7-12　方若藏伪刻《仪礼》

图 7-13 方若藏伪刻《周易》

注释:

〔1〕 马衡去世之后,家中物品均捐赠于文化部,后大都拨交故宫博物院,但目前故宫并无这部分石经残石的记录。

〔2〕 上海博物馆藏。

〔3〕 按:即"济盈|同""鸣雁晛日|违及尔同死其一"两石。

〔4〕 《汉熹平石经残字谱序》,1934年文化传薪社原石精拓本。

〔5〕 上海博物馆藏。

〔6〕 民国十九年(1930)西充白氏自印本。

〔7〕 《汉熹平石经残字谱序》。

〔8〕 按:此印也是或有或无。

〔9〕 同上。

〔10〕 商务印书馆北平分馆,1930年印本。

〔11〕 见于《汉魏石经残字》二卷《校录》一卷卷前,《海岳楼金石丛编》之二,山东省立图书馆拓印,1934年。

〔12〕 2016年7月13日晚8点20分电话。

〔13〕 按,《汉魏石经残字》原本后版权申明中云:"右为《汉魏石经残字》附录单行本。原书就石经精拓,分装二巨册,共为一函,定价二十元。购者请向山东省立图书馆或代售处接洽为荷。"可与李博士所言参照。

〔14〕 《屈万里先生全集》第15册,台北联经出版事业公司,1985年据1934年12月山东省立图书馆拓印本影印本。

〔15〕 2016年7月13日晚8点20分电话。

〔16〕 见于《藏书家》第二辑,齐鲁社,2000:第32页。

〔17〕 见于《旧雨楼汉石经残石记》之《十续·十一续记》:1A-1B。

[18] 按：这批拓片计收《易》约 3200 字、《书》约 1100 字、《诗》约 2800 字、《礼》约 1200 字、《春秋》约 1700 字、《公羊》约 1200 字、《论语》约 1200 字，共约 12000 字。根据方若《旧雨楼汉石经残石记》估算，这批拓本应该成于乙亥（1935 年）十一月到丙子（1936 年）春之间。

[19] 见于《汉石经周易残字集证自序》，载《汉石经周易残字集证》卷前：2A-2B。

[20] 《汉石经尚书残字集证序》，载《汉石经尚书残字集证》卷前，《屈万里全集》第 10 册，台北联经出版事业公司，1984：3B。

[21] 见于《汉石经尚书残字集证》卷一"旧雨楼本汉石经尚书残字之伪"条：13A-22A。

[22] 《旧雨楼藏汉石经残字辩伪》，见于《屈万里先生文存》第 1 册，《屈万里全集》本，台北联经出版事业公司，1983：第 25-35 页。

[23] 《汉石经尚书残字集证序》，见于《汉石经尚书残字集证》卷前：3B-4A。

[24] 按：需要注意的是，这种将各经拓片分别标价出售的方式与上文提及的成于同年晚些时候的拓本集有所不同。

第八章　《熹平石经》拓片举隅

第一节　两种宋拓《熹平石经》残字年谱

正如上文已经谈到的，汉石经残石在有唐一代已经有所发现，并曾经拓墨，黄长睿《东观余论》云："开元中，尝藏拓本于御府，以'开元'二字小印印之，与法书名画同藏。盖唐世以前未录前代石刻，独此见收，其可宝如此。"[1]另外，在《隋书·经籍志》中，也著录了不少石经拓片，其中有一部分显然指的是汉石经。入宋以来，也确有拓本存在，如黄长睿《东观余论》又说到："此石在洛宫前御史台中，年久摧散，洛中好事者时时得之。今张焘龙图家有十版，最多。张氏婿家有五六版，王晋玉家有小块，洛中所有者止此。予皆得其拓本。"[2]但以上所说的这些拓片和残石，都早已湮没在历史之中，毫无踪迹了。宋代《熹平石经》的拓本其实不止于此，在残石出土之际，这些汉代文献的遗存，就已被当时的学者视为瑰宝，并多次翻刻，比如洪适曾刻于会稽蓬莱阁、胡宗愈曾刻于成都西楼，另外还有越州石氏本等；但这些本子之间是什么关系？现在却还没法搞清楚。

从清代以来流传至今的《熹平石经》残石宋拓，其实只有两本。一本后来因藏于仁和黄易而被称作小蓬莱阁本（图8-1），[3]另一本则因曾藏大兴孙承泽而被称作砚山斋本（图8-2）。小蓬莱阁本存《尚书·盘庚》五行，《论语·为政》八行、《尧曰》四行，共计一百二十七字（图8-3）；砚山斋本则较小蓬莱阁本《盘庚》篇又多出一行四字："凶德绥绩"，共计一百三十一字（图8-4）。

据前揭顾炎武《金石文字记》中所言："予两见此本，一于邹平张氏，一于京师孙氏。"[4]仔细考究顾氏所言，他要表达的意思或许是，这个宋拓本，他曾先后在张、孙二氏两处获见。也就是说，张本、孙本其实就是同一拓本，也就是现在所谓的砚山斋本。而既然张、孙二氏并联而言，则此本之流传，当即就是由张而孙。那么这个邹平张氏究竟指的是谁？现在还不敢确定。但顾炎武在顺治十五年（1658）过邹平时，曾与张万斛有过

图 8-1　黄易小蓬莱阁本封面　　　　图 8-2　孙承泽砚山斋本封面

图 8-3　黄易小蓬莱阁本拓片

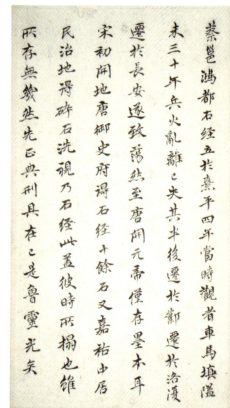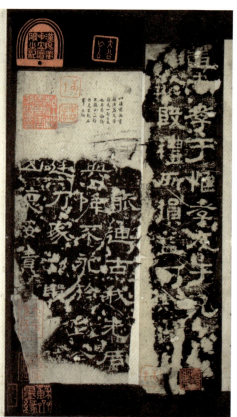

图 8-4 孙承泽砚山斋本拓片

交游,并作有《邹平张公子万斛园上小集各赋一物得桔槔》一诗,则这里所说的邹平张氏,或者就是万斛吧!据《梁邹西张氏族谱》(孝册)"忠定公幼子万斛"小传中所言:"万斛,字幼量,号定庵。拔贡,性情淡远,胸襟洒落。善书法,别业在城西美井庄。号药圃,自署其门曰'桃花源里人家'。诵读其中,琴樽盛友,徜徉自适。晚家不幸,家人徐升龙充巡抚署中书吏,后为公仆殴毙,事连公,有司文致其罪,陷文网,十年乃脱。"[5]亭林过张氏之时,想来已是万斛出狱之后,此时张氏家族已渐衰落。如果以上推论无误的话,那么这个石经残字拓本,应该就是在这次观赏之后不久,从其府中流出,转入大兴孙氏退谷之手的。

顺治十五年(1658)的八月,此拓本已经为孙承泽所藏,曾被孙氏著录入其《庚子销夏记》中。孙退谷殁后,此本并没立即转手,直到康熙

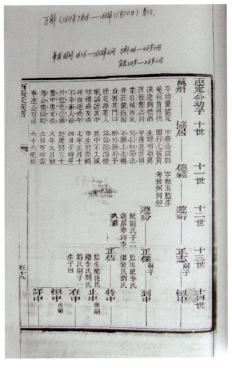

图 8-5　梁邹西张氏族谱

图 8-6　孙承泽砚山斋本题签

二十四年（1685）时，朱彝尊还在孙府中再次观摩了此拓，并予以题跋。最晚在康熙末年时，此本以三十金的价格，被转让给了华亭王鸿绪，流传数代，直到乾隆中期，尚在王鸿绪的孙辈王显曾之手。

到了嘉庆年间，此本从华亭王氏家族中散出，流入济南市肆。嘉庆十一年（1806），时任山东督粮道的孙星衍从济南购得这个宋拓本，存于江宁的孙氏祠堂之中。但在嘉庆二十三年（1818）渊如去世后不久，这个本子可能就从孙氏家中流出了。顾千里道光四年（1824）至孙氏冶城山馆拜访时，这个拓本已经不见踪迹了。[6]到同治二年（1863），川沙沈树镛费一年之力，终于在年底时以两万金购得此本及小蓬莱阁本，并于川沙正前街沈宅西斋专辟"汉石经室"来贮藏这两册拓本。

从此之后，这两册宋拓开始了大概四五十年的聚合期，其中存于沈氏凡三十五年，之后又同储于汉阳万氏直至光宣之间。光绪二十七八年（1901、1902）间，万氏将两本宋拓同携上海，付诸石印，从此化身千百，不虞放失。

图 8-7　黄易小蓬莱阁本题签

之后，万中立就将这两册拓本转让给了曾先后任湖北巡抚和署理湖广总督的长白端方。可惜的是，宝华庵中的长物，随着匋斋身殁，很快就散失了。这两册宋拓，也随同匋斋的其他藏品，转入了满洲完颜衡永及景贤叔侄之手。现在砚山斋本封面楷书题签："宋拓汉石经 / 孙退谷本 / 寸园酒仙氏藏"，下钤"酒仙所藏金石"白文方印。小蓬莱阁本封面楷书题签："宋拓汉石经 / 黄小松本 / 寸园酒仙氏藏"，下钤"酒仙所藏金石"白文方印，就是衡永收藏时留下的印记。衡永 1965 年 4 月 22 日病故，终年 84 岁，应该算是寿终正寝，死逢其时了。而这两件宋拓本应该是在此后不久，也就再次分散了。小蓬莱阁本在 1972 年时，经文物商店售予故宫博物院；而砚山斋本，则又曾经康生收藏，直到 1984 年，也进入了故宫。这两本宋拓残字，分分合合多次之后，终于又得延津剑合，一起安藏于故宫文物库房之中。

与砚山斋本相较，小蓬莱阁本见于记载要晚上百年左右。根据清代中

图 8-8　黄易小像

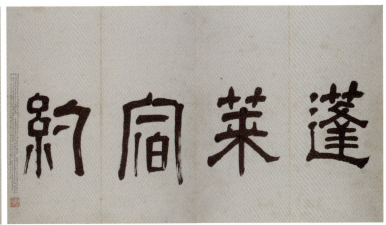
图 8-9　黄易小蓬莱阁本卷首（翁方纲题）

期江都江藩的说法，这个本子先是藏于扬州马氏小玲珑山馆；至于后来又如何北上入京，被汉军董元镜所藏，则不得而知。乾隆四十二年（1777）七月，仁和黄易晋京，听说董氏藏有汉石经残字宋拓本三段（《尚书·盘庚》五行、《论语·为政》八行、《尧曰》四行）共计一百二十七字，固求一见而不得。但黄易并未就此放弃，一月之后，董氏以嫁女需资，黄易抓住机会以数十金获得此本，将其重新装池，又请吴江沈塘为绘制小像（图 8-8）、嘉定钱坫题耑以为纪念。黄易得到此本之后，喜不自胜，多次邀请大兴翁方纲共同赏玩，并由翁氏为其题"小蓬莱阁"字于卷首（图 8-9），从此之后，此本就被称为小蓬莱阁本。黄易殁于嘉庆七年（1802），想来这本宋拓应该一直由他保藏；但其殁后是否仍存其家，则不得而知。咸丰六年（1856）时，此拓本惊鸿一现，为碑估携至潘祖荫处访售，但却终入他人之手。小蓬莱阁本再次有了明确的藏家线索，是在同治二年，这一年末，沈树镛同时得到这两个宋拓石经残字。光绪二十三年（1897）秋，万中立因翁绶祺之介，从沈树镛之子手中购得小蓬莱阁本。之后，则如上文所述，此本又经万氏之手转入了端方的宝华庵中，再入衡永的寸园思鹤庵。20 世纪六七十年代，这两本宋拓再次分道扬镳，一本入了故宫，另一本被康生收藏，直到 1984 年，才再次合璧。

2014 年 9 月，承故宫书画部副主任汪亓先生作缘，我曾有幸在故宫文

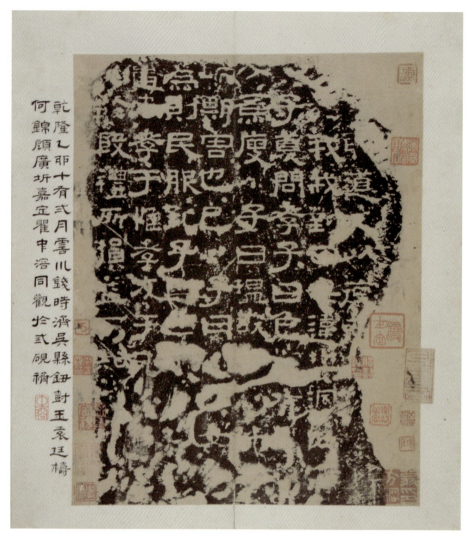

图 8-10　黄易小蓬莱阁本

物提看室一睹这两本宋拓的风采,甫一开卷,自有一种古香扑面而来。加以两本前后,均有累累题跋,文采墨妙,交相辉映,实在令人赞叹不绝、流连忘返。

正是因为宋拓本流传如此之罕,所以自清代以来,出现了很多关于这两种《熹平石经》残字的摹刻本。对于这个问题,张国淦《历代石经考·汉石经》部分的记述最为详尽,[7]他总结残字拓本及翻本计有:如皋姜任修本,即孙氏砚山斋本;[8]北平翁方纲小蓬莱阁本,即黄易本并

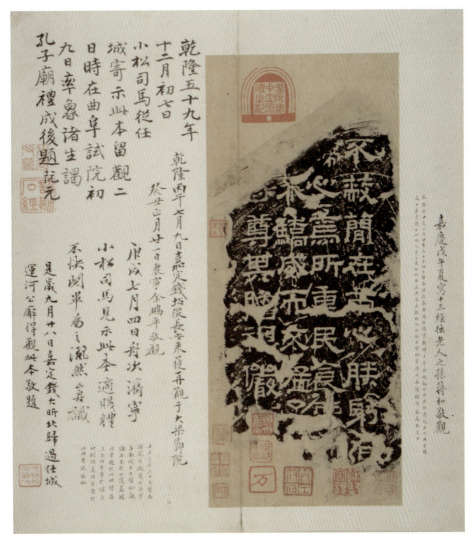

图 8-11　黄易小蓬莱阁本

孙氏"凶德绥绩"四字；[9] 南昌县学本，即黄易本加钱泳双钩本；[10] 钱塘黄易会稽蓬莱阁本，即黄易藏本；[11] 海盐张燕昌石鼓亭本，即黄易本；[12] 汉军李亨特绍兴府学本，即翁氏南昌县学本；[13] 陕西申兆定关中碑林本，即黄易本；[14] 南皮张之洞武昌重刻本。[15] 这些翻刻本的出现，其实是从另外一个角度证明了这两本宋拓残字的珍贵，故而，今以时间为线索，将两本之流传，做一大致的梳理，以为日后深入探讨做一铺垫。（图 8-10—图 8-12）

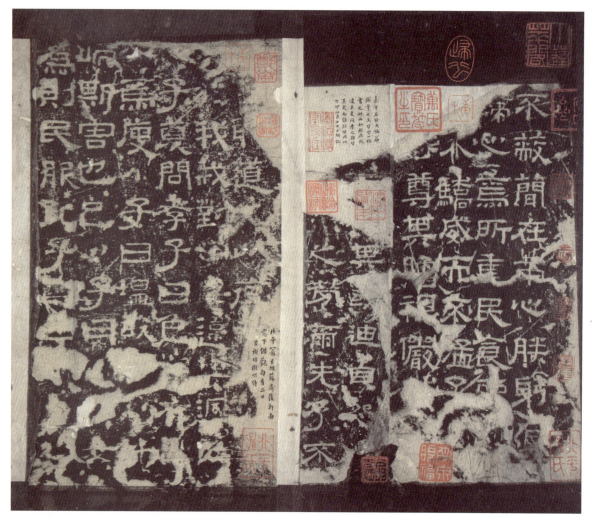

图 8-12 孙承泽砚山斋本

明末清初

山东邹平张氏藏宋拓《熹平石经》残字一册，计存《尚书·盘庚》六行，《论语·为政》八行、《尧曰》四行，共计一百三十一字。

顺治十五年戊戌（1718）

上半年，昆山顾炎武过山东邹平张氏，曾获睹其所藏宋拓《熹平石经》残字。

顾炎武《金石文字记》："予两见此本，一于邹平张氏，一于京师孙氏。"[16]

八月六日，孙承泽得汉石经残字宋拓本并题款。以孙氏堂云砚山斋，

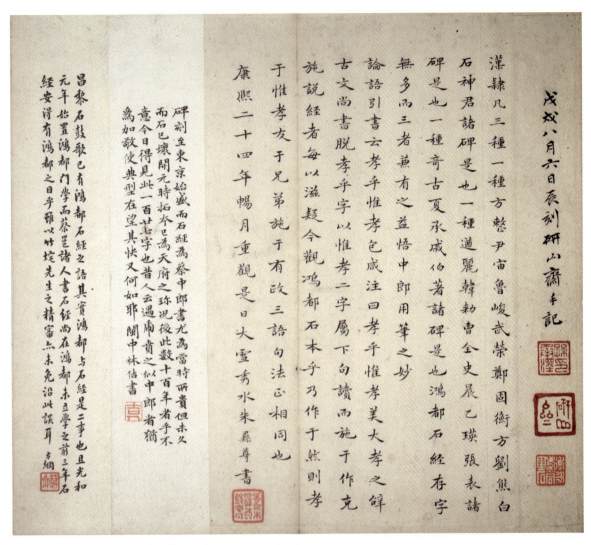

图 8-13　孙承泽砚山斋本题跋（孙承泽、朱彝尊、林佶、翁方纲）

故此本遂名为砚山斋本。

孙氏手写题款："戊戌八月六日辰刻，砚山斋手记。"〔17〕（图 8-13）

《庚子消夏记》卷五《蔡邕石经残字》："东汉书学以中郎为最，而石经尤其得意之作，故当为两汉之冠。按鸿都石经立于熹平四年，当时观者车马填溢。未三十年，兵火乱离，已失其半。后迁于邺、迁于洛，复迁于长安，遂致荡然。至唐开元时，仅存墨本耳。宋初开地唐御史府，得石经十余石。又嘉祐中，居民治地得碎石，洗视乃石经，此本盖彼时所拓也。虽所存仅百十余字，然先正典刑具存，真希世之珍也。予装之砚山斋秘籍中。

何義門云近谷所藏漢石經是越州石氏搨本忽據赫續云據此石邦若與明聚研廟寫今芒裕之其子祖禮跋維存者於越又揚越州石氏刻帖之目是搨之寶刻叢編漢石經在焉其摹刻裳甚雜不可考大竭之洪氏之裳之刻其時當不相遠又直陆在越州則跟跎是洪氏之本耳己腊月摹此以矣秋盦鑑之田谿北平翁識

右吾鄉孫退谷所藏漢石經殘字今在松江王周諡侍御霞門人吳權堂進士以楷書寡寄比予所摹黃秋盦藏本多山隠綬續四字又見白蒲堂退畔摹刻北海孫氏本止多隠字右半而已今此半字據所錄者用錄書摹其三字吳畔者用楷書摹德字與乃字故併摹乃家二字以定其位置

二字屬下句讀而施作立施說經往煮每以漆錠令觀鴻都石李平乃作於坐則考手惟君友于兄易施于有改三復匈涵匝相同也康熈二十四年賜月朔日大雪秀水朱彝尊書

碑到京東京裕盛而石經為裳中郎書尤為常時所貴但朱之玷注與觀十年者本已為天府之珍況近世亳閒亡失不意今已謂見此一百世之字也昔人退屛資之以中郎者猶為加敬使典型具其快又何如郯崗中林佶書

漢隷凡三種一禪方嚴嵯茶嚴朋剛有熊白石神品諸碑是此一種適簾狎和章令史遷光塙張表諸碑是此一種奇古夏承威伯餘是此鴻都石柱碑又一種也予家有之蓋碑與石本耳宗初闕地唐開史有府澤石經十餘石又赤鉛中唐民諧地謂悴潯禮視乃石經此盖嵯時所撩也權存者無墨甓先止典聖具在己是魯甓光失戊戌八月六日辰刻所山齋手記

蔡邕鴻都石經立於熹平四年當時觀者中論語引書與二李平帷存德字以摹古文為書胧李平帷存吳大孝之祥

乃家
巡遥
盲

图 8-14　黄易小蓬莱图本题跋

石经在宋赵明诚犹见数千字，谓以世所传经书本校此遗字，其不同者已数百言。又篇第亦时有小异，使完本具存，则其异同可胜数耶！观德父之言，则圣远言湮，后学于经无所师承、无所根据，而徒执一己之说，使圣人之经曲就之，真可慨也。"[18]

康熙二十四年乙丑（1685）

十一月，秀水朱彝尊重观砚山斋本，并为题跋。[19]

朱彝尊手跋落款："康熙二十四年畅月重观，是日大雪。秀水朱彝尊书。"

《曝书亭集》卷四十七《跋蔡中郎鸿都石经残字》："中郎石经初非三体书法，而杨衒之、刘芳、窦蒙、苏望、方匋、欧阳棐、董逌等皆误读范史《儒林传》。惟张演谓以三体参校其文而书丹于碑，则定为隶，其说独得之。今观宛平孙氏所藏《尚书》《论语》残字，平生积疑，为之顿释。《论语》书云'孝乎惟孝'，包咸注云'孝乎惟孝，美大孝之辞'。今石本'乎'乃作'于'，然则'孝于惟孝''友于兄弟''施于有政'，句法正相同也。"[20]

按：砚山斋本朱氏跋文之后又存林佶手跋，但此跋恐系自别本而来，一则与前后纸色不同，再则林跋中有"今者得见此一百廿七字也"云云，可见所题并非此本。

最晚约康熙末年

砚山斋本流出孙府，以三十金售予华亭王鸿绪，流传数代，直到乾隆中期，尚在王鸿绪的孙辈王显曾之手。

徐用锡《圭美堂集》卷二十《字学札记下》："义门云，南宋越州石氏刻帖，首末不载年月、姓名，曾见华亭司农以三十金质孙北海。此帖内有石经一段，朱锡鬯不察，认为蔡中郎之经。石氏名熙明，见施武子《会稽志》。其碑目则见于《宝刻丛编》。"[21]

乾隆四十二年丁酉（1777）

七月，黄易入都，闻汉军董元镜藏汉石经残字宋拓本三段（《尚书·盘庚》五行，《论语·为政》八行、《尧曰》四行），固请一观而不获。

李放《皇清书史》卷二十三："董元镜，字观我，一字用晦，号石芝，别号农阳外史，汉军正黄旗人。官户部陕西司员外郎。工篆分铁笔，藏旧拓碑版甚多。黄秋庵所宝之《宋拓熹平石经残字》，即得自石芝者。"[22]

八月，董元镜因嫁女乏资，黄易助以数十金，遂以所藏汉石经残字一百二十七字宋拓本归黄。黄易乃为重新装池，又请吴江沈塘为绘制小像、嘉定钱坫题耑以为纪念。

八月二十六日，黄易携其新得之石经残字拓本至翁方纲诗镜轩与客同赏，翁氏以为卷中有元人印记"通经"二字，并为题长跋考证。此本较孙氏本缺《盘庚》"凶德绥绩"四字。

按：翁方纲此跋与其《复初斋文集》卷十二《自跋熹平石经残字》中所述，[23] 内容大体相同，兹不录。

黄易题跋："宋洪氏《隶释》汉石经残字数千余，孙氏砚山斋所藏止《尚书》《论语》一百二十余字，何焯以为越州石氏重摹本[24]……又摹刻于府学，皆盛事也。钱塘黄易谨识。"（图 8-15）

八月二十七日，翁方纲复撰七古题于黄易所藏卷末[25]，并顾蔼吉所摹本非真出砚山斋本。

八月二十八日，翁方纲再为小蓬莱阁本题记。

翁方纲题记："方纲既摹此本重勒于石，因其斋曰小蓬莱阁，而以惠州元妙观后石上白玉蟾隶书'蓬莱'二字摹勒于屋后石笋以志之。时丁酉八月廿八日。"

九月一日，翁方纲以黄本为底本，将之手摹付海盐张燕昌重新摹勒于

图 8-15　黄易自题小蓬莱阁本

斋壁。又撰"小蓬莱阁"之匾与黄易，自此，黄本即通称"小蓬莱阁本"。

翁方纲《黄秋盦传》："丁酉秋，君于都下得汉《熹平石经》《般庚》《论语》三段，时方纲亦摹此勒石，援洪文惠镌石经于会稽蓬莱阁故事以名斋。既乃知君家先有此名，泂一异也。"[26]

翁方纲《黄秋盦得碑十二图序》："《得碑十二图》者，钱塘黄子秋盦自绘其乙未至癸丑十余年间所访古刻事境而作也。予识黄子在岁丁酉，时于都门，初得汉《熹平石经》残字三段，予借摹勒石于书室，用洪文惠越州事，题曰'小蓬莱阁'。而黄子先世已有此扁，何其不谋而合也。"[27]

九月十二日，翁方纲以"蓬莱宿约"四字题黄易藏册之首，并为跋与诗系于后。

翁方纲《复初斋诗集》卷十六有《小松以所得汉石经残字属题，方纲

图 8-16　黄易小蓬莱阁本翁方纲题记

既摹上石,自扁其屋曰"小蓬莱阁"。今日小松书来,云先少参读书南屏处名"小蓬莱",欲构小阁刻此,不谋而合,洵一奇也。因为题其石经卷首曰"蓬莱宿约",赋此四诗奉柬》。[28]

九月,扬州江恂与淮阴程晋芳同观小蓬莱阁本于京师寓所,并题观款。

十月朔,大兴朱筠获观小蓬莱阁本于外城之日南坊并跋。

朱筠题跋:"乾隆丁卯秋,余同钱塘黄易小松访汉印于京师,留守卫曲巷之草庵。小松从客购问汉石经残字,已而得之,凡《尚书》今文《盘庚》篇五行,《论语·为政》篇八行、《尧曰》篇四行……十月朔日,大兴朱筠获观于外城之日南坊。"

十月既望雪中,乌程陈焯、龙溪李威集于番禺潘有为宅中,送黄易之官山左，得赏小蓬莱阁本，且留观款。

十一月下浣，黄易滞留于上谷，陈焯遂假观小蓬莱阁本数日，又摹本藏于其湘管斋中。

乾隆四十三年戊戌（1778）

八月五日，海盐张燕昌摹刻小蓬莱阁本于石葳事，遂题其后，云其曾于转折顿挫处，订正一二。

乾隆四十五年庚子（1780）

本年，翁方纲门人吴榷堂孝显于华亭王氏处摹写孙退谷砚山斋本来。与黄本相参校，砚山斋本《盘庚》篇多出半行"凶德绥绩"四字。

翁方纲跋："右吾乡孙退谷砚山斋所藏汉石经残字，今在松江王周谟侍御处。门人吴榷堂进士以楷书写寄，比予所摹黄秋盦藏本多'凶德绥绩'四字。"

按：王显曾，王顼龄（王鸿绪之兄）曾孙、王祖庚次子、王绍曾弟，字周谟，登乾隆二十五年（1760年）庚辰科进士，选翰林院庶吉士，授主事，擢监察御史，晋礼科掌印给事中，视南漕，又巡台湾，前后并多建白，为官清正廉洁，因疾而归。著有《研堂全集》《双峰草堂诗稿》等行世。

乾隆四十九年甲辰（1784）

本年，翁方纲获见如皋姜氏重摹砚山斋本。

乾隆五十年乙巳（1785）

腊月，翁方纲为黄易摹写砚山斋本多存之四字"凶德绥绩"，并录孙承泽、朱彝尊、林佶题跋于小蓬莱阁本卷末。

乾隆五十一年丙午（1786）

六月二十七日，河南巡抚毕沅假观小蓬莱阁本，并题长跋于卷末。[29]

七月朔，昆山徐嵩于大梁使院为小蓬莱阁本题观款；同日，阳湖洪亮

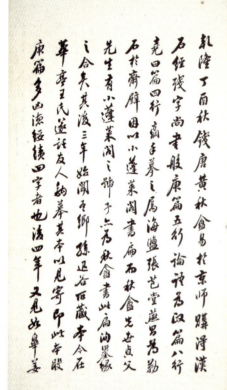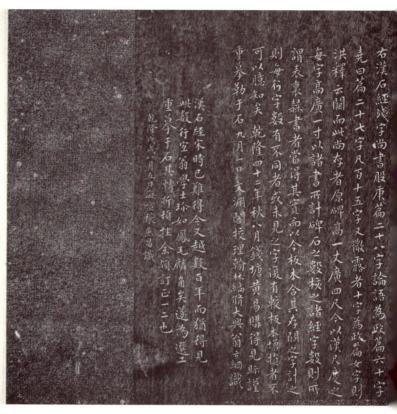

图 8-17 孙承泽砚山斋本题跋

吉为题七古一首于河南使院之嵩阳吟馆。[30]

七月初九日,嘉定钱坫自长安至大梁节院黄易斋头观此并题款。

七月十三日,阳湖孙星衍为题五古一首。[31]

"乾隆丙午七月十三日题,为秋盦主人行人催发,走笔成此,诗字俱劣也。孙星衍。"

乾隆五十三年戊申(1788)

六月三日,铁保偕门人笪立枢同观小蓬莱阁本并题款。

本年,大兴翁覃谿学士方纲以詹事府詹事督学江西,自金匮钱泳处摹得《尚书·洪范》篇十行、《君奭》篇二行,《诗·魏风》八行、《唐风》四行,《仪礼·大射仪》七行、《聘礼》六行,《公羊传》三行;又《论语·为政》篇八行、《微子》篇八行、《尧曰》篇四行;又《论语》篇末识语三行,

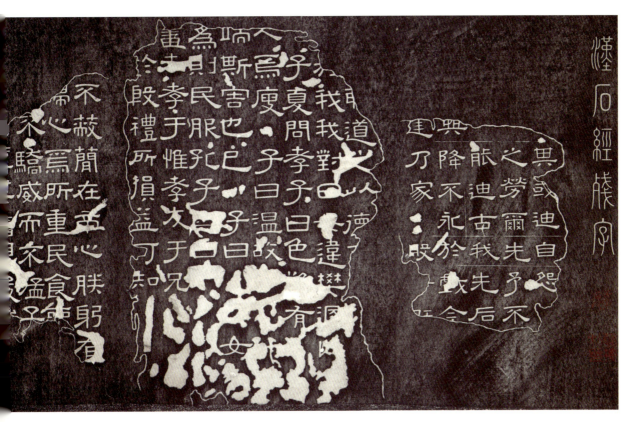

图 8-18　孙承泽砚山斋本

合前后所得钱塘黄小松本及如皋姜氏重模本《汉熹平石经》残字，重刻石于南昌学宫尊经阁下。

乾隆五十五年庚戌（1790）

七月初四日，钱塘梁山舟过济宁，黄易出示小蓬莱阁本，为题观款。

梁山舟题记："庚戌七月四日，舟次济宁，小松司马见示此本。适贱体不快，阅毕为之洒然。山舟识。"

九月二十八日，嘉定钱大昕北归过任城运河公廨，为小蓬莱阁本题观款。

立冬，钱塘吴锡麒为小蓬莱阁本题观款。

乾隆五十六年辛亥（1791）

四月，武亿入都，道经济宁，为小蓬莱阁本题观款。

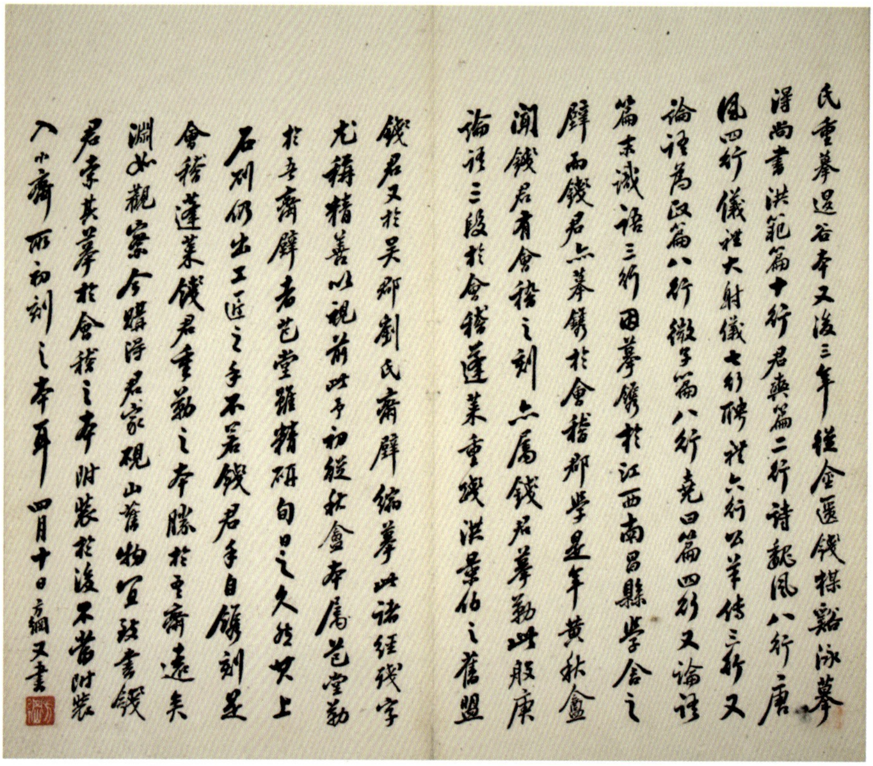
氏重摹遲谷本又後三年從金匱錢楳谿泳摹
得尚書洪範篇十行君奭篇二行詩魏風八行唐
風四行儀禮大射儀七行聘禮六行公羊傳三行又
論語為政篇八行微子篇八行堯曰篇四行又論語
篇末識語三行因摹鐫於江西南昌縣學今之
辟雍錢君亦摹鐫於會稽郡學是年黃秋盦
聞錢君有會稽之刻亦屬錢君摹勒此盤庚
論語三段於會稽蓬萊重竢洪景伯之舊盟
錢君又於吳郡劉氏齋壁縮摹此諸經殘字
尤稱精善以視前此予初從秋盦本屬芑堂勒
於吾齋壁者芑堂雖精研旬日之久然其上
石刻仍出工匠之手不若錢君手自鐫刻是
會稽蓬萊錢君重勒之本勝於吾齋遠矣
淵如觀察今歸得君家硯山舊物宜致書錢
君索其摹於會稽之本附裝於後不當附裝
入吾齋所初刻之本耳　四月十日方綱又書

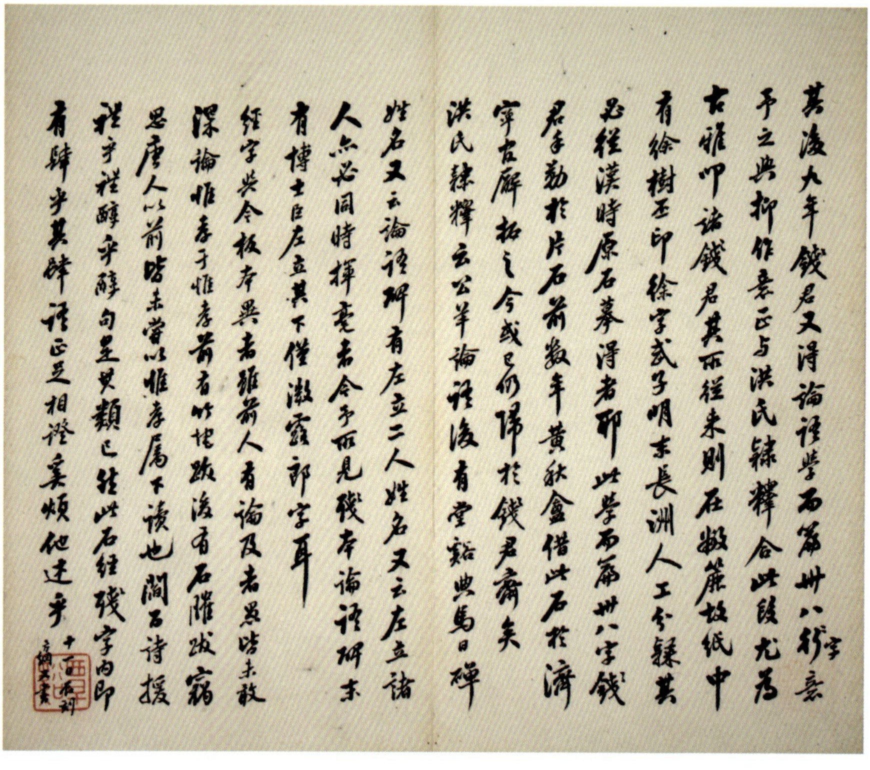
其後六年錢君又得論語學而篇卅八行字亦
予之與抑作者正與洪氏隸釋合此段尤為
古雅叩諸錢君其所從來則在敝簏故紙中
有徐樹丕印徐字武子明末長洲人工分隸其
必從漢時原石摹得者耶此學而篇卅八字錢
君手勒於片石前數年黃秋盦借此石於濟
寧古廟拓之今或已歸於錢君齋矣
洪氏隸釋云公羊論語後有堂谿典馬日磾
姓名又云論語碑有左立二人姓名又云左立諸
人亦必同時揮毫者今予所見殘本論語碑末
有博士臣左立其下僅徵露郎字耳
經字與今板本異者雖前人有論及者然皆未敢
深論惟孝乎惟孝前有此地跋後有石雕跋竊
思唐人以前皆未嘗以惟孝屬下讀也潛研詩援
程子醇乎醇句是其類已然此石經殘字內即
有肆乎其肆語正足相證矣頃他述乎　十一日方綱又書

图 8-19　孙承泽砚山斋本题跋

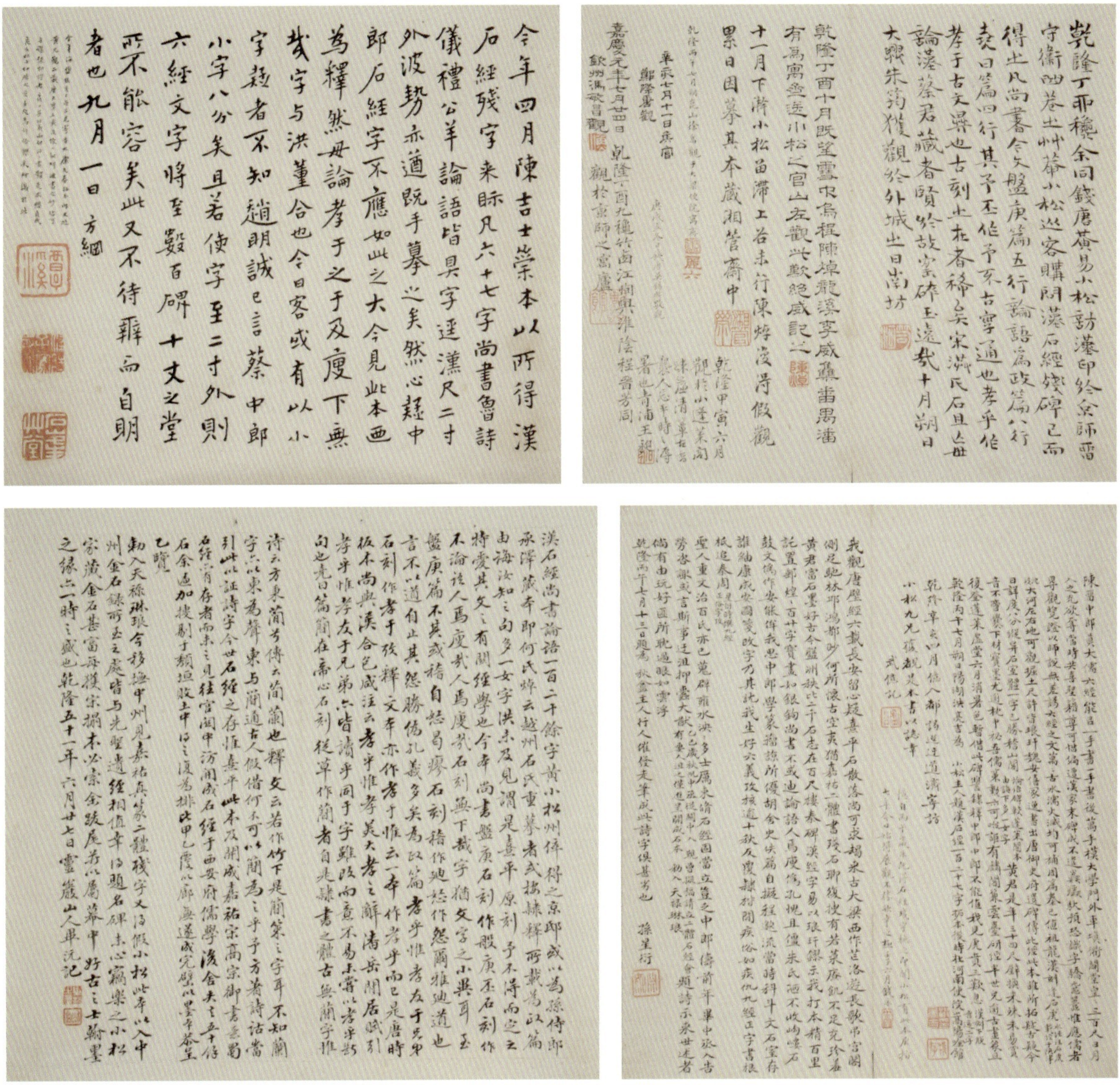

图 8-20 黄易小蓬莱阁本翁方纲等题记

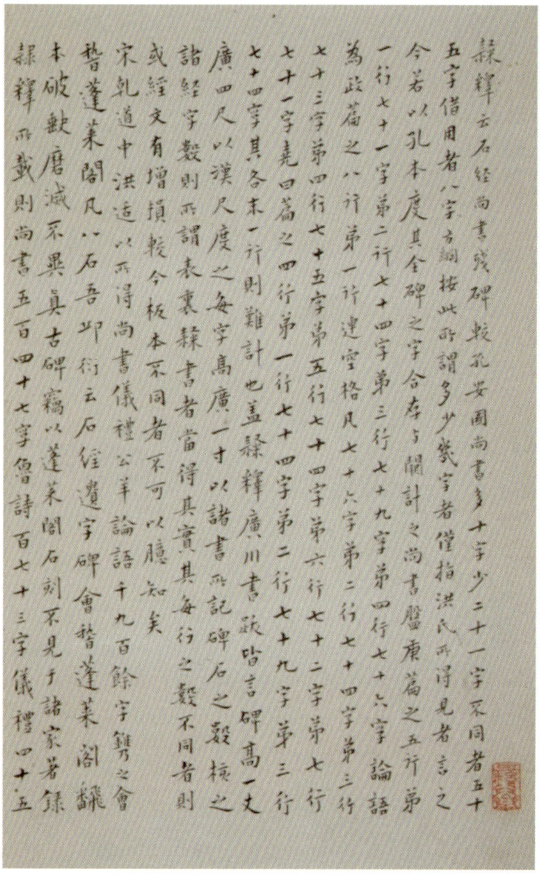
隸釋云石經尚書殘碑較孔安國尚書多十字少二十一字不同者五十
五字借用者八字方綱按此所謂多少幾字者僅指洪氏所得見者言之
今若以孔本度其全碑之字合存与闕計之尚書盤庚篇之五行第
一行七十一字第二行七十四字第三行七十九字第四行七十六字論語
為政篇之八行第一行連空格凡七十六字第二行七十四字第三行
七十三字第四行七十五字第五行七十四字第六行七十二字第七行
七十一字堯曰篇之四行第一行七十四字第二行七十九字第三行
七十四字其各末一行則難計也蓋隸釋廣川書跋皆言碑高一丈
廣四尺以漢尺度之每字高廣一寸以諸書所記碑石之數核之
諸經字數則所謂表裏隸書者當得其實其每行之數不同者則
或經文有增損較今板本不同者不可以臆知矣
宋乾道中洪适以所得尚書儀禮公羊論語千九百餘字刻之會
稽蓬萊閣凡八石吾邱衍云石經遺字碑會稽蓬萊閣翻
本破缺磨滅不異真古碑竊以蓬萊閣石刻不見于諸家著錄
隸釋所載則尚書五百四十七字魯詩百七十三字儀禮四十五

图 8-21　黄易小蓬莱阁本题跋

七月十一日，候官郑际唐为小蓬莱阁本题观款。

乾隆五十七年壬子（1792）

三月初三，山东学政翁方纲按试沂郡，道出济宁，与门人王聘珍同观小蓬莱阁本于黄易寓所，并为题款。

翁方纲题记：“壬子三月三日，自曹南按试沂郡，道出济宁，与南城王生聘珍观诸石本于小蓬莱阁，因重题于此册。时与王生同有事于补正竹垞《经义考》，不啻于此册有夙缘也。”

夏六月，金匮钱泳过济宁，为小蓬莱阁本题观款两条，又题签一条。黄易遂嘱钱泳将小蓬莱阁本摹刻于会稽蓬莱阁。钱泳后又缩刻此诸经残字于吴郡刘氏宅壁上，尤称精善。

钱泳题记：“忆自丙午岁，泳既得石经残字模之，即闻小松有此本。

屈指七年，今日始得展观，不胜欣幸之极。壬子六月，钱泳。"

乾隆五十八年癸丑（1793）

正月二十一日，怀宁余彭年为小蓬莱阁本题观款。

夏四月二十五日，翁方纲按试泰安，道出济宁，复观小蓬莱阁本于黄易衙斋，再为题款。是日同观者又有嘉定钱大昭东垣父子、嘉兴吴嘉谷、南城王聘珍。

翁方纲题记："乾隆癸丑夏四月廿有五日，方纲自曹南按试泰安，道出济宁，观碑于学舍，晚饭于黄君衙斋，复出此册重题。是日，嘉定钱大昭晦之率子东垣既勤、嘉兴吴嘉谷晓帆、南城王聘珍实斋同来，对榻谭艺，展玩竟日。"

乾隆五十九年甲寅（1794）

六月，青浦王昶观小蓬莱阁本于黄氏小蓬莱阁并题款。

十二月初七，黄易从任城寄小蓬莱阁本与山东学政阮元。时阮元按试曲阜，留观二日后题款。

阮元题记："乾隆五十九年十二月初七日，小松司马从任城寄示此本，留观二日，时在曲阜试院。初九日，率鲁诸生谒孔子庙，礼成后题。阮元。"

乾隆六十年乙卯（1795）

十一月二十八日，吴县陆恭借得小蓬莱阁本，留其松下清斋两宿，并于三十日晨为之题跋。（图8-22）

陆恭题跋："《熹平石经》留人间者止此一百二十七字，剥泐之余，益钦宝贵。因向小松假观，留松下清斋者两宿。惜尘事牵率，未能穷日夜之力心摹手追如昔贤之卧碑下三日也。乙卯十一月三十日晨起，陆恭记。"

十二月，雪川钱时济，吴县钮树玉、袁廷梼、何锦、顾广圻，嘉定瞿中溶同观小蓬莱阁本于袁廷梼弍砚斋。

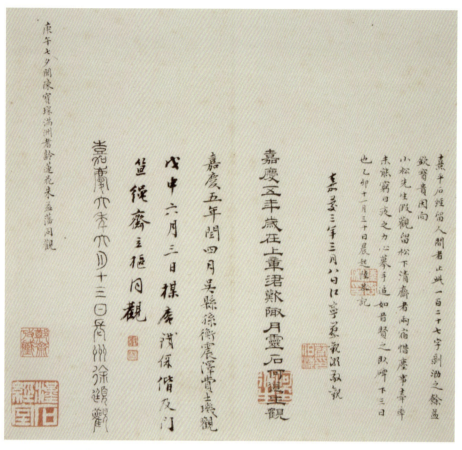

图 8-22　黄易小蓬莱阁本题跋

嘉庆元年丙辰（1795）

七月二十四日，钦州冯敏昌为小蓬莱阁本题观款。

嘉庆三年戊午年（1798）

三月八日，江宁蔡观潮为小蓬莱阁本题观款。

夏，写十三经拙老人之孙蒋和为小蓬莱阁本题观款。

嘉庆五年庚申（1800）

正月，灵石何道生为小蓬莱阁本题观款。

闰四月吴县孙衡、震泽费士玑为小蓬莱阁本题观款。

嘉庆六年辛酉（1801）

六月十三日，长洲徐斑为小蓬莱阁本题观款。

嘉庆十一年丙寅（1806）

砚山斋本归于孙氏问字堂之前，曾经求售于洪颐煊。

洪颐煊《〈熹平石经〉残字·熹平四年三月》："右《熹平石经》残字六种，皆近人重摹本。《尚书·般庚》一段、《洪范》一段、《君奭》一段，《诗·魏风》一段、《唐风》一段，《仪礼·大射仪》一段、《聘礼》一段，《公羊·隐四年传》一段，《论语·为政》一段、《微子》一段、《尧曰》二段、篇末一段，诸家所摹虽多寡不同，皆不出于此数。余所见最旧者，则有孙退谷研山斋所藏宋越州石氏《博古堂帖》摹本《尚书·般庚》一段、《论语·为政》一段、《尧曰》一段。《般庚》末有'凶德绥绩'四字，为诸本所无。研山斋本近归孙渊如观察，当时有人持此帖来售，尚有《吉日癸巳》、集汉隶《千文》二种，皆《博古堂帖》中所有，此尤出于越州石氏本确证。阮尚书所藏石经《尚书》一段、《论语》二段，亦是此本，某上舍称为蓬莱阁所刻则谬也。"〔32〕

孙星衍得砚山斋本于历下，自为题签，藏诸江宁孙氏宗祠之中。

王大隆辑《孙渊如先生文补遗·汉石经残字跋》云："家退谷所藏砚山斋《熹平石经》拓本，《尚书·般庚》篇六行、《论语·为政》篇十二行，后有朱竹垞、林吉人题跋。顾氏蔼吉始见之，取其字入《隶释》。顾亭林、何义门皆见之，后为华亭王鸿绪所得，即是此本。嘉庆丙寅岁，余得于历下。"〔33〕

冬十二月二十四日，高邮王念孙为砚山斋本题长跋，其子引之题观款。（图8-23）

嘉庆十二年丁卯（1807）

三月下旬，翁方纲自孙星衍处借得砚山斋本，留于斋中十有二日，并留数款。其子树琨同观。

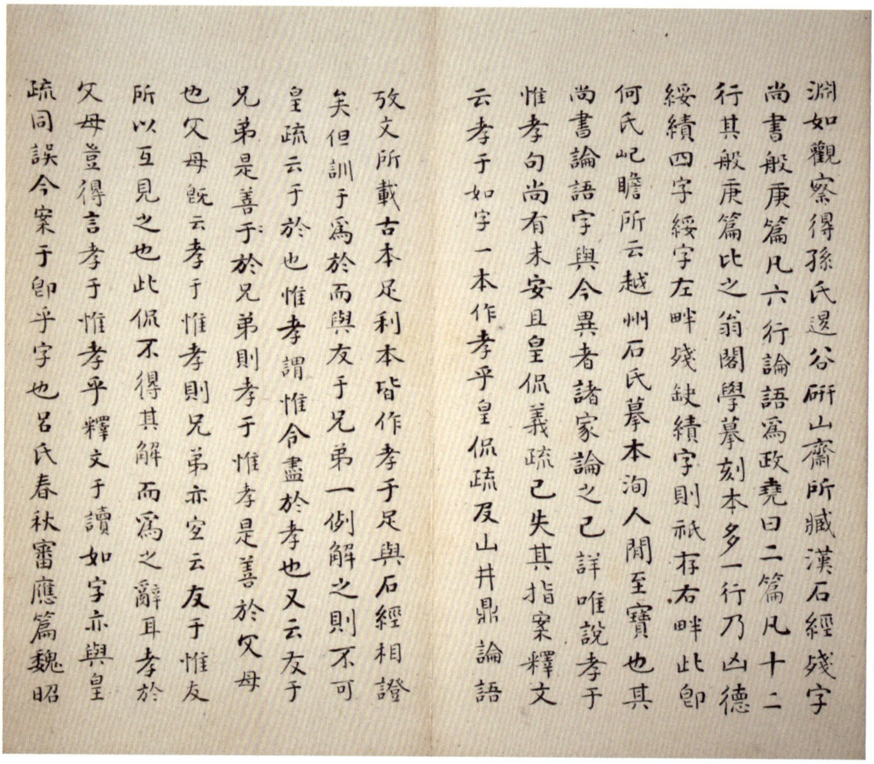

淵如觀察得孫氏遜谷硏山齋所藏漢石經殘字
尚書盤庚篇凡六行論語爲政篇曰二篇凡十二
行其般庚篇此之翁閣學墓刻本多一行乃凶德
綏績四字綏字左畔殘缺績字則祇存右畔此即
何氏屺瞻所云越州石氏墓本洵人間至寶也其
尚書論語字與今異者諸家論之已詳唯說孝于
惟孝句尚有未安且皇侃義疏已失其指案釋文
云孝于如字一本作孝乎皇侃疏及山井鼎論語

放文所載古本足利本皆作孝于足與石經相證
矣但訓于爲於而友于兄弟一例解之則不可
皇疏云于於也惟孝謂惟合盡於孝也又云友于
兄弟是善於兄弟則孝于惟孝是善於父母
也父母豈云孝于惟孝乎兄亦云友于惟友
所以互見之也此俱不得其解耳讀如字亦與皇
父母豈得言孝于惟孝乎釋文于讀如字亦與皇
疏同誤今案于即乎字也呂氏春秋審應篇魏昭

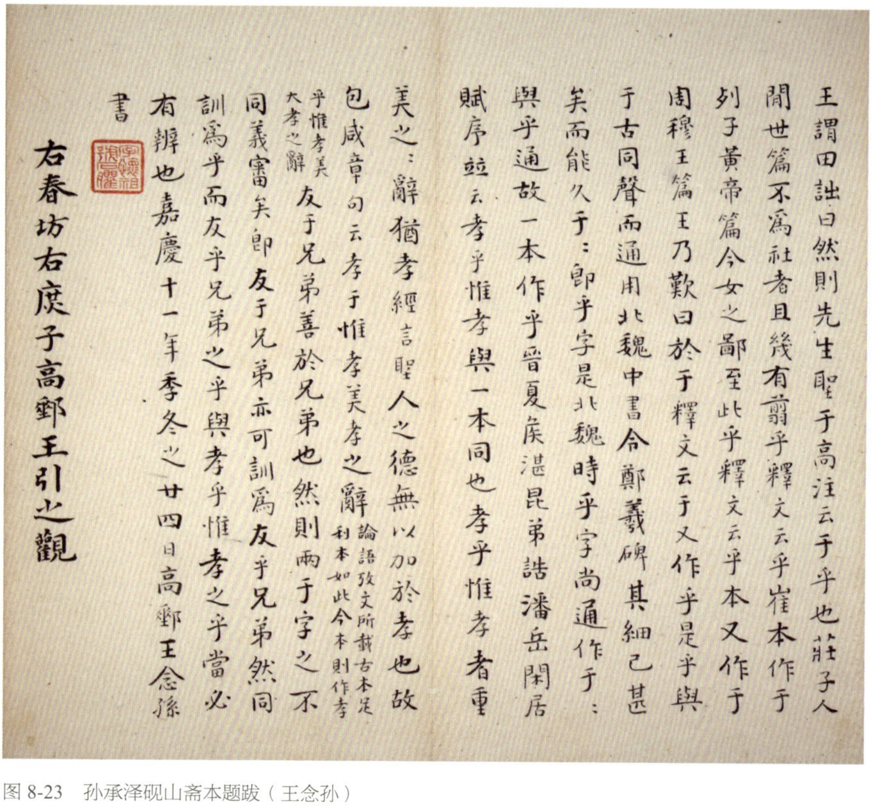

王謂田詘曰然則先生聖于高注云于乎也莊子人
間世篇不爲社者且幾有翦乎釋文云乎本作于
列子黃帝篇今女之鄙至此乎釋文云乎本作于
周穆王篇王乃歡曰於乎釋文又云乎本是乎與
于古同聲而通用北魏中書令鄭羲碑其細已甚
矣而能久乎：即乎字是北魏時乎字尚通作于
與乎通故一本作乎晉夏侯湛昆弟誥潘岳閑居
賦序竝云孝乎惟孝與一本同也孝乎惟孝者重

美之：辭猶孝經言聖人之德無以加於孝也故
包咸章句云孝乎美孝之辭論語致文所載古本足
利本如此今本則作孝乎惟孝美乎之辭也
大孝之美乎惟孝美孝善於兄弟也然則兩于字之不
同義當矣卽友于兄弟之乎與孝乎惟孝之乎當必
訓爲乎而友于兄弟之乎與孝乎惟孝之乎當必
有辯也嘉慶十一年季冬廿四日高郵王念孫
書

右春坊右庶子高郵王引之觀

图 8-23　孙承泽砚山斋本题跋（王念孙）

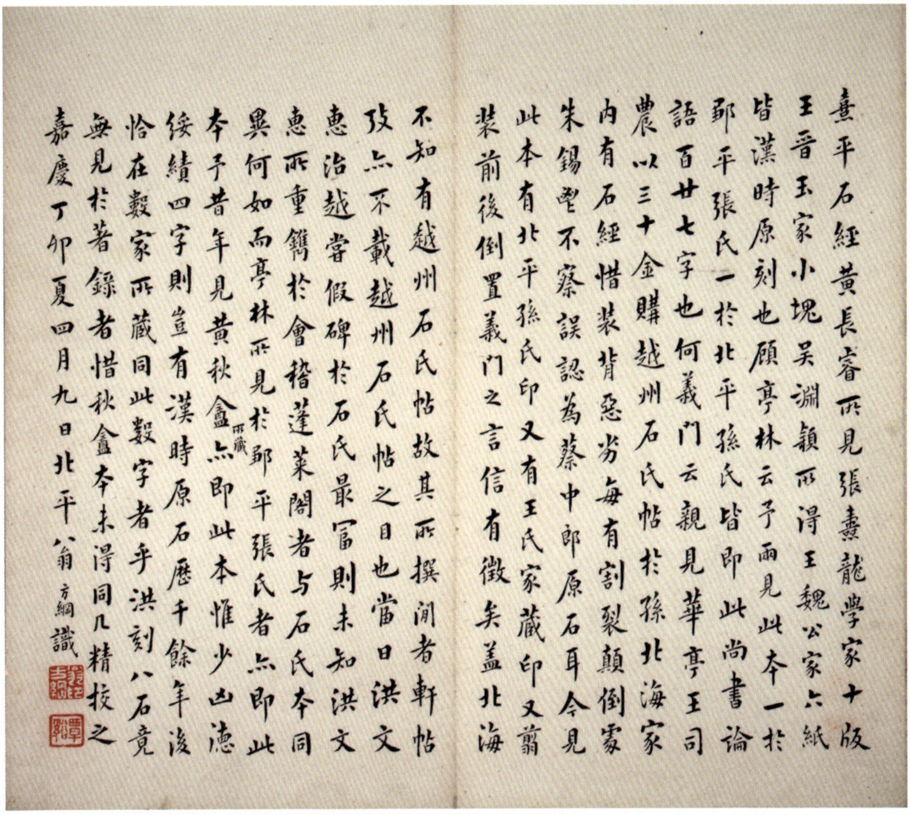
熹平石經黃長睿所見張燾龍學家十版
王晉玉家小塊吳淵穎所得王魏公家六紙
皆漢時原刻也顧亭林云予兩見此本一於
鄒平張氏一於北平孫氏皆即此尚書論
語百廿七字也何義門云親見華亭王司
農以三十金購越州石氏帖於孫北海家
內有石經惜裝背惡劣每有割裂顛倒處
朱錫鬯不察誤認為蔡中郎原石耳今見
此本有北平孫氏印又有王氏家藏印又翦
裝前後倒置義門之言信有徵矣蓋北海
不知有越州石氏帖故其所撰閒者軒帖
攷亦不載越州石氏帖之目也當日洪文
惠治越嘗假碑於石氏最富則未知洪文
惠所重鐫於會稽蓬萊閣者與石氏本同
異何如而亭林所見於鄒平張氏者亦即此
本予昔年見黃秋盦所藏亦即此本惟少凶德
綏績四字則豈有漢時原石歷千餘年後
恰在數家所藏同此數字者乎洪刻八石竟
無見於著錄者惜秋盦本未得同几精校之
嘉慶丁卯夏四月九日北平翁方綱識

图 8-24 孙承泽砚山斋本题跋（翁方纲）

四月九日，翁方纲为砚山斋本题跋，叹未能与小蓬莱阁本同几精校。（图 8-24）

翁方纲跋："《熹平石经》黄长睿所见张焘龙学家十版、王晋玉家小块、吴渊颖所得王魏公家六纸，皆汉时原刻也。顾亭林云予两见此本，一于邹平张氏，一于北平孙氏，皆即此《尚书》《论语》百廿七字也。何义门云亲见华亭王司农以三十金购越州石氏帖于孙北海家，内有石经，惜装背恶劣，每有割裂颠倒处。朱锡鬯不察，误认为蔡中郎原石耳。今见此本有北平孙氏印，又有王氏家藏印，又翦装前后倒置，义门之言，信有征矣。盖北海不知有越州石氏帖，故其所撰《闲者轩帖考》不载越州石氏帖之目也。当日洪文惠治越，尝假碑于石氏最富，则未知洪文惠所重镌于会稽蓬莱阁者，与石氏本同异何如？而亭林所见于邹平张氏者，亦即此本。予昔年见黄秋盦所藏，亦即此本，惟少'凶德绥绩'四字，则岂有汉时原石历千余年后恰在，数家所藏同此数字者乎？洪刻八石，竟无见于著录者。惜秋盦本未得同几精校之。嘉庆丁卯夏四月九日，北平翁方纲识。"〔34〕

四月十日，翁方纲题砚山斋本数跋，述其所见及各地摹刻之大概。

翁方纲跋："《熹平石经》凡隔篇、隔章之文，皆空一格书之"，"诸经皆同之"。

四月十一日，翁方纲为砚山斋本再撰长跋，〔35〕又于是日前后题长诗。

《孙渊如观察购得研山斋旧藏〈熹平石经〉残字为题于后》："我斋借题蓬莱扁，秋盦之梦三十年（丁酉秋，黄小松得汉石经残字。予借摹于壁，因以'小蓬莱'名其阁）。尔时追惟砚山笈，四字补自华亭传（此本《般庚》篇多'凶德绥绩'四字，予属友于华亭王氏摹补）。今君何幸购此本，砚山华亭印宛然。义门识是越州石，石家目记陈思编。稽山藏碑富假阅，蓬莱八石孰后先。张龙学与王晋玉，想像一二遗星躔。我斋摹本自此始，盉毛包周熟口涎。孝于惟孝肆乎肆，往复商订黄与钱。黄君有儿尚世守，钱生缩本又手镌。会稽南昌各庠庑（钱梅溪又重摹于会稽郡学，予亦重摹于南昌郡学）。塾童毡拓争丹铅。毗陵使君雅好古，莘老亭子来廓填。准以越州原石目，恰与吉日周篆联（君适购得《吉日癸巳》旧拓本）。堂溪日碑系左立，专家那仅中郎沿（洪释云，《公羊》《论语》后有堂溪典、马日碑姓名。又云《论语》碑有左立二人姓名。今所见《论语》碑末云：'博士臣左立'，下仅辨'郎'字）。凤毛麟角偶一见，残珪断臼神仍全。北海砚山旧跋语，闲轩帖考所未诠。墨池越海涌空绿，匮纸尚结苔花圆。何必资州魏公本，更摹永兴东观篇。他日东州续宝刻，知有尔我同墨缘（时予与君约重勒唐本《庙堂碑》于曲阜）。"〔36〕

四月十五日，孙星衍于潞河舟中和翁方纲题诗韵，并题于所藏砚山斋本之上。

《题〈熹平石经〉拓本次翁阁学方纲韵》:"熹平经石立千载,砚山主人去百年。摩挲拓本玩残字,吉黄片羽欣流传。虎贲相对故宛尔,灵光犹在仍岿然。北平阁学今退谷,研经闭户穷遗编。搜奇快睹古汲冢,博物不数张茂先。汉碑唐刻鉴不爽,如以寸晷知羲躔。长篇连牍题为我,装用贝锦熏龙涎。我贫而仕尚壁立,购此不惜十万钱。邯郸淳书已细释(去冬曾为《三体石经考》),蔡中郎笔谁重镌。关中洛下昔亲到,询访古迹怀丹铅。开成尚见碣排比,鸿都空想车喧填。弆藏佳拓证经本,此刻后得如珠联。《般庚》今文鲁论句,箴砭俗学讹相沿。不其或迪孝于孝,片语可抵经文全。洛阳碑石傥复出,鲁王壁简应重诠。同文况值圣人代,辟廱特建波回圆。篆书若借少温手,老屋更补尚书篇。如公耆寿在厥服,好结翰墨非常缘。"〔37〕

四月十六日,孙星衍于潞河舟中再撰长跋,述砚山斋本之原委。落款云"时丁卯岁四月望后一日,五松居士记于潞河旅次。"

十月初五日,海宁陈以纲、商丘陈崇本同观小蓬莱阁本,并题观款。

嘉庆十六年辛未(1811)

十一月二十三日,段玉裁、何元锡、李锐、李福同观砚山斋本于虎丘之孙子祠。

嘉庆十八年癸酉(1813)

五月五日,虞山言朝标访孙星衍于虎丘孙子祠,得观砚山斋本,并题观款。

八月,元和顾广圻为砚山斋本题观款于江宁冶城山馆。

嘉庆十九年甲戌(1814)

闰二月,吴郡石韫玉、歙县方如松、汉阳邱树棠、阳城张敦仁同观砚山斋本于江宁冶城山馆。

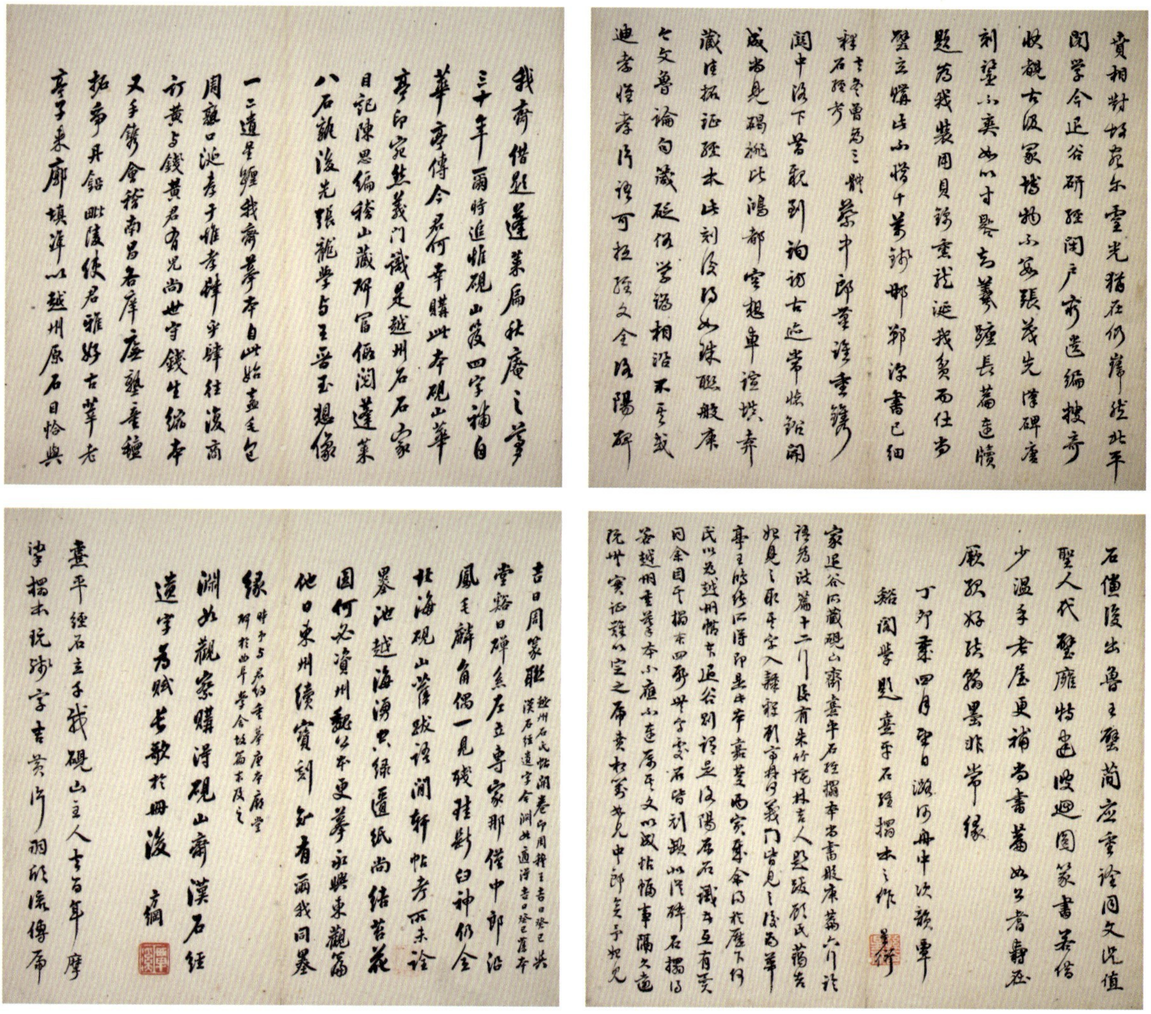

图 8-25　孙承泽砚山斋本题跋（孙星衍、翁方纲）

嘉庆二十年乙亥（1815）

五月七日，汀州伊秉绶为砚山斋本题观款。

嘉庆二十一年丙子（1816）

孟春十三日，东乡吴嵩梁为砚山斋本题观款。又有徐熙题签，时间不详，姑系此。

徐熙题"蔡中郎石经遗刻残册。孙氏宗祠藏。"

同治二年癸亥（1863）

除夕，沈树镛同得砚山斋本及小蓬莱阁本于京师。又自为题签。

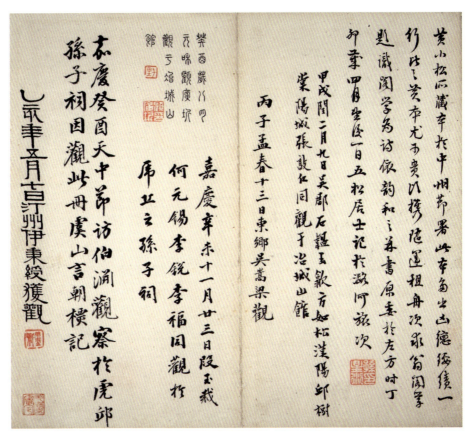

图 8-26　孙承泽砚山斋本题跋

沈树镛题记："孙渊如观察旧藏砚山斋本，今归沈氏灵寿华馆郑斋珍秘。"

同治三年甲子（1864）

正月初一，沈树镛出小蓬莱阁本示诸友人赵之谦，为题签数条。

赵之谦题记："小蓬莱阁黄氏旧藏，同治二年均初得于都下。撝叔题记。"

同治九年庚午（1870）

秋，何绍基屡至川沙访沈树镛，欲一观所藏《熹平石经》残字。既得观，又为题"熹平石经遗刻"数字,装于砚山斋本卷前。

何绍基《雨生中丞以诗来贺次韵奉答》:"诸孙识字能多少,想象中郎隶古风(昨访沈韵初,欲观所藏《熹平石经》残字,不遇而返,甚怅甚怅。)"[38]

何绍基《访沈韵初舍人,得观《熹平石经》残字拓本,即黄小松旧藏而翁覃溪所题也。冒风往返,致不适者数日。中丞书来问讯,云公如此好学,二竖定当远避。适时方困卧,发函一笑而起,喜成此诗,用中丞咏荔支最后一首韵》:"《熹平石经》世希有,黄钱两拓在人口。钱册摹传打本多,黄册流转属谁某。魂梦惊回五十年,舍人博物如茂先。荔支大有金石气,我诗成谶真前缘。当时订正无假借,鸿都学生只遭骂。诸儒奏议同启发,中郎书丹重声价。经心书律俱上乘,观者阗咽敢爱憎。秦火劫灰太惨淡,孔壁遗韵兹依凭。齐随移毁阅年载,四十六碑不吾待。蓬莱阁圮越云深,残字荒凉余几在。昨效东坡醉帖挥,风风雨雨燕斜飞。兰台棼书忽现示,东洲蝯臂成痴肥。中丞主人斗诗力,连日赓酬肩暂息。耆学真为却病方,延龄果恃磨人墨。多年浩劫沙尘扬,三吴境已安粥浆。高衙军政尚搜讨,沿海逋逃当戢藏。武臣渐觉浮名幻,斯文坠绪知谁绾。侧闻金石遍搜珍,肯任云烟空过眼。君不见,千碑万碣萃古芬,《熹平石经》残字一出空其群。"[39]

何绍基题记:"韵初仁弟属署册首,略为考订,疑不能明。嫌苏斋题记虽详,未能疏通也。同治庚午秋,何绍基。"(图8-27)

光绪十九年癸巳(1893)

九月,汉阳万中立于海上得翁绶祺之助,得以借观沈氏汉石经斋所藏之小蓬莱阁本三日,并钤阅记。

光绪二十二年丙申(1896)

万中立始于沪上获睹砚山斋本。

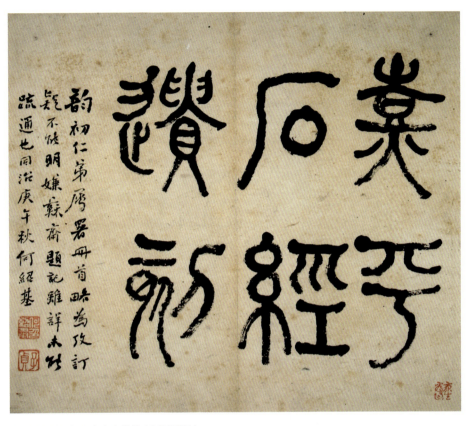

图 8-27　孙承泽砚山斋本卷首（何绍基题）

光绪二十三年丁酉（1897）

四月二十八日，武进费念慈偕两子获观砚山斋本于吴下，并题观款。

按：时此本尚存川沙沈氏，携去苏州，当为觅缘求售。

秋，万中立因翁绶祺之介，购得小蓬莱阁本，遂请吴江沈塘重摹小松小像于卷前。

万中立题记："乾隆四十二年丁酉，黄秋盦先生三十六岁，得汉石经遗字时小像。后一百二十载光绪廿有三年丁酉，此册归我某岩精庐，因倩沈君重摹以志景仰。梅岩学人万中立。"

光绪二十四年戊戌（1898）

正月，万中立因翁绶祺之介，得砚山斋本于松江沈氏。又自为题签。

万中立题记："北平孙氏砚山斋本，今藏梅岩之石经龛。汉阳万中立。"

九月九日，万中立于小蓬莱阁本卷后题写长跋，以纪其获取两本之经过。

冬十月朔，万芳（南泉）过万氏梅岩精舍，为砚山斋本题签。

万芳题跋："光绪戊戌春正月，梅岩得于松江沈氏。其冬十月朔，南泉万芳过某岩因题。"

光绪二十五年己亥（1899）

七月初七，万中立于石经龛撰砚山斋本长跋。（图 8-28）

光绪二十七年辛丑（1901）

十月，江陵郭秀为万中立绘制四十一岁小像，装于小蓬莱阁本卷前。

郭秀题记："梅岩先生四十一岁小景。江陵郭秀题。得黄本石经后四年。"

十月二十日，蕲水陈曾望（畏斋）为万中立绘制《石经龛图》并题绝句三首。同月，万中立和其韵，成五绝四首，后又续成两首。

陈曾望题记："小松先生得石经，名其阁曰小蓬莱，绘有《小蓬莱阁图》。梅岩得黄本后，复得孙本，拟做一龛合储之。既属沈君雪庐绘图于孙本，而以黄本之图委余，欣然写此，并题绝句三首，即请梅岩先生同年两政。光绪廿七年辛丑十月廿日蕲水陈曾望畏斋灯下书。"

万中立题记："光绪辛丑十月，和畏斋同年《石经龛图》韵，自题四十一岁小像。粤十日，足疾作，枯坐无聊，复得二断句。"

十一月十五日，陈曾望为砚山斋本撰长跋，述万氏将以两本石印之事。

十二月，吴江陆恢为万氏绘制《石经龛图》，装于小蓬莱阁本卷前。

约本年年末，万中立至上海将两残拓付诸石印，又拟请吴门碑拓名手汉贞阁唐仁斋将两本上石（似未果）。

约光绪三十二年三月至三十三年一月（1906-1907）

两宋拓石经残字转入端方宝华庵中。

宣统二年庚戌（1910）

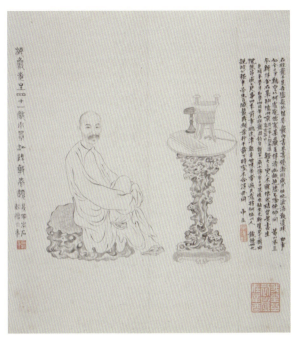

图 8-28 黄易小蓬莱阁本卷首及题跋

图 8-29　黄易小蓬莱阁本观款

二月二十三日，升允、李保恂、徐世昌、铁良同观砚山斋本于端方宝华龛中，并题观款。（图 8-29）

宣统三年辛亥（1911）

十月初七，端方殁于成都。未几，其所藏诸物即散，多归满洲完颜衡永、景贤之手。熹平残字拓本，则全为衡永寸园所有。

民国十四年乙丑（1925）

十二月十九日，宝熙、载泽、载润、溥伒同观寸园所藏熹平残字宋拓，并题观款于砚山斋本之后。

民国十九年庚午（1930）

七夕，闽县陈宝琛、莲花朱益藩、满洲耆龄同赏寸园所藏，并题观款于砚山斋本之后。

1968 年初秋

贵阳邢端于砚山斋本后题观款。

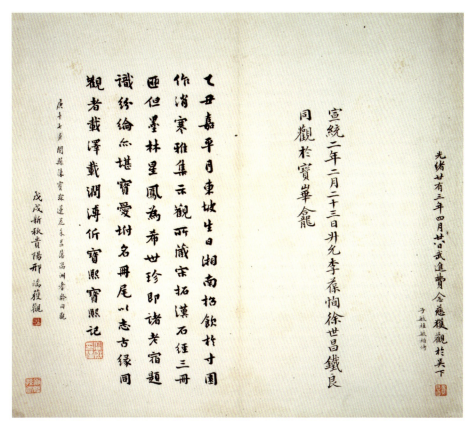

图 8-30　孙承泽砚山斋本观款

1972 年

小蓬莱阁本入藏故宫博物院。

1984 年

砚山斋本入藏故宫博物院。

2014 年 9 月

汪亓先生安排笔者往故宫地库观此二拓本。

最后需要补充说一下的，就是钱泳旧藏本。钱泳曾经自述道："余于乾隆五十年七月偶于书肆中购得旧本《管子》一部，中夹双钩五六纸，率皆残缺不全，细心寻绎，得《尚书·洪范》篇七十八字、《君奭》篇十三字，《鲁诗·魏风》七十三字、《唐风》三十一字，《仪礼·大射仪》三十七字、《聘礼》廿八字，《公羊·隐公四年传》十八字，《论语·微子》篇百七十字、《尧曰》篇三十九字，'又盉、毛、包、周有无不同之说及博士左立姓名'十八字，合五百余字，不详何人所摹……自余模勒之后，南昌学宫有重模本，绍兴学宫有重模本,如皋姜氏有重模本,而王司寇《金石萃编》亦载之。[40]五十七年,余北行过济宁,钱塘黄小松时为运河司马,又藏有旧拓《尚书·盘庚》五行、《论语·为政》八行、《尧曰》四行。小松属余并刻之,均为艺林罕见之宝。"[41]钱梅溪的这个漏实在是捡得够大,情节非常离奇。但有一点,就是钱氏明确说明,他所藏的是前人的双钩本。再根据钱泳自己的说法:"余生平无所嗜好,最喜阅古法帖,而又喜看人墨迹。见有佳札,辄为双钩入石,以存古人面目……其余所模刻者尚多,有古碣,有今碑,有墓志传诔,有诗刻题名,如《秦会稽刻石》与《碣石门刻石》《泰山》《琅邪》《之罘》《东观》诸刻石,《汉熹平石经》残字,《郭有道》《陈仲弓》《杨伯起》《曹娥》诸碑,及缩本汉碑、《定武兰亭》、褚模《兰亭》旧本、《乐毅论》《九成宫》《醴泉铭》《砖塔铭》、孙过庭《书谱》之类,不可枚举,俱别载《写经楼金石刻目录》中。"[42]对于他自己所藏的石经残字双钩本,梅溪也是如法炮制,曾经将其一一上石。既然双钩本可以上石,那以此为摹本,重新翻刻一个墨本也并非难事。在我看来,从梅溪这里出来的残字墨本,都可作如是观。

但离奇的是,王国维曾经写过一个叫做《阅古漫录》的小册子,其中有一条,说的就是钱梅溪的石经残字墨本。他说:

> 金匮钱梅溪泳所藏宋拓汉经九纸,凡《尚书·洪范》十行、《君奭》二行,《鲁诗·魏风》八行、《唐风》四行、《仪礼·大射仪》七行、《聘礼》六行、《春秋公羊·隐四年传》三行,《论语·尧曰》篇四行,又《论语》篇末识语二行。前有梅溪藏汉石经小像,翁覃溪题。每纸后有梅溪释文,常熟翁叔平相国同龢所藏,后归庐江刘健之观察……上虞罗叔言参事跋云:"汉《熹平石经》,海内知名者凡三本:一孙北海藏本,一黄小松藏本,一阮文达藏本。虽屡经劫火,均尚在人间。孙本归吴愙斋中丞,阮本归

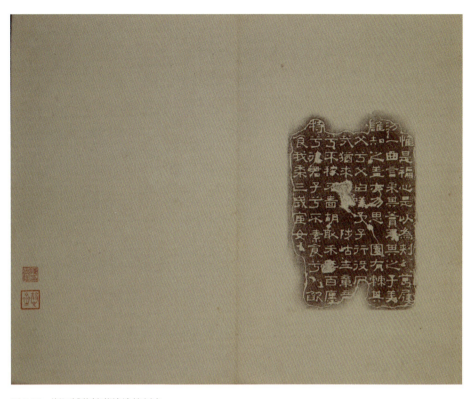

图 8-31 浙江博物馆藏钱泳缩刻本

端忠敏，黄本归汉阳万镜涛。此三本皆残字四段，《尚书》一，《论语》三，存字均有二十余字。而黄本《尚书》残石末行较孙、阮二本又少'凶德绥绩'四字。海内士夫佥以为当日鸿都石刻，海内所存仅此而已。金匮钱氏有双勾本《诗》《仪礼》《公羊》《论语》残字，其所著《履园丛话》及王少司寇《金石萃编》等书均载之。翁氏既据以入《两汉金石记》，又刻石置南昌郡庠。顾以不知其祖本所在，致有疑为钱氏伪造者。光绪乙巳，予在吴门，忽见梅溪得之年小像立帧于肆中，颇疑但得钩本，何以画像以志得意？知其所得必为墨本。及辛亥国变，南中故家所藏，大半流入贾肆。常熟翁相国故物，亦多为好事者所得。庐江刘健之得是本，亟移书假观，则即《丛话》所记钩本之祖也。梅溪自题凡十三纸，而但存九纸。翁跋谓其后人佚去，细检之，则所佚正是《尚书》一，《论语》三。始知钱氏当日所得实墨本，而惧势家夺之，又力不能久守，乃割其诸家所有者四纸售之，而自留其九纸。此皆海内人士所未见之孤本，故但托钩本之说,以示同好。观卷中《论语》一纸,首行'以万方','以'字之上,割裂之迹宛然。则翁氏谓其子孙失之,不免为梅花亭长所欺矣。颇疑阮氏本即从梅溪藏本中割出者,以纸墨与此卷正同也。江郑堂跋阮本,谓出蔡松原家。殆梅溪既售之文达,而请其勿泄,文达遂托辞以告郑堂。彼本并无蔡氏一字一款,是未必果出蔡氏之证。予既喜见此孤本,并记此一段公案,亦可喜也"云云。余案:罗跋破梅溪之案,可谓快事。然梅溪所刊双钩本,尚有《论语·微子》篇百七十字,此亦孙、黄、阮三本所无。此本亦无之,必此本尚存十段,《论语》后识语实为二段。翁云九段,盖误其所缺者为《尚书·盘庚》,《论语·为政》《微子》二段及《尧曰》篇上半截。今合此本与阮本,已得十二段,惟《微子》篇百七十字无有,不知尚在人间否也。[43]

观堂这里引罗雪堂之说来为自己佐证,并认为"阮氏本即从梅溪藏本中割出者,以纸墨与此卷正同也"。但雪堂的推论实在有些用力过猛,他说"江郑堂跋阮本,谓出蔡松原家。殆梅溪既售之文达,而请其勿泄,文达遂托辞以告郑堂。彼本并无蔡氏一字一款,是未必果出蔡氏之证"。文选楼本诚然很有可能是原本出自梅溪之手,但托言为蔡松原之说,则近于小说家言,恐不可取。另外罗氏所言三本的流传,多有误会处,可见他其实并不了解这几个本子。又据雪堂之说:"颇疑阮氏本即从梅溪藏本中割出者,以纸墨与此卷正同也。"那么很有可能,文选楼此本是钱梅溪直接售予了蔡氏,然后再转入阮氏府中收藏的。另外需要说的是,雪堂的这一题跋大概撰作较早,事实上,晚年的雪堂,对于梅溪藏品已经另有领悟。张国淦曾经说:"钱氏又得墨本,云是原石拓本,一裱为卷,后归合肥刘氏体乾,日本博文堂景印即其本也。[44]一裱为册。均前有钱氏画像,后有诸

图 8-32　浙江博物馆藏钱泳缩刻本

家题跋。此两本上虞罗氏曾均见之。罗氏后又得墨本,与此两本同,但无画像题跋……考钱氏所得,不知其所从来,《公羊》十八字为洪氏所未有,其他亦无著述及之者。数百年后,安得有此?且果系原拓,何以同一时发见,又同在钱氏之家?作伪之拙,可以概见。"又云:"近质之罗氏,亦以为钱氏赝作也。"又云:"钱氏又有《学而》篇三十八字,亦得之弊簏故纸中,有徐树丕印。徐子武子,明长洲人。翁氏以为汉石摹得,余未得见。然钱氏既能伪此,其《学而》篇同在弊簏,亦可想像得之。明人工于作伪,或者非出自钱氏与?"[45]可见雪堂与张国淦一样,认为凡出自梅溪之处的墨拓都有问题。以王观堂的学力与眼界,其实本不难作出正确判断。但他悍然为罗氏的早年观点背书,很有可能是因二人的交谊致然。

其实,梅溪旧藏的汉石经残字拓本还不止张国淦文中所言的三本而已,浙江博物馆陆易曾撰《对浙博馆藏〈石鼓石经缩本〉的几点认识》一文,介绍浙江馆藏此本册页:"册页后十二开内容为清代钱泳缩摹汉《熹平石经》

的文字拓片。"〔46〕此册系海日楼后人捐献国家的，之前曾经观堂的东主蒋氏观赏，再加上观堂又是沈曾植的密友，无论哪个途径，观堂想来对此册的存在应该是了解的。这一本虽然是缩本，但其来源显然就是梅溪所藏双钩本。〔47〕可惜的是，王氏对此并无评论。梅溪在《履园丛话》中说，他曾于乾隆五十七年过黄易，请其共赏所藏之双钩本，黄易且请梅溪将所藏石经残字宋拓与这个双钩本一起上石摹刻。但奇怪的是，这个缩本之扉页上就是一条黄易的题签，上用隶书撰写"石鼓石经缩本"，下方又书有"乾隆壬子（1792）六月四日梅溪携至济宁官廨获观自题。黄易。"可见小松当时所见应该是这本册页，而非梅溪《履园丛话》中所说的双钩本。梅溪书中所言，不过又是故作狡狯而已。而所以如此者，无非就是想行其瞒天过海之计罢了。

清代中期以来，说《熹平石经》残字宋拓者，除了砚山斋本和小蓬莱阁本之外，还有一个扬州阮氏文选楼藏本。据张国淦所录文选楼本诸跋所述，此本流传大概可知。江藩《汉石经残字跋》云："《熹平石经》，予所见者三本，一为孙退谷藏本，旧在华亭王氏，今归孙伯渊先生。一为吾郡玲珑山馆马氏藏本，后归黄君小松。一为蔡松原所藏，即此本也。考宋时传刻有二本，会稽洪文惠刻于蓬莱阁，石熙明刻于越州。何义门、徐坛长皆云，朱竹垞见退翁所藏，不察为石氏刻本，误为中郎原石。此说予以为不然。今以三本互勘，小松本《盘庚》篇无'凶德绥绩'四字，与孙、蔡本不同，安知非文惠所刻耶？此册与退翁本点画波磔一一相同，虽非洛阳旧迹，其为蓬莱阁本盖可知矣。蔡松原原名嘉，丹徒人。能诗善画，亦玲珑山馆座上之客也。"〔48〕阮元跋云："予家琅嬛仙馆旧藏册籍，富甲南中。几经兵火，散佚殆尽。幸此册幅叶完好，展对为之慨然。子膺司马世台耽嗜古见赏，即以持赠，聊供清玩。"南湖渔者又跋："汉阳万东卿先生谓此

图 8-33　浙江博物馆藏钱泳缩刻本

帖为蓬莱底本,非蓬莱拓本,其为洛阳旧石无疑。此册为世间孤本,子孙宝之,以俟巨眼考镜。咸丰丁巳秋八月,南湖渔者子膺识。"杨守敬又跋:"此本旧藏蔡松原,后归阮文达,又归南湖渔者,今藏匋斋制府处。"罗振玉云:"此汉石经三拓本,今由端忠愍后人归满洲衡永。"上文提到的这个南湖渔者,很有可能是邢世铭,字子膺,号柳汀,江西兴国人。曾官知州。有《南湖草堂诗存》。根据这些跋文,可以推断出这个本子的流传线索是:蔡松原—阮元—邢世铭—端方—衡永。但根据南湖渔者的跋尾可知,同时藏有孙、黄二本的万氏曾经见到过这个文选楼本,且明确认为这个本子与他的两本不同,故而有"蓬莱底本"的说法。问题在于既然洛阳原石拓本向无人道,怎么可能就凭空突现呢?因此,万氏这个说法,很大程度上应该只是应酬,所谓"灌米汤"而已。另外,衡永所藏的另外两种宋拓安然无恙,现在仍存于世,那么这个文选楼本也应该不会损毁才对。但令人奇怪的是,这个本子似乎自此之后,就无声无息,再也没有露过面了。但无论如何,这个本子极其可疑,很有可能是出自钱梅溪摹刻。

这个文选楼本与两本宋拓石经残字,不仅曾同聚一处,且曾同时付刻,合于一石。据《许宝蘅日记》1945 年 7 月 15 日:"憺丈示鄂刻《熹平石经》残本三种初拓本。原本为黄秋庵旧藏,有覃溪、蝯叟、扪叔三君题首,光绪中为汉阳万航所得,端匋斋闻而谋得之,张文襄乃约陶斋出付陶子麟摹刻于石,置之两湖书院,今不知尚存否?原本今归衡亮生永。愈斋作跋,嘱余书之。"[49] 愈斋,即徐思允,为溥仪御医,也是许宝蘅的亲家。憺丈,则为胡嗣瑗。这个摹刻之石,现在似乎已经不存。而这个摹拓本现在是否仍存于世,也不可知。但这,大概就是这一文选楼本最后的踪迹了。

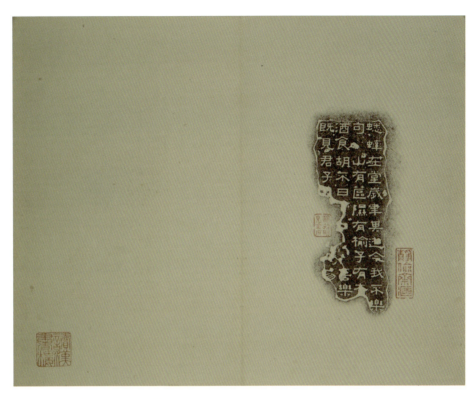

图 8-34　浙江博物馆藏钱泳缩刻本

图 8-35　浙江博物馆藏钱泳缩刻本钤印

注释:

〔1〕 卷上《法帖刊误下》,光绪间《邵武徐氏丛书》本。

〔2〕 卷上《法帖刊误下》。

〔3〕 按:马子云在《碑帖鉴定》一书中论证,《熹平石经》孙承泽本亡佚,"现在所存只有黄易于乾隆四十二年(1777)购得《盘庚》五行,行五六字,《尧曰》四行,行六至九字,《为政》八行,行六至十字,皆为宋拓本。"(参马氏与施安昌合著《碑帖鉴定》,《中国文物鉴定丛书》本,广西师范大学出版社,1993:第62-64页)鉴藏家张彦生也认为黄易本毫无疑问是汉代原石所拓,参其所撰《善本碑帖录》第一卷《秦汉碑刻》"汉《熹平石经》残石"条,《考古学专刊》乙种第十九号,中华书局,1984:第31页。

〔4〕 《顾炎武全集》第5册,上海古籍出版社,2011:第236页。

〔5〕 按:此条承泰山周郢先生传送书影,因未见原书,故不知版本。

〔6〕 赵诒琛《顾千里先生年谱》(民国刻《对树书屋丛刻》本)卷下:"(道光四年)夏,先生重至白下。由夏徂秋,三过冶城山馆。见孙渊如两少君,大者仅十七岁(案,渊如庶出之子字子明,为石琢堂婿,未知即此子否)。先生问及汉石经《尚书》残字宋拓本,殊惝恍,不自了了,但云今已无此而已。先生感叹,涕泗交横。越月,陈雪峰属跋其所刻汉《熹平石经》残字,陈君亦与渊如相识者也。"

〔7〕 民国十九年燕京大学国学研究所铅印本:121B-124B。以下所引诸文,均转引自张氏此书。又据钱泰吉《曝书杂记》卷上转引钱泳《写经楼金石目》云,乾隆五十年乙巳馆于吴门陆端夫上舍家……"课徒之暇,亲自刻石,三月始成,遂拓三百余本寄张芑堂、陆贯夫诸君。从此流传海内,后北平翁阁学方纲摹石于南昌学宫,长白李太守亨特模石于绍兴学宫,而如皋姜氏、吴门刘氏亦有摹本,皆从余所刻本再模者也。"

〔8〕 翁方纲《两汉金石记》:"如皋姜氏重摹退谷砚山斋本《盘庚》篇第六行,仅存一'德'字,盖摹勒偶有详略之不同也。"

〔9〕 《两汉金石记》:"乾隆丁酉秋八月,黄司马易购得汉石经残字《尚书·盘庚》篇五行,

《论语·为政》篇八行、《尧曰》篇四行，方纲手摹，属海盐张芑堂燕昌勒之石。"又翁氏《汉石经残字考》："其后始闻吾乡孙退谷所藏，今在华亭王氏，即此本《盘庚》篇多'凶德绥绩'四字者，门人吴榷堂进士以楷书写寄，比予所摹黄秋盦藏本多'凶德绥绩'四字。又见白蒲姜退耕摹刻北海孙氏本，止多'德'字右半而已。今此半字据姜所刻者，用隶书摹。其三字据吴所录者，用楷书摹。'德'字与'乃'字平，故并摹'乃家'二字，以定其位置。"

〔10〕《两汉金石记》："乾隆丁酉秋八月，钱塘黄秋盦易购得汉石经残字……方纲手摹，属海盐张芑堂燕昌勒之石……又后三年，始得见金匮钱氏所藏石经残字凡十六段，以合于前摹之三段。而《论语·尧曰》篇一段，正与前段上下接笋，珠联璧合，于是摹为一十二段。时方纲校士江西，乃勒石于南昌学官，凡为方石四块，共得六百七十五字。"又据《史学杂志》第一卷第二期《汉蔡邕隶刻石经》："清代金石家翁方纲搜得石经残字数百，重在南昌摹刻，置于南昌县府学内。惟因年代久远，流落民间，遂致湮没。日前邓某在高桥新建旧学宫址灶烟尘壁上，发现汉蔡邕书石经残字碑一块，古色斑斓，字亦多污蚀莫辨。现省立图书馆已将此碑移至馆内保存陈列。"

〔11〕张国淦《历代石经考》："翁氏《汉石经残字跋》：黄秋盦闻钱君有会稽之刻，亦属钱君摹勒此《盘庚》《论语》三段于会稽蓬莱，重践洪景伯之旧盟。以视前此予初从秋盦本属芑堂勒于吾斋壁者，芑堂虽经研旬日之久，然其上石则仍出工匠之手，不若钱君手自镌刻。是蓬莱会稽镌刻重勒之本，胜于吾斋远矣。"燕京大学国学研究所，1930：123B。

〔12〕张国淦《历代石经考》："《汉石经考异补正》：张芑堂征君亦尝以小松本摹刻于其家之石鼓亭。今此书尚存案头，时常展玩，犹可得汉石经之遗迹于仿佛间耳。"燕京大学国学研究所，1930：124A。

〔13〕黄易跋："翁阁学先合金匮钱泳所获石经遗字，摹刻于南昌县学。知绍兴府李公亨

特又摹刻于府学。"

〔14〕 唐仲冕《陈氏汉〈熹平石经〉残字跋》:"汉石经残碑拓本,《尚书》一、《论语》二,向在孙退谷处砚山斋者,何义门谓即宋越州石氏所摹。黄小松司马得之,申大令铁蟾摹置关中碑林。"

〔15〕 杨守敬《汉石经残字跋》:"南皮张相国以孙黄二本合刻于湖北存古学堂,复借蔡本刻之。按石经重刻本,以金匮钱泳所得双钩本存字最多,李亨特又刻之绍兴府学,然皆无前人题识,不知所本。今存古学堂所刻,题跋俱全,固可信也。"

〔16〕《顾炎武全集》第5册,第236页。

〔17〕 未注明出处者,均见于宋拓原册。下同。

〔18〕 佘彦焱校点,《古代书画著作选刊》本,上海古籍出版社,2011:第92页。

〔19〕 按:砚山斋本朱彝尊所题手跋,系综合朱氏《跋汉华山碑》及《跋蔡中郎鸿都石经残字》两跋而成,未知真伪。两跋见清朱彝尊《曝书亭集》卷四十七,《四部丛刊》景清康熙本。

〔20〕 按:集中所收此跋与拓本后朱氏手跋异文甚多。又既言"重观",则朱氏前此曾于砚山斋目睹此本可知。

〔21〕 乾隆十三年刻本。

〔22〕 "艺林类"23,《清代传记资料丛刊》本84,周骏富主编,台北明文书局,1985:第180页。

〔23〕 清李彦章校刻本。又翁氏《熹平石经》跋语多见于其所撰《苏斋题跋·汉石经尚书论语题跋》,可参阅,此不具录。

〔24〕 按:何焯《义门先生集》(清道光三十年姑苏刻本)卷十《杂著》"杂识"条:"宋代稽山石邦哲字熙明,仕至大理正。家有博古堂,藏书尤多,世传越州石氏历代名帖,其所开也。帖凡二十七种,其目详见陈思《宝刻丛编》,孙北海少宰独得其全者。并有虞仲房集汉字《千文》一册,然未及辨其由来也。后流传归吾乡前辈,余偶得

寓目，因为考证。帖以《吉日癸巳》首，石经数行在第二，乐天诗简则第二十七也。好奇矜博者往往指石经为鸿都物，不知即石氏所刻，今已罕睹，何待推之使高耶……袁文清跋柳书《清净经》云，石氏居新昌，庆历时刻此帖。余观诸书《度人经》后已有元佑戊辰范正思记，岂是庆历间物乎？……吾乡前辈江阴徐子扩号为好事，常于浙中购得石氏帖七种，小友文文水为之题识，极珍重之。今青箱堂所藏，自石经而下乃有十六种，可谓盛矣，霁岩老先生其慎守宝哉。"这里何焯所言"后流传归吾乡前辈"，指的大概就是华亭王氏。但其文中又言及另有青箱堂也藏有同一版本的石经拓本，据同卷的"杂录"条："青箱堂藏越州石氏帖十八种……惜背手恶劣，《黄庭》残字割裂颠倒，亦遭遇之不幸也。乙未冬日，余偶见而辨出之，晋人小字则丁酉春日从乱帙中续得，其不湮没者几希矣。"所谓的青箱堂，据戴璐《藤阴杂记》（清嘉庆石鼓斋刻本）卷九所言："王文贞公崇简有青箱堂。"而何焯所及见的这位"霁岩老先生"，则是王崇简的曾孙王景曾。也就是说，宋拓石经残字在清初流传并非现在已知的砚山斋、小蓬莱阁等本，只是其下落如何已不可知。

〔25〕　按：此诗即翁方纲《复初斋诗集》卷十六《秘阁集》二之《汉石经残字歌》，清刻本。

〔26〕　见于翁方纲《复初斋文集》卷十三，清李彦章校刻本。

〔27〕　见于翁方纲《复初斋文集》卷二。

〔28〕　见于翁方纲《复初斋诗集》卷十六《秘阁集》二。

〔29〕　按：毕沅跋文可见于其所纂《中州金石记》卷一《熹平石经尚书论语残字》"光和六年立蔡邕隶书拓本"条，清《经训堂丛书》本。

〔30〕　按：洪亮吉题诗即《卷施阁集》诗卷八《灵岩天竺集》之《黄州倅易得汉石经尚书论语拓本残字共一百二十七因自绘象于后索赋一篇》，清光绪三年洪氏授经堂刻《洪北江全集》增修本。

〔31〕　按：孙星衍此诗未见其集中。

〔32〕　见于洪颐煊《平津读碑记》"再续夏汉梁后魏北齐隋唐五代"，清嘉庆二十一年刻本。

〔33〕 民国二十七年铅印《戊寅丛编》本。

〔34〕 按：此跋翁氏文集未收。

〔35〕 按：此跋翁氏文集未收，今不具录。

〔36〕 翁方纲《复初斋诗集》卷六十一《石画轩草》四，清刻本。

〔37〕 孙星衍《孙渊如先生全集·澄清堂稿》卷下，《四部丛刊》景清嘉庆兰陵孙氏本。

〔38〕 见于何绍基《东洲草堂诗钞》卷三十，清同治六年长沙无园刻本。

〔39〕 同上。

〔40〕 见王昶《金石萃编》卷十二，嘉庆十年刻本。

〔41〕 钱泳《履园丛话》卷九"碑帖类"之"《汉熹平石经》（熹平四年）"条，中华书局，1979年版1997年第2次印本：第235页。钱泳曾在其《写经楼金石目》中，详细记录过这个双钩本的来历，据钱泰吉《曝书杂记》卷上载："乾隆五十三年，大兴翁覃溪先生以詹事府詹事督学江西，合前后所见钱塘黄氏、如皋姜氏、金匮钱氏摹《熹平石经》一十二段残字、六百七十有五勒于南昌学宫，凡四石。乙未冬，衍石兄从南昌拓本以寄覃溪先生刻石，始末及辨证文字详见《两汉金石记》。所谓金匮钱氏乃梅溪居士泳也。《金石萃编》谓金匮钱君泳贻昶重摹双钩本，据云检箧中得之，而不知其所自来。盖《萃编》所录梅溪居士自跋谓，乾隆五十年七月偶得双钩之本于旧簏中，不详何人所摹也。戊戌五月，余遇梅溪居士于杭州，得见其《写经楼金石目》，记重摹汉《熹平石经》残字云：'乾隆五十年乙巳，余馆于吴门陆端夫上舍家。七月初二日，天气新凉，偶步至元妙观前，见书肆中有明刻《管子》十五卷，批点甚精。卷首有徐树丕名印，乃购以归。次日，披阅书中有零星片纸，皆汉隶双钩。再三寻绎，知是《熹平石经》残字，喜不自胜。取洪景伯《隶释》考之，皆与符合。凡得《尚书·洪范》篇七十八字、《君奭》篇十一字、《鲁诗·魏风》七十三字、《唐风》三十一字、《仪礼·大射仪》三十七字、《聘礼》二十八字、《公羊·隐公四年传》十八字、《论语·微子》篇百七十字、《尧曰》篇三十九字，又盉、毛、包、周有

无不同之说及博士左立姓名十八字,合五百余字。课徒之暇,亲自刻石,三月始成。遂拓三百余本寄张芑堂、陆贯夫诸君,从此流传海内。后北平翁阁学方纲摹石于南昌学官、长白李太守亨特模石于绍兴学官,而如皋姜氏、吴门刘氏亦有模本,皆从余家所刻本再模者也。徐树丕字武子,长洲人。少补诸生。姚公希孟器重之,妻以女。善楷书,兼工八分。国变后隐匿不出,自号墙东老人。康熙初尚存。此本或其所藏耶?'此记所得石经摹本极详,录之以释《金石萃编》所疑。乾隆五十八年,居士又于《管子》中得石经残字三十八字,以意连属之,盖《论语·学而》篇'也抑与之与'作'意子之与',与洪氏所载同。乃更刻石,覃溪先生赋七言古诗贻之。惜后所得三十八字南昌学中未及补镌。梅溪尝仿《熹平石经》写《论语》《孝经》《大学》《中庸》章句,文字谨遵圣祖仁皇帝、高宗纯皇帝钦定本,初欲勒石于阙里,题曰'阙里石刻',今在苏州府学敬一亭,凡一百二十四石。"《新万有文库》本,辽宁教育出版社,1998:第6-7页。

〔42〕 同上,"家刻"条:第258-260页。

〔43〕 见于《王国维全集》第三卷,广东教育出版、浙江教育出版社,2010:第582-584页。

〔44〕 按:此本就是上文王国维所言由翁同龢转入刘健之的那一本。

〔45〕 见于张国淦《历代石经考》之《汉石经》:120B-121B。

〔46〕 见于《东方博物》第37辑,浙江大学出版社,2010:第63-72页。

〔47〕 小蓬莱阁本翁方纲手跋:"钱君又于吴郡刘氏斋壁缩摹此诸经残字,尤称精善。"

〔48〕 见于张国淦《历代石经考》之《汉石经》:119B-120A。

〔49〕 中华书局,2010:第1420页。

第二节 《熹平石经·后记》

《熹平石经·后记》残石一块，双面刻字，1924年1月28日出土。据民国时学者陈自怡的《汉熹平石经后记真伪考》一文所述，[1]大概是在1929年左右为当时的北平图书馆自洛阳购置收藏。不过，不知是什么缘故，目前这块残石已经转藏于中国国家博物馆中。

这块石头双面刻字，但大小不一。结体较大者，剥蚀较重，为碑刻正面。结体较小者，字体较清晰，为碑刻反面。正面存九行七十字左右，反面存十一行七十六字左右。该石据陈自怡的观点，以为应该正名为"太学赞碑"。而且，据他的考证，这块石头绝不可靠。因为该石所存内容虽多与史书所载合辙，但内容并无增加。而碑刻之文，都是八行短作，不需要分刻两面。又碑石外面凝结石灰，有明显的伪造之痕迹。再加上碑的厚度只有营造尺五寸五分，与它通常应有的高度营造尺七八尺相比，实在是太过单薄。但陈氏的这些质疑，其实都比较主观，以残石的厚度而言，营造尺五寸五分，大概相当于17.6厘米，两米左右的碑石，以这样的厚度，显然并不难支撑。事实上，现存残石的厚度不超过此数据的很多，如上海博物馆所藏两块《诗经》残石，其厚度就分别是16厘米和16.5厘米。[2] 1980年中国社会科学院考古研究所洛阳工作队在河南省偃师县佃庄公社东大郊大队太学村，也就是汉魏洛阳故城开阳门外御道东汉魏时期太学所在地发掘而出的残石，厚度也是在16.3—16.5之间为多。[3]可见，现存国家博物馆的这块残石的厚度，完全可以支撑它的高度。

这块残石拓本的正面释文如下："……贝乾……实则虚……与五经博士……字摩灭解落灵脱……章言考覈纷纷家殊……字滑吏以人事相阴阳或竞……闻留心稽古汲汲以观校序文……杂与光禄勋刘宽五官中郎将堂溪……实无相夺论颠下大……"反面释文如下："……传弥易梁……郎中孙晋尚书小夏侯郎……杂考合异同各随家法是正五经……患苦赖蒙……艺

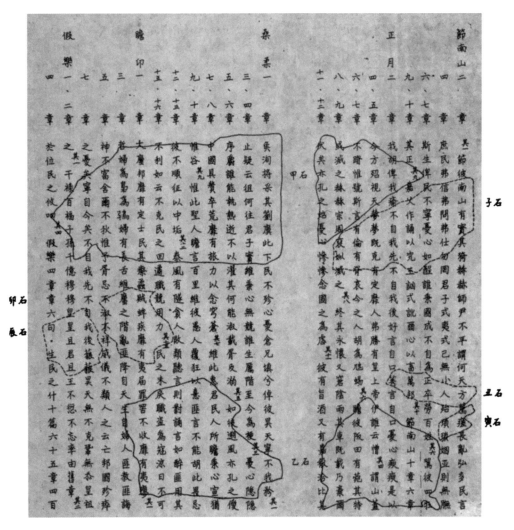

背面：《诗·大雅》　　　　　　　　　正面：《诗·小雅》

图 8-36　《熹平石经·后记》残石

孜孜匪懂令问不已厉化万……因缘生奸无以防绝每徵……学官选守职畏事百……稽古以大学久废……年六月三府……士率皆出……甫……"与陈氏释文相较，略有不同。如陈氏正面释文中，阙"……贝乾……实则虚……与五经博士……"等句；"字滑更以……"句，阙"字"；"纷纷"，陈

正面拓片

背面拓片

图 8-37 《熹平石经·后记》乙石拓片

正面拓片

背面拓片

图 8-38 《熹平石经·后记》甲石拓片

氏误作"纷纭";"闻留心稽古",阙"闻"字;又阙"……实无相夺论颠下大……"句。反面释文中,阙"……传弥易梁……"句;"杂考合异同各随家法是正五经"句,阙"经"字;阙"……患苦赖蒙……"句;"……艺孜孜匪懂"句,多"口三雍……济济乎"等字;"学官选守职畏事百"句,阙"选"字;"……年六月三府……士率皆出……甫……"等句皆阙。由此可见,陈氏释文中,不仅有阙文现象,更重要的是,他还增饰了一些重要的语句,如"口三雍……济济乎"等字,并以此为基础来进行诠释,从而得出此残石为伪造的结论。而他的其他论断,如《论语》为黄初刻本、东观非校书之地,都早经前人屡屡证明为不经,因此,他关于此残石系伪作的这个说法还值得进一步探讨。事实上,《熹平石经·后记》留存至今者,不仅仅此残石。在罗振玉的《汉熹平石经残字集录》中,[4]除著录了这块残石之外,另外还著录了其他的《后记》残石:"序记十六石,并为十四石,三百四十九字。"这些内容大都也曾被陈自怡所征引,以为证明后记伪作的证据。但正如前述,陈的论断并不充分。罗雪堂在著录中,也曾就这块残石的现状稍事描述,如云"右石阳一石离为二,今并之。"又云:"右石阴一,乃石阳一之阴。此十一行字小于石阳,殆因文多,故缩书之耶?石离为二,今并之。"另外,马叔平在《汉石经集存》正文中虽然没有著录任何《后记》,[5]但在《概述》中,却也提及这些《后记》残石,引以为证,他说:"似此繁重之工作,岂此十人所能胜任。诸经碑末及新出《后记》甲乙碑,于上述诸人外,又载十余人,其中如光禄勋刘宽、尚书令边韶,《后书》皆有传,并不言及参与刻经之事,知记载所遗漏及见于经碑而被湮没者,又不知凡几矣。"[6]既然石经研究成就最高的罗、马两位都不曾怀疑过这些《后记》残存,那对于这些残石的真伪,还是以慎重对待为佳。

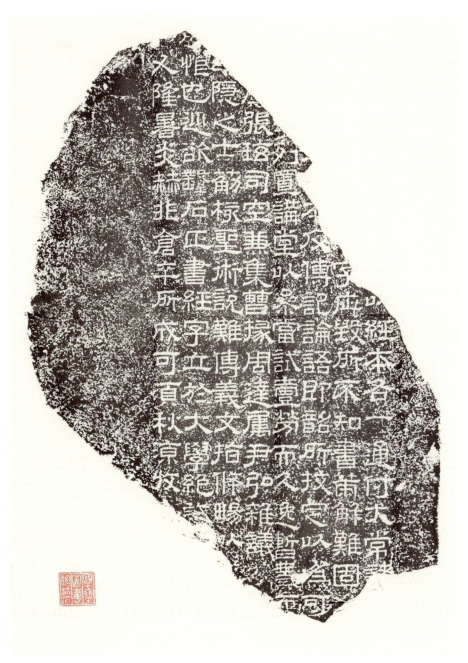

图 8-39 《熹平石经·后记》残石拓片

图 8-40 《熹平石经·后记》残石拓片

注释：

〔1〕 见于《女师大学术季刊》第一卷第一期，1930年3月：第1-4页。

〔2〕 参范邦瑾《两块未见著录的〈熹平石经·诗〉残石的校释及缀接》，《文物》，1986年第5期：第1-6页。

〔3〕 参《汉魏洛阳故城太学遗址新出土的汉石经残石》，中国社会科学院考古研究所洛阳工作队，见于《考古》，1982年第4期：第381-389页。

〔4〕 1930年罗氏石印本。

〔5〕 按：马衡此书本系草稿，为其故后经陈梦家等人整理而成，故未曾著录并不代表马衡的价值判断。

〔6〕 科学出版社，1957：第2页。

第三节　《熹平石经》拓片举隅

一、《熹平石经》伪拓

此叶为八幅拓片的剪贴本，不知经何人之手，将其合裱于同一纸上。但这八幅拓片的内容，都是曾经宋代洪适的《隶释》或《隶续》著录，因此，其真伪如何，都需要重估。以既经洪适著录，而历经千年，似乎很难遗存不毁。叶昌炽《语石》卷一中，也曾说过："汉熹平、魏正始之石经，虽亦再见出土，皆为宋人未及发见之遗。其见于著录之石，则无一存者。"可见，在清代学者的眼中，洪适著录的这些残石，也是早就损毁了的。再者，无论是罗振玉、马衡，还是张国淦，以他们眼界之广、搜罗之勤，竟然都未曾著录过这八幅拓片。这一现象，本身就很说明问题。现分别具体描述如下：

1. 存 3 行 19 字，内容见于隐公四年，存"……牟□者何？……隐公曰百姓安子诸侯……之辞也□晋者何？公……"句。此句据张国淦《石经碑图》，当在"第卅五面（在第五十六面之阳，即《公羊传》第一面）"的第 20 行末至 21 行首。不过，以这幅拓片来看，显然与张国淦的碑图不符。这幅拓片十分可疑，因根据目前所研究的石经每行字数来判断，此段文字不可能分列三行；另外，此拓片的字体与其他石经残石所见字体也不相符合。（图 8-41）

2. 存 6 行 31 字，内容见于《仪礼聘礼》，存："……郊请反命……曰以君命聘于……善乎受上介币……赐使者币使者……上介至亦如之……练冠以……"句。按，此残石马衡《汉石经集存》著录："四四七，此石在碑图第七十七面，第廿五至卅二行"，又云："《礼聘礼》。见《隶续》卷十五。右石经《仪礼》残碑一段八行，上下糜碎。行多者六字，少者二字，《聘礼》之文也。前五行，乃使还反命之仪；后三行，乃出聘遭丧之仪。"

图 8-41　　　　　　　　　　图 8-42

但所录文字与此略有差异，如此拓本只存六行，而马氏著录者为八行。但马衡这一著录，实际上是直接迻录自《隶续》，他本人其实并未见过拓本。也因此之故，如"受"字，马录作"授"，恐怕也是直接受到了《隶续》的误导。此残石拓本罗振玉也未著录过，说明他也不曾见过。而张国淦《碑图》虽经著录，但从其文字上看，也是直接录用《隶续》之文而已。以三人之穷索冥搜，竟然不获一见，可见此石拓本之珍稀。不过，此石尤其奇怪的是，这块残拓中，竟然还有多出《隶续》中著录之字，如"郊请反命"之"命"字。而拓本的字体，似乎也与通常所见有所差异。故，此拓片是否原拓，很值得怀疑。（图 8-42）

3. 存 6 行 38 字，内容见于《仪礼大射仪》，存"……东面……卒爵坐奠爵拜执……人盥洗升媵觚于宾……上拜受爵于筵前……首公答拜媵爵者立……媵爵者执觯待……"句。按，此文字马衡《汉石经集存》著录："四三三，此石在碑图第七十三面，第廿五至卅一行"，又云："见《隶释》

图 8-43

卷十四，其中三'媵'字乃误从今本，想为郑注'古文媵皆作腾'所误。兹录其跋语于左，并将'媵'字改正为'腾'。"今按，此段残石拓片与《隶释》所录文字相较，尚少最后一段"公坐取大"，且除了"媵""腾"两字不同外，"东面"后少"主人"二字；"执觯待"后少"于"。这一拓片字体与前两拓相比，倒是与石经颇为相似，可见这批拓片之书写者，并非一人。（图 8-43）

图 8-44

4. 存 8 行 78 字，分别见于《诗·魏风·葛屦》《诗·魏风·汾沮洳》《诗·魏风·园有桃》《诗·魏风·陟岵》《诗·魏风·伐檀》，存"惟是褊心是以为刺□□葛屦……汾一曲言采其藚□其之子美……谁知之盖亦勿思□□园有棘其……父兮父曰嗟予子行役……哉犹来□□□□陟岵三章章……兮不稼不穑胡取禾三百廛……特兮□君子兮不素餐食兮□□欤……食我□（上禾下木）三岁宦女……"句。（图 8-44）

图 8-45

5. 存 4 行 34 字,内容见于《诗·唐风·蟋蟀》《诗·唐风·山有蓲》《诗·郑风·风雨》,存"……蟋蟀在堂,岁聿其逝。今我不乐……句·山有蓲隰有榆子有衣……酒食胡不日□□□□喜乐……既见君子……杨……"句。按,第四、第五两拓片实为一块残石的两段。此两段文字马衡《汉石经集存》著录:"此石在《碑图》第四面第十至二十四行,中有空行。"又云:"见《隶释》卷十四。洪氏所录经文,于每章之下及篇后题之后,皆空一格。今出《诗》残石每章之下有'其一'、'其二'字,而篇后题之下则有点。宋人不录,是其疏也,今悉补入。"又云:"右石经《鲁诗》残碑百七十三字,《魏》《唐》国风数篇之文也。与《毛诗》异者,如'猗'作'兮'、'贯'作'宦'、'枢'作'蓲'数字。"(图 8-45)

6. 存 1 行 11 字，内容见于《尚书·君奭》，存"道出于不祥于戏君□曰时我"句。按，这段文字马衡《汉石经集存》著录，但内容较此多出十四行，其中两行为空行。此石在《碑图》第廿五面第十三行，其中"道"，孔本作"终"。（图 8-46）

图 8-46

图 8-47

7. 存 10 行 80 字，内容见于《周书·牧誓·洪范》，存"……伊鸿水曰陈其五行帝……用皇极次六曰艾用三德……下作咸□上作苦曲直……二曰货三曰祀四曰司空……极凡厥庶民无有淫朋人……明人之有能有为使□其……路毋偏毋党王道荡荡……为天下王三德一曰……家而凶□而国人……乃……"句。按，这段文字马衡《汉石经集存》著录，但内容较此多出三行，云"此石在《碑图》第廿二面第二至十五行，中有空行"，又云"见《隶释》卷十四……三行'伊'、孔无，'鸿'孔作'洪'，'曰'孔作'汩'。四行'艾'、孔作'乂'。十行'三德'、孔'三'上有'六'，十一行'家而'、孔无'而'……"（图 8-47）

图 8-48

8. 存 6 行 29 字，内容见于《商书·盘庚》，存"……其或迪自怨……之劳尔先予不……能迪古我先后……兴降不永于戏今……建乃家囗殷……德……"句。按，这段文字马衡《汉石经集存》著录，云"此石在《碑图》第廿一面第七至十二行。"又云"见《隶释》卷十四。第一行'迪'、孔作'稽'，'怨'、孔作'怒'。四行'兴降不永于戏'、孔作'崇降弗祥呜呼'。五行'殷'、孔作'盘'……"（图 8-48）

图 8-49

二、《熹平石经》拓片

《公羊传》宣公五年—六年"而不……曰晋赵……处乎台上……之则赫然死……欲杀之……之闺……"（图 8-49）

按：此石马衡《汉石经集存》曾著录，云："此石系二石合并（三七三·一、二），在碑图第五十一面第十四至廿二行。"[1]不过，马衡录文与此拓本相较，多出数字，即第一行"之视郊"，第二行"来而不言"中的"来""言"，第三行"贼曰晋赵"中的"贼"，第四行"后处乎台上"中的"后"，第五行"视之则赫然死"中的"视"，第六行"焉欲杀之于"中的"焉""于"，第七行"子之闺"中的"子"。又云："《公羊传》宣公三至六年。此石在文公二至八年'为不与祭'一石之阴，'之视'、今本'之'作'是'。"多出来的这些字，如第一行的"之视郊"三字，其中"之"是因为此拓本拓工不佳，所以模糊不辨。而"视郊"二字，则是因为马衡又以残石将其补出。再如第二行中的"来""言"两字，前者是因此拓本的拓工不佳所致，后者则也是因为又以其他残石补入才得以辨认的。此石为西充白坚的旧藏品，著录于其所编《汉石经残石集》中。此书所收该石拓本，虽然分印于两面，不如此拓能够完整反映原残石的本来面目，但其清晰程度及捶拓水准，则较此拓高出一筹。在民国十八年十二月岁除日所撰《汉石经残石集》序中，白坚曾描绘其收藏《熹平石经》的状况为："今岁秋八月，余游夷门，武进陶君祖光以所藏汉《熹平石经》残石十二见遗。谨受而读之，得《易》二石、《鲁诗》二石、《仪礼》二石、《公羊春秋经》四石、《论语》一石、《校记》一石。冬十二月，复见遗一石，表里为《公羊传》。"可知，这些残石，都是他在民国十八年所得。白坚的这批收藏，后来应该是都转让给了日本的中村不折，现在都收藏于东京的书道博物馆中。

三、《熹平石经》拓片，下钤"白坚之印"白文小方印

《仪礼乡射礼》："……俟司……宾不祭卒觯……人揖就席若无大……受者以觯降奠于篚司……大夫皆答拜举觯者逆降……唯宾司□□自西阶阼阶……"（图 8-50）

"此石在碑图第七十一面第六至十二行。""《礼乡射》。'篚'今本作'篚'。'受者以觯降奠于篚'下，今本自'司正降复位'别为一章，此于'篚''司'二字之间不加点，知石经于此处不分章也。"马衡的录文与此拓本相较，稍有差别，如第一行"俟司"两字，此拓本实际上已经残泐过半，且较马衡所录，阙一"马"字。第三行最后，阙一"夫"字。第四行首，阙一"卒"字。最末一行"唯宾司□□"所缺两字为"正升"。但事实上，马衡所据拓本与此拓本并无差别，可见马衡此处的录文，并不是完全依据拓本。又此拓本下钤有"白坚之印"白文小方印，说明此拓本曾经白坚收藏。但原石究竟出自何处？还不太清楚，因这一残石，并没有被白坚的《汉石经残石集》所收录，或许并非其所藏。

图 8-50

跋

陀山鹦鹉的故事，现在已经广为人知。我也一直在想，自己怎么才能像那只鹦鹉一般，为自己所服务的单位，做一点更有意义的事情呢？上海博物馆所藏的古籍，经过这些年大家的努力，现在业内大都已经知晓。而其所藏的碑拓，却还是如深闺少女，知者寥寥。但因种种关隘，直到2014年左右，我才终于能够放下包袱，开始认真思考这个问题。幸运的是，我的想法先后得到了上博教育部主任陈曾路先生和现在转任上海大学出版社总编的邹西礼博士的支持和鼓励。于是，在他们的鞭策下，大概在2015年时，我开始尝试对于历史上首次官方结集的儒家经典——《熹平石经》进行研究。

至少在《隋书·经籍志》中，就已经有了碑拓收藏的记录，则其发端，当还在此之前。千百年来，曾经产生过的碑拓，不啻恒河沙数。而以碑拓为出发点的研究也是更仆难数。但大概来说，这些研究基本可以分为两类，一则为补史、证史，一则为探研其艺术价值。这样的研究意义不可谓不深远，对于学术的深入和经典的理解与领会，裨益良多。但问题在于，碑文石刻在树立之初，除了内容上和书法上所传递的文献和艺术方面的信息之外，还应该有着其它的一些值得探讨的有意味的信息存在。我们对于碑拓文献的研究，不能只满足于对表面价值的揭示，还需要将其植入当时所在的社会政治环境中，以新的视角来审视这些文献，以期发现一些新的问题，来了解其意义所在。而这册小小的《曲终雅声》，正是一种类似的尝试，即将《熹平石经》放置于其所在的历史时期之内，来考究其树立的原因与目的，从而希望能在更深层次上理解这一政府行为的意义和价值，以及这一行为对于后世的影响。但遗憾的是，我个人学浅识薄，对于这一探讨只是浅尝辄止，不能更加深入。

这册小书出版的原意在于揭示上博所藏碑拓文献，因此书中主要针对

《熹平石经》的拓片而言，其它相关的研究成果，如果并非以原拓形式存世，则基本上不做探讨。从《熹平石经》研究的角度来看，这一做法无疑是有些问题的。但既然本书的目的在此不在彼，那么想来也是可以被大家理解的。本书的第一章，介绍了《熹平石经》的各种基本知识，并结合近年来洛阳太学考古发掘材料，推测其当年可能所在的地点。第二章从学术史角度梳理了《熹平石经》产生的内在理路以及根据当时社会政治形势而催生石经建立的外在推力。第三章简要介绍了自宋代以来对于石经的研究状况。大概而言，在清代之前，能够准确分辨汉魏石经的学者为数甚少，故过去对于汉石经的研究，也相应地比较落后。从20世纪20年代末重新发现汉石经以来，最值得表彰的学者大概有这么几位，一是两位发现者徐森玉及马衡，再就是几位研究者，如罗振玉与张国淦等，但张氏研究虽然对于汉石经本身意义重大，却与石经原拓并无关联，故书中对此并未着墨。除了这几位的收藏与研究之外，民国时期还出现了几种原拓集，对于推动《熹平石经》的研究至关重要。因此，在分别介绍了徐、马、罗三位之后，又将这些出版品简单进行了一些说明。特别需要指出的是，马衡对于石经的研究可能不止于汉石经而已，在魏石经方面，根据他的日记，应该也有初稿存世，尚需我们继续发掘。第八章其实最贴近本书的主旨，就是以展示一些比较特别的拓片为主，并略作说明，以便更加直观地对这些拓片有所了解。对于碑拓我向无所知，所以书中对于各拓片之锋棱笔意、初拓后拓，并无所及。所幸《熹平石经》的大多数拓片，根本不存在需要分别先后的问题，盖自石经初发现至今，尚不足百年，偶存磨泐，也对研究基本不存在影响。面对《熹平石经》的拓片，唯一要留意的，就是伪拓。但即便如此，因这批伪拓的来源比较明确，也可以比较方便地判别清楚。而其具体内容，则可参看第七、第八章中的相关部分。

这本小书在初步完成之后，得到了山东大学教授刘晓东先生一如既往的谬赞，而正是因为先生对后辈这样地不吝推毂，才使得我对于这个课题稍具信心。我对刘老师闻声相慕十余年，但一直无缘面聆謦欬，此次借由先生高足金晓东博士居中玉成，俾先生俯允赐序教正，且宠以墨宝，为之题签，实在令我倍感荣幸。而这本小书也必将因曾经先生的审读，得以避免了许多低级的错误。书中图片，大都为我自己取上博所藏《熹平石经》材料扫描而成。但还有部分图片，则系得自众友，如故宫的汪亓、上图的仲威和浙博的桑椹几位研究员皆曾不吝烦难，帮我传递过所需之图。另外还需要说明的是，同事邱慧蕾女士、易辰琛小姐慨允担当此书编校之役，同事薛皓兵先生主动帮助拍摄所需之大幅图片，都让我在上博寒冷的地下室中，感到阵阵暖流。同门冯先思博士在繁忙的研究间歇，代为编排书中插图，让我这个技术盲不再因此而手足无措；同门崔燕南博士助我审阅校样、整齐文稿，尤其让我领会到了学友之厚谊。而所有这些，都是这本小书带给我的别样的乐趣。

如何在传统研读碑拓方法的基础上，变换一些角度，以使得碑拓研究呈现出一些新的风貌，是我这些年来一直在思考的问题。这本小书，算是对这些思索的一个总结，虽然仍不成熟，但对于我个人而言，却也是一个新的开端。

2016 年 9 月 8 日名州柳向春识于沪上强吼斋